5/9

Wolfgang J. Mom

Bürgerliche Kultur und künstle

DER AUTOR

Wolfgang J. Mommsen, geboren 1930, studierte an den Universitäten Marburg und Köln. 1958 Promotion zum Dr. phil., seit 1968 Professor für Neuere Geschichte an der Universität Düsseldorf. 1977–1985 Direktor des Deutschen Historischen Instituts, London; 1987 Verleihung des D. litt. (h.c.) durch die University of East Anglia; 1988–1992 Vorsitzender des Verbandes der Historiker Deutschlands; 1992/93 Stipendiat des Historischen Kollegs München. Präsident der Internationalen Kommission für Geschichte der Geschichtsschreibung; Mitglied der Royal Society; Ehrenmitglied der Historical Association.

WOLFGANG J. MOMMSEN

BÜRGERLICHE KULTUR UND KÜNSTLERISCHE AVANTGARDE

Kultur und Politik im deutschen Kaiserreich 1870 bis 1918

PROPYLÄEN-STUDIENAUSGABE

Diese Studienausgabe enthält die Kultur- und Wissenschaftskapitel des 1993 erschienenen Bandes 7/1 der »Propyläen Geschichte Deutschlands« sowie die entsprechenden Abschnitte in dem in Vorbereitung befindlichen Band 7/2 des Propyläen-Reihenwerks, ergänzt durch den wissenschaftlichen Apparat.

Graphiken: Erika Baßler
Bibliographie und Register:
Kirsten Zirkel, M. A., Stephanie Merkenich, M. A.,
und Eva Quadbeck
Umschlagentwurf: Theodor Bayer-Eynck
Satz: Utesch Satztechnik GmbH, Hamburg
Druck und Weiterverarbeitung: Ebner Ulm

Printed in Germany 1994
ISBN 3-548-33168-8

Gedruckt auf alterungsbeständigem Papier
mit chlorfrei gebleichtem Zellstoff

Inhalt

Vorbemerkung

Die bisherigen Darstellungen zur Kultur im Kaiserreich haben in erster Linie die funktionale Bedeutung kultureller Tatbestände hervorgehoben. In dieser Abhandlung sollen hingegen die ästhetischen, literarischen und wissenschaftsimmanenten Kulturideale jener Epoche als eigenständige Faktoren des historischen Prozesses in den Blick genommen werden. Sie prägen in besonderem Maße die Werthaltungen und das Weltbild der jeweils vorherrschenden sozialen Gruppen und dienen häufig zur Legitimierung ihrer gesellschaftlichen Vorrangstellung. Die jeweils dominanten Kultursysteme besitzen in aller Regel eine hegemoniale Funktion; die Unterschichtenkulturen und nicht zuletzt die »Massenkultur«, die sich gegen Ende des 19. Jahrhunderts auszubilden begann, bewegten sich inhaltlich durchweg in ihrem Schlepptau. Das gilt auch für die »Arbeiterkultur«, soweit deren Bildungsinhalte zur Frage stehen, und, in allerdings geringerem Maße, für die kulturellen Lebensformen des katholischen Volksteils. Dies rechtfertigt die Konzentration der Darstellung auf die sogenannte Hochkultur. Damit soll die sozialgeschichtliche Bedeutung der Unterschichtenkulturen keineswegs in Zweifel gezogen werden; doch es legt deren Behandlung in anderen, vorwiegend sozialgeschichtlichen Zusammenhängen nahe.

Die bürgerliche Kultur und mit ihr die Wissenschaft des 19. Jahrhunderts bildeten das Rückgrat des bürgerlichen Ethos. Der sich nur langsam und mit großen Verwerfungen vollziehende Niedergang der bürgerlichen Kultur und die Ausbildung eines extrem individualistischen Weltverständnisses, das sich von seinen liberalen Wurzeln immer weiter entfernte, sind das zentrale Thema dieser Darstellung. Die Herausforderung der herrschenden Kulturideale durch die künstlerische und literarische Avantgarde hatte weitreichende Folgen nicht nur auf kulturellem, sondern auch auf politischem Feld; sie signalisierte den Zusammenbruch der kulturellen Hegemonie, welche das liberale Bürgertum ungeachtet der autoritären Züge des halbkonstitutionellen politischen Systems bislang innegehabt hatte. Der Erste Weltkrieg führte noch einmal zu einer nahezu vorbehaltlosen Solidarisierung der kulturellen Eliten mit dem nationalen Staat und der »deutschen Kultur«, im Gegensatz zur westlichen »Zivilisation«. Doch mit dem Fortgang des Krieges setzte dann der Prozeß der Auflösung des einstmals einheitlichen bürgerlichen Ethos endgültig ein. An die Stelle der bürgerlich-liberalen Kultur trat nun ein von individualistischen Werthaltungen unterschiedlichster Art getragenes kulturelles System, das wir mangels einer adäquaten inhaltlichen Bezeichnung gemeinhin als »Moderne« zu bezeichnen pflegen.

Wolfgang J. Mommsen — Düsseldorf, im Februar 1994

Bürgerliche Kultur und deren Herausforderung durch die kulturelle Avantgarde im Deutschen Reich (1870–1914)

Die verschiedenen Kulturmilieus im Kaiserreich

In gewissem Betracht lassen sich im Kaiserreich vier verschiedene kulturelle Milieus unterscheiden: das aristokratisch-höfische, das bürgerliche, das kleinbürgerlich-katholische und das sozialdemokratische Milieu. Die überkommene höfisch-aristokratische Kultur hatte um die Mitte des Jahrhunderts den Höhepunkt ihrer Geltung längst überschritten; dieser lag bereits nahezu ein Jahrhundert zurück. Überdies hatte sie schon in den aristokratischen Salons der Epoche der Aufklärung in zunehmendem Maße bürgerliches Bildungsgut und bürgerliche Bildungsideale in sich aufgenommen. Obschon ihr Einfluß auf die deutsche Gesellschaft unübersehbar rückläufig war, verfügte sie nach wie vor über erheblichen politischen Rückhalt in einem System, welches die privilegierte gesellschaftliche Position der aristokratischen Eliten mit allen Mitteln zu konservieren trachtete und in dem die Fürstenhäuser und nicht zuletzt das Kaisertum weiterhin als politische Machtzentren und als Förderer von Kunst und Wissenschaft eine bedeutsame Rolle spielten. Dennoch war nicht nur die ökonomische Stellung der großgrundbesitzenden Aristokratie seit längerem angeschlagen, sondern auch ihre angestammte Funktion als Mäzene und Benefaktoren künstlerischer und literarischer Aktivitäten, namentlich auf dem flachen Lande. Theodor Fontane, der in den »Wanderungen durch die Mark Brandenburg« der altpreußischen Hocharistokratie ein bleibendes Denkmal gesetzt hat, beanstandete an seinen aristokratischen Zeitgenossen, daß sie ihren ehemals hohen Bildungsstand verloren und zu engstirnigen Interessenvertretern herabgesunken seien, die nicht mehr auf dem Niveau der Kultur ihrer Zeit stünden; wesentlich aus diesem Grund hätten sie, wie er urteilte, ihren vormaligen Führungsanspruch in Staat und Gesellschaft eingebüßt. Fontane war durchaus kein Feind aristokratischer Kultur und aristokratischer Lebensformen, ganz im Gegenteil. Gleichwohl kam er zu der resignativen Schlußfolgerung, daß »über unseren Adel [...] hinweggegangen werden« müsse; »man kann ihn besuchen, wie das Ägyptische Museum, [...] aber das Land ihm zuliebe regieren, in dem Wahn: dieser Adel sei das Land – das ist unser Unglück«.[1]

Doch es wäre verfehlt, die große Anziehungskraft der tradierten aristokratischen Lebensformen und kulturellen Ideale insbesondere auf die aufsteigenden bürgerlichen Schichten im Kaiserreich gering einschätzen zu wollen. Es gab nicht allein in großbürgerlichen Kreisen vielfach die Tendenz, den aristokratischen Lebensstil nachzuahmen; auch das Bildungsbürgertum hatte sich in den studentischen Korporationen einen pseudo-aristokratischen Lebensstil angeeignet, der in Gestalt der Mensur archaische Männlichkeitsrituale konservierte und einen hochgestochenen Ehrbegriff pflegte, welcher bis ins Detail aristokratisches Standesbewußtsein nachzuahmen suchte. Davon abgesehen darf die Patronage, die auch in einem Zeitalter, in dem die Förderung von Kunst und Literatur zunehmend an den Staat, die städtischen Körperschaften und vor allem an private Mäzene übergegangen war, von den fürstlichen Höfen Deutschlands einschließlich des kaiserlichen Hofes sowie von Teilen der Hocharistokratie ausging, keinesfalls außer acht gelassen werden. Es stellte sich jedoch immer deutlicher heraus, daß fürstliche Mäzene, sofern und soweit sie sich erfolgreich an die Spitze der künstlerischen oder kulturellen Bewegungen der Zeit setzen wollten, keine andere Wahl hatten, als sich den bürgerlichen Kulturidealen und den Usancen des bürgerlichen Kunstbetriebs anzupassen. Die Zeiten, in denen König Ludwig I. von Bayern von sich sagen konnte: »Die Münchener Kunst bin ich«,[2] waren vorbei, auch wenn sich gewisse Reminiszenzen eines derartigen kunstabsolutistischen Gebahrens noch bei Wilhelm II. fanden, dessen »persönliches Regiment« über Kunst und Wissenschaft von den Zeitgenossen weithin als rechtmäßig empfunden wurde.

Das dominante Kulturmilieu im Kaiserreich war unzweifelhaft bürgerlich-protestantisch geprägt. Schon seit dem späten 18. Jahrhundert hatte sich der unaufhaltsame Aufstieg des Bürgertums als der künftighin vorherrschenden sozialen Schicht im wirtschaftlichen Raum, aber ebenso im kulturellen Leben abgezeichnet. Um die Mitte des 19. Jahrhunderts, noch bevor die im Vergleich mit Westeuropa bislang noch relativ rückständige deutsche Gesellschaft von der industriellen Entwicklung voll erfaßt wurde, brachte Friedrich Christoph Dahlmann diesen Sachverhalt in seiner Schrift »Die Politik auf den Grund und das Maß der gegebenen Zustände zurückgeführt« in folgender Weise zum Ausdruck: »Fast überall im Weltteile bildet ein weitverbreiteter, stets an Gleichartigkeit wachsender Mittelstand den Kern der Bevölkerung; er hat das Wissen der alten Geistlichkeit, das Vermögen des alten Adels zugleich mit seinen Waffen in sich aufgenommen. Ihn hat jede Regierung vornehmlich zu beachten, denn in ihm ruht gegenwärtig der Schwerpunkt des Staates, der ganze Körper folgt seiner Bewegung.«[3] Dahlmann ging von der für selbstverständlich gehaltenen Annahme aus, daß das Bürgertum eine im wesentlichen einheitliche Sozialschicht sei und zugleich seine soziale Basis im Volk mit der Zeit eine zunehmende Verbreiterung erfahren werde. Die Erfahrung, daß die industrielle Gesellschaft mit fortschreitender Entwicklung und dann in dem Durchbruch hochkapitalistischer Strukturen vollends zur Aufsplitterung und schließlich zur Dekomposition des Bürgertums als einer relativ homogenen Sozialschicht mit einem vergleichsweise einheitlichen Ethos führen müsse, lag noch in einer fernen Zukunft.

Bereits in der sogenannten Gründerzeit und erst recht seit Mitte der achtziger Jahre mehrten sich die Anzeichen für eine zunehmende soziale Differenzierung des bürgerlich-liberalen Lagers, aber im großen und ganzen behauptete das Bürgertum seine dominante Position in Politik, Kultur und Gesellschaft, auch wenn ihm der Zutritt zu den Kommandoetagen des Staates weiterhin verwehrt blieb. In der deutschen Gesellschaft des 19. Jahrhunderts waren, im Unterschied zu anderen europäischen Gesellschaften, Bildungs- und Besitzbürgertum eng miteinander verbunden. Angesichts des relativ spät einsetzenden Industrialisierungsprozesses erhielt sich hier im vorpolitischen Raum auf lange Zeit hinaus eine Vorrangstellung der Schichten von »Bildung und Besitz«, mit anderen Worten: des älteren Honoratiorenbürgertums. In ihm nahmen die akademisch gebildete Elite, die vornehmlich in staatlichen oder in kirchlichen Diensten tätig war, sowie die Angehörigen der Freien Berufe eine dominante Stellung ein, während das Wirtschaftsbürgertum nur nach und nach an Bedeutung gewann. Erst mit dem zweiten großen Schub der Industrialisierung seit Anfang der achtziger Jahre, die mit der Ausbildung von typischen Großbetriebsstrukturen einherging, löste sich allmählich die enge Verzahnung von Bildungsbürgertum und Wirtschaftsbürgertum; sie blieb jedoch für das bürgerlich-protestantische Kulturmilieu weiterhin bestimmend.[4] In einem vergleichsweise hochentwickelten Schulwesen, in dem spezifisch religiöse Einflüsse zugunsten eines partiell säkularisierten protestantischen Weltbildes zurückgedrängt wurden, sowie in dem sich mit großer Geschwindigkeit entwickelnden System der modernen rationalen Wissenschaft besaß das bürgerliche Kulturmilieu feste Stützen. Max Webers bekannte Herleitung des modernen, arbeitsteiligen, marktorientierten Kapitalismus aus dem »Geist des Kapitalismus« beschrieb in klassischer Weise die dominanten Züge des neuen bürgerlichen Bewußtseins. Dieses forderte eine streng rationale Lebensführung im Sinne innerweltlicher Askese und suchte die Lebenserfüllung des einzelnen in erfolgreicher beruflicher Leistung, in scharfer Entgegensetzung zu traditionellen Lebensformen, die an dem Ideal einer standesgemäßen, auskömmlichen Lebensführung und dem Prinzip der Respektabilität ausgerichtet waren. Allerdings unterschied sich das bürgerliche Ethos, wie wir es in der deutschen Gesellschaft finden, insofern von dem puritanischen Grundmuster bürgerlicher Lebensführung, das Max Weber seiner Analyse zugrunde legte, als hier die dem Puritanismus eigentümlich antiästhetische Grundhaltung weitgehend fehlte; vielmehr war im deutschen bürgerlichen Milieu das Ideal einer rationalen ökonomischen Lebensführung nahezu durchweg an ein spezifisches bürgerliches Kulturbewußtsein gekoppelt. Darin spielten die Ideale der Neoklassik, die sich insbesondere mit Schiller und Goethe, aber auch mit Winckelmanns idealisiertem Bild der griechischen Antike und einem romantisch verklärten Bild des deutschen Mittelalters verbanden, eine besondere Rolle. Daneben stand allerdings zunehmend ein biedermeierliches Lebensgefühl, das ein unpolitisches und zugleich konservatives Element relativer Beschaulichkeit in das alltägliche Leben einbrachte.

Die enge Verzahnung des Bildungsbürgertums überwiegend akademischer Herkunft mit der hohen Staatsbeamtenschaft und ihre einstweilen noch intakte Verbindung mit dem Wirtschaftsbürgertum im engeren Sinne, bei der die Angehörigen der Freien Berufe eine Brückenfunktion wahrnahmen, verschafften den bürgerlichen Schichten in der Anlaufphase der Industrialisierung eine hegemoniale Stellung im wirtschaftlichen und gesellschaftlichen Raum und zugleich im kulturellen Leben. Das bürgerliche Bewußtsein verband sich bis zur Reichsgründung durchweg, obschon nicht ausschließlich, mit einer nationalpolitischen Gesinnung, die ihren vornehmlichen Ausdruck in der Forderung nach Schaffung eines einheitlichen Nationalstaates und vor allem nach dem Übergang zur konstitutionellen Regierungsweise in der deutschen Staatenwelt fand, durch die den bürgerlichen Schichten, dem, wie man meinte, eigentlichen Kern der Nation, eine angemessene Mitsprache an den politischen Entscheidungen gewährt werden sollte. Bürgerliches Kulturbewußtsein und das Eintreten für die Ideale des konstitutionellen Liberalismus, der sich in besonderem Maße der emanzipatorischen Rhetorik der nationalen Idee bediente, waren gleichsam zwei Seiten ein und derselben Münze. Die moderne individualistische Kultur liberalen Zuschnitts, eng assoziiert mit Bildung und Wissenschaft, bildete eine wesentliche Waffe im politischen Arsenal des liberalen Bürgertums, einerseits in seinem Kampf gegen fürstliche Willkür und aristokratische Bevormundung, andererseits in der Verteidigung der eigenen politischen und gesellschaftlichen Vorrangstellung gegen die aus den Tiefen der Gesellschaft heraufkommenden politischen Kräfte der radikalen Demokratie und der Arbeiterschaft. Friedrich Hecker gab 1868 einer in bürgerlichen Kreisen weitverbreiteten Überzeugung Ausdruck, wenn er schrieb: »Handel und Industrie, Kunst und Wissenschaft, sie machen jeden Absolutismus auf die Dauer unmöglich.«[5]

Bismarcks erfolgreiche »Revolution von oben« kam einer herben Enttäuschung für das liberale Bürgertum gleich. Zwar wurde der lange ersehnte Nationalstaat gegründet, aber den bürgerlichen Schichten blieb der Zugang zu den Kommandohöhen des politischen Systems auf Dauer verwehrt; allerdings wurde ihnen auf wirtschaftlichem und gesellschaftlichem Gebiet weitgehend freie Hand für die Neugestaltung der Verhältnisse in nationalem Rahmen gegeben. Obgleich das halbkonstitutionelle Verfassungssystem des Deutschen Reiches hinter den Idealen des bürgerlichen Liberalismus weit zurückblieb, erhob das Bürgertum einen »moralischen Führungsanspruch« im »fortschrittsverbürgenden Nationalstaat«.[6] Der Kampf gegen die aus einer älteren Epoche enger Verschränkung von Kirche und fürstlicher Herrschaft überkommenen Machtpositionen der katholischen Kirche im modernen säkularisierten Nationalstaat wurde von den Liberalen mit innerer Überzeugung und nicht lediglich aus Gründen ideologischer Griffigkeit als »Kulturkampf« geführt, in der Überzeugung, daß der modernen individualistischen Kultur rationalen Zuschnitts die Zukunft gehöre und die Durchsetzung ihrer Grundsätze im allgemeinen Interesse liege.

Im Deutschen Reich und in den größeren Bundesstaaten erwies sich die Ära bürgerlich-liberaler Vorherrschaft freilich als kurzlebig. Dagegen vermochten die bürgerlichen Schichten auf den unteren Ebenen des politischen Systems, namentlich in den städtischen Körperschaften, ihre hegemoniale Position nahezu bis zum Ende des Kaiserreiches zu behaupten, allerdings gutenteils dank des dort weiterhin gültigen Dreiklassenwahlrechts, das die besitzenden Schichten einseitig begünstigte; letzteres wurde durch besondere Zensusbestimmungen noch zusätzlich verschärft. Das die Unterschichten von einer aktiven Teilnahme an der Kommunalpolitik nahezu ausschließende Kommunalwahlrecht im Kaiserreich wurde von den bürgerlichen Parteien vor allem mit dem Argument verteidigt, daß hier hauptsächlich Kulturaufgaben zu erfüllen sind, deren materielle und ideelle Träger das leistungsfähige, reife und gebildete Bürgertum sei.[7] In der Tat hatten die Städte schon seit der Mitte des Jahrhunderts die Nachfolge der ehemals fürstlichen Residenzen angetreten; die kommunalen Körperschaften wurden, zumeist in enger personaler Verflechtung mit den Spitzen der bürgerlichen Honoratiorenschaft, zu den ausschlaggebenden Trägern der bürgerlichen Kultur. In Verbindung mit privaten Fördervereinen entstanden in schneller Folge und reicher Zahl städtische Theater, Kunst- und Gewerbemuseen, Konzerthallen, zoologische Gärten, naturwissenschaftliche Sammlungen aller Art und nicht zuletzt städtische wissenschaftliche Lehrinstitutionen, Forschungseinrichtungen und zuweilen sogar Handelshochschulen. Diese Einrichtungen bildeten die institutionelle Grundlage für die Entfaltung eines reichen kulturellen Betriebs bürgerlichen Zuschnitts.

Gegenüber dem bürgerlich-protestantischen Kulturmilieu, das seinen Geltungsbereich angesichts der sprunghaft voranschreitenden wirtschaftlichen Entwicklung noch erheblich ausbauen konnte, vermochte sich das katholische Kulturmilieu, das seine Klientel überwiegend in den kleinbürgerlichen Schichten katholischer Observanz besaß und in erster Linie beim katholischen Klerus Rückhalt fand, nur schwer zu behaupten. Die krasse Unterrepräsentanz des katholischen Volksteils im kulturellen und wissenschaftlichen System des Kaiserreiches ist hinlänglich bekannt; sie wurde durch die amtliche Politik, die den Katholiken nur in sehr wenigen Fällen Zugang zu politischen oder gesellschaftlichen Schlüsselpositionen in Staat und Gesellschaft gewährte, noch weiter verstärkt. Die Polarisierung der deutschen Gesellschaft, die als Folge des auf beiden Seiten mit großer Erbitterung geführten »Kulturkampfes« eintrat, hat die gesellschaftliche Position des katholischen Volksteils auf lange hinaus nachhaltig geschwächt, auch auf den unteren Ebenen des politischen Systems, nicht zuletzt in den städtischen Selbstverwaltungskörperschaften. Die Bemühungen eines Teils des katholischen Klerus, die überkommene obrigkeitliche Struktur der katholischen Kirche zu reformieren und den brennenden sozialen Fragen des Tages besondere Aufmerksamkeit zuzuwenden, vermochten die Pariasituation der Katholiken im Deutschen Reich zunächst nicht zu überwinden. Erst seit der Jahrhundertwende, unter anderem mit der Gründung des »Volksvereins für das katholische Deutschland«, begannen sich die Verhältnisse in dieser Hinsicht zum Besseren zu wenden. Nunmehr ergab sich gelegentlich die Möglichkeit eines Zusammenspiels der katholischen Interessen mit den konservativen Kräften, etwa anläßlich der preußischen Schulvorlage von 1892 oder der Umsturzvorlage von 1894/95 oder gar bei spezifisch kulturpolitischen Auseinandersetzungen wie jenen über das Aufführungsverbot von Gerhart Hauptmanns »Die Weber«. Dergleichen löste freilich regelmäßig eine gewaltige Protestwelle des liberalen Lagers aus, der sich die Regierungen am Ende meist nicht direkt entgegenzustellen wagten.

Komplexer verhielt es sich mit der sogenannten Arbeiterkultur. Ursprünglich hatte der fortschrittliche Liberalismus unter der Führung von Hermann Schulze-Delitzsch einige Anstrengungen unternommen, um die Arbeiterschaft im Lager des Liberalismus zu halten. Die Arbeiterbildungsvereinsbewegung der fünfziger und sechziger Jahre war keineswegs ganz erfolglos geblieben. Aber Kurzsichtigkeit und Überheblichkeit spielten ihren Part, zum Beispiel wenn der Nationalverein kein sonderliches Interesse an der Mitgliedschaft von Arbeitern an den Tag legte und es vorzog, sich auf die besitzenden Schichten zu beschränken. Mit der Gründung des ADAV 1863 setzte dann die Ablösung der Arbeiterschaft vom Liberalismus ein. Mit dem allmählichen Eindringen marxistischer Ideen in die sozialdemokratische Arbeiterbewegung erfuhr diese Entwicklung in der Folge eine wesentliche Verschärfung. Entscheidend war freilich, daß die Arbeiterschaft durch die anti-sozialistische Gesetzgebung der siebziger Jahre, die in dem Sozialistengesetz von 1878 ihren Höhepunkt fand, ins Abseits gedrängt wurde. Von nun an blieb der Arbeiterschaft gar nichts anderes übrig, als die vielgestaltigen Verbindungen, die sie immer noch mit der liberalen Bewegung verbanden, zu kappen und ein politisches und, mit einiger Verzögerung, auch ein kulturelles Eigenbewußtsein auszubilden. Die Arbeiterkultur im Kaiserreich speiste sich in erster Linie aus der Entgegensetzung zur etablierten politischen und gesellschaftlichen Ordnung, wie sie der Arbeiterschaft einerseits von den Staatsbehörden, den bürgerlichen Parteien und der Presse handgreiflich demonstriert und andererseits von der sozialistischen Doktrin mit angeblich wissenschaftlichen Mitteln als unter den gegebenen gesellschaftlichen Bedingungen zwangsläufig bedingt vorgestellt wurde.

Die Arbeiterkultur, die sich vor allem unter dem Sozialistengesetz abseits der bürgerlichen Kultur ausbildete, besaß ihre institutionelle Basis in einem weitverzweigten System von proletarischen Vereinen aller Art.[8] Hier fehlte es nicht an Skepsis und sogar Ressentiments gegenüber den linksbürgerlichen Intellektuellen, die sich, wie beispielsweise Franz Mehring oder später Robert Michels, der neuen Bewegung als geistige Führer zur Verfügung stellten. Aber eine wirklich eigenständige Arbeiterkultur, die Alternativen zur dominanten bürgerlichen Kultur hätte entwickeln können, entstand nicht. In der qualifizierten Arbeiterschaft, die vielfach noch aus handwerklichen Verhältnissen stammte, ging die Tradition der liberalen Arbeiterbildungsvereine, die den Arbeitern durch den Erwerb von bürgerlicher Bildung – einschließlich gewerblicher Fähigkeiten – aus ihrer gedrückten Lage herauszuhelfen versprach, nie gänzlich verloren. August Bebel beispielsweise erinnerte sich mit Stolz und beträchtlichem Selbstbewußtsein an seinen frühen Lebensweg im Schatten liberaler Arbeiterbildungsideale. Allerdings wurde diese ältere Tradition unter dem Sozialistengesetz und in den darauffolgenden Jahrzehnten überlagert durch die mächtige, Zuversicht in den Sieg des Sozialismus begründende Ideologie des Marxismus. Sie erreichte die breiten Massen nicht so sehr in Gestalt von Karl Marx' abstrakter Theorie des »historischen Materialismus«, sondern überwiegend in seiner von Friedrich Engels in evolutionstheoretischer Richtung umgedeuteten Version eines »wissenschaftlichen Sozialismus«, die den Sieg des Sozialismus über den Kapitalismus gleichsam zu einem Naturgesetz ähnlich der Evolutionstheorie Charles Darwins verbog. Teilweise nahm die sozialistische Ideologie solcherart gar chiliastische Züge an. Aber hinter dieser pathetischen Fassade fanden sich durchweg Kulturideale bürgerlicher Herkunft, allem voran ein durchaus bürgerlicher Fortschrittsglaube und ein fast sklavisches Vertrauen in die Segnungen der modernen Wissenschaft.

Eine genauere Analyse der Inhalte der Arbeiterkultur des Kaiserreiches ergibt, daß diese weitgehend ein Substrat der hegemonialen bürgerlichen Kultur dargestellt hat, wenn auch mit einer deutlichen Gewichtung zugunsten aufklärerischer und emanzipatorischer Ideale. Freilich zogen die Anwälte der kulturellen Interessen der Arbeiterschaft, wie Franz Mehring mit seiner »Neuen Freien Volksbühne« in Berlin, im Zweifelsfall die konventionellen Inhalte bürgerlicher Kultur spezifisch moderner Kunst und Literatur vor. Nach anfänglicher Begeisterung für den Naturalismus, im Zusammenhang mit den öffentlichen Auseinandersetzungen über Gerhart Hauptmanns »Die Weber«, kam Franz Mehring zu dem Schluß, daß dieser in die feudale Romantik zurückfalle.[9] Mehring bevorzugte es deshalb seit der Jahrhundertwende, den Berliner Arbeitern in erster Linie bürgerliche Klassiker wie Lessing und Schiller zu präsentieren.[10] In der Debatte über den Naturalismus auf dem Gothaer Parteitag der Sozialdemokratie 1896 wurden gar Meinungen laut, die den Naturalismus mit den anarchistischen Tendenzen der einige Jahre zuvor aus der Partei ausgestoßenen sogenannten Jungen identifizierten.[11] In ihren kulturellen Werten verharrte die Arbeiterschaft, ungeachtet ihres radikalen Vokabulars, im Grunde auf orthodox-bürgerlichen Positionen, obschon diese im Begriff waren, von den neueren Entwicklungen in Kunst und Literatur überholt zu werden. Dennoch hatte die hegemoniale bürgerliche Kultur des Kaiserreiches keinerlei Anlaß, sich über diesen »Triumph« zu freuen. Denn materialiter gesehen wurde eine Integration des kulturellen Subsystems, in dem die Arbeiterschaft sich geistig orientierte, in das System bürgerlich-liberaler Kulturideale in wesentlich geringerem Grade erreicht, als dies unter freiheitlicheren Bedingungen möglich gewesen wäre, wie etwa ein Vergleich mit den gleichzeitigen englischen Verhältnissen zu lehren vermag. Die Vorrangstellung des bürgerlichen Kulturmilieus vor seinen Rivalen war nicht zuletzt durch den Umstand bedingt, daß sich die bürgerliche Kultur auf ein weitverzweigtes Netz von privaten Vereinigungen aller Art stützen konnte, die sich die Förderung von Kunst, Literatur, Theater, Musik und schließlich auch der Wissenschaften zum Ziel gesteckt hatten. Diese Bestrebungen wurden angetrieben von einem spezifisch bürgerlichen Verständnis von Kunst, Literatur und Wissenschaft, welches im Erwerb von Bildung das wichtigste Instrument für Emanzipation und sozialen Aufstieg schlechthin erblickte. Solche Vereine bildeten sich in aller Regel auf lokaler Basis; überregionale Vereinigungen dieser Art waren zunächst die Ausnahme. Sie bedienten sich dabei nicht selten des Mittels der Finanzierung ihrer Aktivitäten durch die Ausgabe von Anteilsscheinen zum Zweck der Gründung und Unterhaltung von Theatern, von Kunstmuseen oder Sammlungen naturwissenschaftlicher beziehungsweise anderer Art oder zur Errichtung von Tonhallen. Für die Spitzen der bürgerlichen Gesellschaft gehörte es bereits im Vormärz zum guten Ton, in solchen Vereinen aktiv mitzuwirken oder ihnen zumindest als namhafte Förderer anzugehören. Auf diese Weise ergaben sich von vornherein enge personelle Verflechtungen mit den städtischen Selbstverwaltungskörperschaften, in denen die bürgerliche Oberschicht und mit ihr die führenden Vertreter der örtlichen Gewerbeunternehmungen und Industrien das Übergewicht besaßen. Demgemäß wurden zahlreiche ursprünglich private Initiativen auf kulturellem Gebiet, so die Kunstsammlungen der Gebrüder Boisserée oder Ferdinand Franz Wallrafs in Köln oder die Senckenbergischen Sammlungen in Frankfurt am Main, schon relativ bald von den städtischen Kommunen übernommen; nicht selten kam es auch zu einer gemischten Trägerschaft. Die große Zahl von Kunst- und Künstlervereinen, die sich bereits im Vormärz über ganz Deutschland verbreitet hatten, waren Instrumente eines neuen, nicht mehr von aristokratischer Bevormundung geprägten Kunstverständnisses. »Als höchste Ziele galten die Schaffung städtischer Galerien und die Förderung einer im besonderen Maße ideologiebildenden, nämlich öffentlich wirksamen Kunst, das heißt von Wandbildern in Rathäusern, Historiengemälden für Museen, Denkmälern und Altarbildern überall dort, wo fürstliche, staatliche, kommunale oder kirchliche Finanzmittel nicht ausreichten, beziehungsweise wo eigene, bürgerliche Positionen akzentuiert werden sollten.«[12] Vielleicht noch größere Bedeutung hatten die Gewerbeausstellungen. Sie dienten einem doppelten Zweck, zum einen, das ästhetische Formgefühl für gewerbliche und industrielle Produkte zu schulen, zum anderen, über neue technologische Entwicklungen zu informieren. Derartige Zielvorstellungen standen nicht zufällig am Anfang einer breiten Bewegung zur Errichtung von städtischen und zunehmend auch staatlichen Kunstgewerbemuseen. Überhaupt war die Umwandlung der ehemals fürstlichen Museen und Sammlungen in staatliche Museen, die nunmehr jedermann zugänglich gemacht wurden, ein wesentlicher Beitrag zur Entstehung eines neuen bürgerlichen Kulturverständnisses, das auf das Prinzip der Öffentlichkeit gegründet war. Schon in der ersten Hälfte des Jahrhunderts war ein enges Netz von kulturellen Institutionen entstanden, die teils auf private Initiative einzelner Bürger zurückgingen und vielfach von seiten des städtischen Bürgertums auch weiterhin aktive Förderung erfuhren, zunehmend aber von den städtischen Korporationen in eigener Regie übernommen und aus Steuergeldern finanziert wurden. Die Gründung von städtischen Theatern, Kunsthallen, Tonhallen, Sammlungen naturwissenschaftlicher Objekte und schließlich gar von botanischen und in einzelnen Fällen zoologischen Gärten darf als eine wichtige Grundlage der neuen bürgerlichen Kultur angesehen werden. Daneben standen zahlreiche Kulturinstitutionen, die der persönlichen Initiative einer neuen, kunstbegeisterten Fürstengeneration entsprungen und ursprünglich aus ihrer Privatschatulle finanziert worden waren. Sie wurden nun durchweg vom Staat übernommen. Die finanzielle Unterhaltung und Förderung dieser Kultureinrichtungen aus öffentlichen Mitteln war im Prinzip weder bei der hohen Staatsbeamtenschaft, die sich selbst zur Bildungsschicht zählte, noch in den vom Bürgertum dominierten bundesstaatlichen Parlamenten strittig; es war vielmehr einhellige Meinung, daß die öffentlichen Hände dazu berufen seien, jene Kulturaufgaben zu übernehmen, die sich durch private oder kommunale Initiative allein nicht bewerkstelligen ließen. Das Ineinandergreifen von freier Organisation, kommunaler Aktivität und staatlichem Handeln, wie es sich im 19. Jahrhundert auf dem Sektor der Kultur immer stärker ausbildete, begünstigte die hegemoniale Stellung der bürgerlichen Kultur im öffentlichen Leben. Zwar besaßen die traditionellen Führungseliten und mit ihnen der Kaiser oder die Fürsten im konkreten Fall erheblichen Einfluß auf die staatliche Kulturpolitik, aber im Kern wurde diese von Beamten bestimmt, die sich selbst der Schicht von »Bildung und Besitz« zurechneten und durch ein akademisches Studium entsprechend sozialisiert waren.

Dies verweist auf einen weiteren Faktor, der die Dominanz des bürgerlichen Kulturmilieus abstützte: auf das öffentliche Bildungswesen einschließlich der Universitäten. Die Modernisierung des Schulsystems in der deutschen Staatenwelt, die von einer aufgeklärten Beamtenelite nach den napoleonischen Kriegen im wesentlichen mit obrigkeitlichen Methoden ins Werk gesetzt wurde, stand anfänglich ganz im Zeichen des Neuhumanismus, der im Grundsatz eine von humanistischen Bildungsidealen geprägte Gesamtschule angestrebt hatte. Die späterhin unvermeidlich eintretende Differenzierung des Schulwesens, die neben den Volksschulen ein gestuftes System von Höheren Bürgerschulen, Realschulen, Oberrealschulen und Realgymnasien entstehen ließ, hat den Führungsanspruch des entschieden neu-humanistisch ausgerichteten Gymnasiums bis weit über die Mitte des Jahrhunderts hinweg nicht eigentlich angetastet. Auf diese Weise wurde die Hegemonie der bildungsbürgerlichen Kulturideale gleichsam institutionell abgesichert. Zwar gerieten diese zunehmend von seiten des aufsteigenden Wirtschaftsbürgertums, welches die praktischen Bedürfnisse, zumal die naturwissenschaftlichen Kenntnisse, höher einschätzte als den Wert einer formalen Bildung bei einem wesentlichen Anteil der alten Sprachen, zunehmend unter Beschuß, doch blieb dies lange ohne sonderlichen Erfolg. Auf dem Gebiet des Universitätswesens begegnen wir der Verschwisterung der bildungsbürgerlichen Ideale mit dem Selbstverständnis der akademischen Korporationen in einem vergleichsweise noch ausgeprägteren Maße. Die spektakuläre Entwicklung des deutschen Universitätssystems seit der Humboldtschen Universitätsreform Anfang des Jahrhunderts trug zur Stützung des bürgerlichen Kulturmilieus im Kaiserreich entscheidend bei. Die Hochschullehrerschaft rekrutierte sich ganz überwiegend aus der bürgerlichen Schicht von »Bildung und Besitz«. Nur in wenigen Fällen gelangten Akademiker aristokratischer Abkunft in akademische Schlüsselstellungen. Zwar wurden den Angehörigen der Aristokratie in der hohen Beamtenschaft nach wie vor besonders gute Aufstiegschancen eingeräumt, aber sie erhielten ihre Ausbildung in den vom Grundsatz bürgerlicher Wissenschaft geprägten Universitäten; auch hier drang das bürgerliche Leistungsprinzip anstelle aristokratischer Privilegierung unaufhaltsam vor. Das hinterließ deutliche Spuren in der Mentalität der Beamtenschaft, in der ohnehin der Anteil von Bürgerlichen während des 19. Jahrhunderts zusehends anstieg, auch wenn sie sich weithin einem obrigkeitlichen Staatsverständnis verschrieben, das die Erhaltung der bestehenden halbkonstitutionellen Ordnung für unabdingbar ansah – eine Einstellung, die ihrem Gruppeninteresse entsprach. Die Professorenschaft fungierte in vieler Hinsicht als eine Vermittlungsinstanz zwischen dem Bürgertum und der höheren Beamtenschaft. Sie war dazu um so eher in der Lage, als die Staatsbehörden vielfach auf ihre Sachkenntnis angewiesen waren.

Im übrigen bildete ein nahezu unbegrenztes Vertrauen in die moderne Wissenschaft, durchaus nicht nur auf dem Gebiet der Naturwissenschaften, gleichsam das Rückgrat des bürgerlichen Kulturbewußtseins. Der Fortschrittsglaube, nicht selten verflacht zu der Erwartung beständigen wirtschaftlichen Wachstums und zunehmenden Wohlstands aller Volksschichten, bildete in vieler Hinsicht das geistige Fundament des bürgerlichen Weltbildes. Damit verbanden sich ein tiefes Mißtrauen gegen alles, was nach Aberglauben und religiöser Bevormundung aussah, und ein säkularisiertes Weltverständnis, das sich freilich mit einer kulturprotestantischen Gesinnung durchaus vertrug. Eine solche Grundhaltung wurde durch die zeitgenössische kritische Theologie, die die christliche Lehre von überlieferten unhaltbaren Doktrinen zu reinigen bestrebt war, und die radikale Religionskritik von philosophischer Seite um einiges erleichtert. Im Grunde war der Fortschrittsgedanke, wie er in den bürgerlichen Schichten weit verbreitet war, selbst ein säkularisiertes Derivat religiöser Heilsgewißheit christlichen Ursprungs, die sich in der Überzeugung von der immanenten Sinnhaftigkeit des zu fortschreitender Aufklärung und immer größerem Wohlstand aller Volksschichten führenden geschichtlichen Prozesses niedergeschlagen hatte. Er stand insofern gar nicht im Widerspruch zu dem Bekenntnis zur christlichen Lehre, von den sozialdarwinistischen Varianten des Fortschrittsbegriffs, wie sie vor allem von Ernst Haeckel propagiert wurden, einmal abgesehen.

Unter solchen Umständen hatte die bürgerliche Kultur protestantischer Observanz von ihren Gegenspielern nur wenig zu fürchten. Vielmehr sahen sich sowohl die Verteidiger einer eigenständigen katholischen kulturellen Tradition als auch die Arbeiterschaft veranlaßt, sich zumindest teilweise dem dominanten bürgerlichen Kulturmilieu anzupassen und die legitimierende Kraft der modernen Wissenschaft, soweit es angängig war, für ihre eigenen Ziele in Anspruch zu nehmen. Auch sie verschrieben sich am Ende der nationalen Idee als einer Brücke, die sie aus ihren Abseitspositionen, in die man teils gedrängt worden war, teils sich selbst hineinmanövriert hatte, wieder herauszuführen und ihnen eine gleichberechtigte Stellung in Staat und Gesellschaft zu verschaffen versprach.

Die entscheidende Herausforderung an das bürgerliche Kulturmilieu und dessen vorherrschende Werte sowie an das damit verbundene Ideal bürgerlicher Lebensführung kam aus dem Schoß der bürgerlichen Gesellschaft selbst. Die kulturelle Avantgarde, die sich seit der Jahrhundertwende formierte, vorwiegend auf dem Gebiet von Kunst und Literatur, stellte am Ende die bürgerlichen Kulturideale selbst radikal in Frage, obschon sie sich innerhalb des Gehäuses der bürgerlichen Gesellschaft bewegte und die Institutionen des bürgerlichen Kunstbetriebs erfolgreich für ihre Ziele zu nutzen verstand. Friedrich Nietzsches radikale Parole von der »Umwertung aller Werte«, kombiniert mit der Forderung nach einem geistesaristokratischen Individualismus, der den Sinn der Welt ausschließlich in der intellektuellen und ästhetischen Vervollkommnung der Persönlichkeit in einer als Ganzes sinnentleerten Kulturordnung zu erkennen glaubte, lieferte der kulturellen Avantgarde wesentliche Argumente. Eine postbürgerliche Kultur entstand, die in erster Linie von einer neuen Schicht freischwebender Intellektueller getragen wurde, die sich freilich der Unterstützung einer rasch wachsenden Schicht von kapitalkräftigen Mäzenen erfreute, zu denen bald auch die Kapitäne der Großindustrie zählten. Ungeachtet dessen stand die kulturelle Avantgarde der bürgerlich-kapitalistischen Ordnung, obschon sie ökonomisch von dieser abhängig war, mit kritischer Distanz, wenn nicht gar schroffer Ablehnung gegenüber. Individuelle Kreativität, nicht das Festhalten an den überkommenen klassischen Idealen und schon gar nicht an den Grundsätzen bürgerlicher Lebensführung, war für die künstlerische Avantgarde allein maßgebend. Noch war das bürgerliche Zeitalter nicht an sein definitives Ende gelangt; aber in seinem Innern bildete sich eine neue postbürgerliche Kultur heraus. Die Entwicklung dieser in höchst unterschiedliche Richtungen gespaltenen postbürgerlichen Kultur inmitten eines großbürgerlichen Sozialmilieus war ein Anzeichen dafür, daß die ehemals homogene Sozialschicht des Bürgertums in eine Vielzahl von Sozialgruppen zerfallen war, die nur wenig miteinander gemein hatten. Um 1910, mit dem endgültigen Durchbruch der Avantgarde, die allerdings in weiten Kreisen der deutschen Gesellschaft weiterhin scharf abgelehnt wurde, war die Vorherrschaft der bürgerlichen Kulturideale, die bislang ein hohes Maß an Allgemeinverbindlichkeit gehabt hatten, definitiv gebrochen.

Das kulturelle Leben im Zeichen der Idee der nationalen Emanzipation (1850–1871)

Die neue bürgerliche Kultur war von Anbeginn mit der Idee der Nation eng verschwistert. Kultur wurde ganz überwiegend als eine nationale Angelegenheit empfunden. Die Wiederentdeckung der deutschen Nationalgeschichte und die Wiederbelebung des Wissens um die deutsche Nationalliteratur sind schon im Vormärz eines der wichtigsten Elemente der sich herausbildenden bürgerlichen Kultur gewesen. Die Gründung der »Monumenta Germaniae Historica« als der großen Sammlung der Quellen zur Geschichte des deutschen Mittelalters unter führender Beteiligung des Freiherrn vom Stein war ganz wesentlich unter nationalpolitischem Gesichtspunkt erfolgt; es sollte damit eine Grundlage gewonnen werden, um den Deutschen die eigene Geschichte wieder anschaulich vor Augen zu stellen, und auf solche Weise das Bewußtsein der nationalen Zusammengehörigkeit, aber auch des Stolzes auf eine gemeinsame große Vergangenheit neu geweckt werden. Der junge Georg Gottfried Gervinus verfaßte in den dreißiger Jahren seine damals epochemachende »Geschichte der poetischen National-Literatur der Deutschen« in der Absicht, damit der Idee eines liberal verfaßten Nationalstaates zum Durchbruch zu verhelfen.[1] Die Affirmation einer deutschen Nationalkultur, deren politische Entsprechung in der Errichtung eines deutschen Nationalstaates eingefordert wurde, war Ausdruck des politischen Wollens eines zu sich selbst gekommenen Bildungsbürgertums liberaler Gesinnung, das mittels des Übergangs zur konstitutionellen Regierungsform eine angemessene Beteiligung an der politischen Ordnung anstrebte.

In der Ära der politischen Restauration nach dem Scheitern der Revolution von 1848/49 wurden Kultur und Wissenschaft erneut zu Bannerträgern nationalpolitischen Strebens, während die Parteien und politischen Gruppierungen in der Öffentlichkeit kaum noch in Erscheinung traten. Kulturelle Veranstaltungen aller Art, zum Beispiel Musikfeste, literarische Gedenkfeiern, Kunstausstellungen und nicht zuletzt wissenschaftliche Kongresse wie jene des Vereins Deutscher Volkswirte, wurden zu Foren, in denen das Bürgertum, vor allem aber die bürgerliche Bildungsschicht, solange ihr die Reaktion die Möglichkeit zu unmittelbarer Teilnahme am öffentlichen Geschehen weitgehend versperrte, ihre politischen Wünsche und Zielvorstellungen artikulierte, bisweilen freilich in indirekter, verschleierter Weise. Es galt weiterhin als die eigentliche Aufgabe der Zeit, die großen Ideale der deutschen Nationalkultur im öffentlichen Bewußtsein wachzuhalten und nach Möglichkeit zu stärken.

Eine wichtige Rolle spielten in dieser Hinsicht besonders die liberalen Historiker. Sie wurden nicht müde, auch während der Reaktion das Postulat einer Einigung der Deutschen unter nationalem Vorzeichen wachzuhalten. Nicht alle unter ihnen gingen so weit wie Gervinus, der in seiner »Einleitung in die Geschichte des

19. Jahrhunderts«, einer Schrift, die ihm gerichtliche Verfolgung und Gefängnishaft einbrachte, mit unmißverständlicher Deutlichkeit den Untergang der autoritären Systeme in Europa und den schließlichen Sieg der Demokratie voraussagte, gleichsam als eines Naturgesetzes der Geschichte. Zumeist waren sie zu Kompromissen mit den bestehenden Gewalten bereit, ganz im Sinne eines evolutionistischen Geschichtsverständnisses. Hermann Baumgarten beispielsweise hatte in seiner damals weithin beachteten »Selbstkritik des deutschen Liberalismus« die Devise ausgegeben, daß auf die preußisch-deutsche Aristokratie als die mit den Elementen von Macht und Herrschaft allein vertraute politische Führungsschicht nicht verzichtet werden könne und dem Liberalismus zumindest für die absehbare Zukunft weise Selbstbeschränkung angeraten. August Ludwig von Rochau hatte in seiner 1853 erstmals erschienenen Schrift »Grundsätze der Realpolitik, angewendet auf die staatlichen Zustände Deutschlands« die Maxime aufgestellt, daß im Staatsleben die Macht allemal dem Recht vorausgehe und sich die Vernachlässigung dieses ersten Grundgesetzes der Staatsordnung durch die liberale Bewegung während der Revolution von 1848/49 bitter gerächt habe: »Die bisherige politische Systematik, der die Geister beinahe blindlings huldigten, ist an den Dingen zu oft und zu kläglich gescheitert, als daß sie nicht endlich der Gegenstand des tiefen Mißtrauens der Einen und der gründlichen Verachtung der Andern hätte werden sollen. Die Luftschlösser, welche sie gebaut, sind in blauen Dunst zerflossen; das wehrlose Recht, dessen theoretische Anerkennung sie erwirkt, ist höchstens zu einer Scheinübung gelangt, welche von der Macht so lange geduldet wurde, als es ihr gerade genehm war; die Vereinbarung der Ohnmacht mit der Gewalt haben bei der ersten Probe gezeigt, daß sie wirkungslos, nichtig von Grund aus, unmöglich waren.«[2] Statt dessen gelte es, den alten Grundsatz aufs neue zu beherzigen, daß »die praktische Politik [...] es zunächst nur mit der einfachen Tatsache zu thun« habe, »daß Macht allein es ist, welche herrschen kann«, während die Frage, wer da herrschen solle, »ob das Recht, die Weisheit, die Tugend, ob ein Einzelner, ob Wenige oder Viele« spekulativer Natur sei.[3]

Es war dies Ausdruck der großen Ernüchterung der liberalen Bewegung nach dem Scheitern der Revolution von 1848/49, die den Gedanken der »Realpolitik« als Richtmaß alles erfolgreichen politischen Handelns hervorbrachte, mit der bedenklichen Folge, daß gar viele späterhin die eigenen politischen Ziele am Maß des Erreichbaren und nicht an idealen Postulaten auszurichten begannen. Aber auch Rochau war fest davon überzeugt, daß die politischen Verhältnisse, gerade unter dem Gesichtspunkt staatlicher Machtpolitik, auf die Errichtung eines deutschen Nationalstaates hindrängten: »Nur dasjenige Staatsleben ist gesund und der höchsten Blüte und Dauer fähig, welches vom Nationalgeiste durchdrungen und getragen wird. [...] Wo der Staat sich von der Nationalität ablöst, da verläßt ihn der einheitliche innere Bildungstrieb, aus welchem alle seine Einrichtungen hervorwachsen sollen, da werden die organisch wirkenden Naturkräfte durch mechanische Nothbehelfe verdrängt.«[4] In noch entschiedenerer Weise wurde dieser Gesichtspunkt von den liberalen Historikern der Zeit vertreten. Sie alle, Johann Gustav Droysen, Hermann Baumgarten, Heinrich von Sybel und Heinrich von Treitschke, schrieben Geschichte wesentlich unter dem Gesichtspunkt der nationalen Idee, der sie zugleich eine emanzipatorische Funktion zuwiesen, und nahmen in den führenden Zeitschriften der Zeit wie den »Preußischen Jahrbüchern« und der 1859 begründeten »Historischen Zeitschrift« in wirksamer Weise auf die öffentliche Meinung Einfluß im Sinne der deutschen Nationalbewegung. Von der mittelalterlichen Historiographie wurde gleichzeitig die Idee einer freiheitlichen Ordnung konstitutionellen Zuschnitts in die deutsche Vergangenheit zurückprojiziert. Die Lehre von der angeblichen Gemeinfreiheit des frühen Mittelalters diente demgemäß ebenso der Förderung der konstitutionellen Ideen des Tages wie die Beschwörung der großen Zeit des mittelalterlichen Kaisertums der Stärkung des nationalen Gedankens. Selbst der alte Leopold von Ranke, der ein entschiedener Anhänger der überkommenen staatlichen Ordnung in Deutschland war und grundsätzlich die Meinung vertrat, daß die »Ausprägung der Nationalitäten und (die) Konstituierung derselben zu Staaten, nicht mit Notwendigkeit« zusammengehörten, anerkannte in seinen Gesprächen mit König Maximilian von Bayern im Jahr 1854, daß die Monarchie das Prinzip der »Nationalsouveränität«, das eine der vorwaltenden Tendenzen des Zeitalters darstelle, nicht länger »ganz verwerfen«, geschweige denn »ignorieren« dürfe. Allerdings glaubte er zugleich, König Max anraten zu müssen, daß es die Aufgabe der Monarchie sei, die »destruktiven Tendenzen auszurotten, welche von den populären Prinzipien wie eine große Flut mit hineingeschwemmt werden«, und dahin zu wirken, »daß die Nationalsouveränität nicht über alles herrschend werde«.[5] Das war jedoch unter den damaligen Umständen eher eine Rückzugsposition. Die große Mehrheit der Historikerschaft war umgekehrt der Meinung, daß, was immer kommen möge, dem konstitutionell verfaßten Nationalstaat die Zukunft gehöre; sie wurden darin durch den Sieg des Risorgimento in Italien zusätzlich bestärkt.

Die Schichten von »Bildung und Besitz« waren mehr denn je überzeugt, daß die geschichtliche Entwicklung nunmehr in eine Epoche eingetreten sei, in der die handelnden Individuen, sofern sie nur die Zeichen der Zeit richtig zu lesen verstünden, ihre Gegenwart und damit ihre zukünftige Geschichte selbstverantwortlich zu gestalten in der Lage seien. Insofern kam den Historikern, als denjenigen, die die Grundtendenzen der künftigen gesellschaftlichen Entwicklung aus der objektiven Analyse der Vergangenheit abzuleiten imstande zu sein schienen, in der Prägung des öffentlichen Bewußtseins eine Schlüsselrolle zu, sei es, daß sie sich wie Gervinus als »Parteimann des Schicksals«, sei es, daß sie sich wie die nationalliberalen Historiker als Exegeten der vorgeblichen objektiven Tendenzen des Geschichtsprozesses verstanden, die auf Fortschritt, konstitutionelle Freiheit und eine nationalstaatliche Ordnung in Europa hindeuteten. Nicht nur die Geschichtsschreibung, sondern auch die anderen Kulturwissenschaften waren eng mit dem emanzipatorisch gesinnten Zeitgeist verknüpft, selbst dann, wenn sie sich, wie die historische Rechtsschule, eher an einer angeblich eigentümlich deutschen Rechts- und Staatstradition orientierten als an den fortgeschritteneren Verhältnissen in der westeuropäischen Staatenwelt.

Vergleichbare Tendenzen lassen sich auf dem Gebiet der bildenden Kunst nachweisen. Auch hier wurde die Wiederbelebung der deutschen Nationalidee allgemein als die große Aufgabe der Zeit empfunden. So sollte beispielsweise die Gründung des Germanischen Nationalmuseums Nürnberg im Jahr 1852 vor allem dem Ziel dienen, die Denkmäler und Zeugnisse der deutschen Nationalkultur zu sammeln und der breiteren Öffentlichkeit zugänglich zu machen. In der Satzung des Germanischen Nationalmuseums hieß es: »Das Germanische Museum, eine Nationalanstalt für alle Deutschen, hat den Zweck, die Kenntnis der deutschen Vorzeit zu erhalten und zu mehren, namentlich die bedeutsamen Denkmale der deutschen Geschichte, Kunst und Literatur vor der Vergessenheit zu bewahren und ihr Verständnis auf alle Weise zu fördern.«[6] Der Zusammenhang all dieser Bemühungen mit den Bestrebungen der liberalen Nationalbewegung ist offensichtlich; der Kampf um die Durchsetzung der nationalen Einheit und der konstitutionellen Regierungsweise auf politischem Gebiet sowie die intensiven Bemühungen um die Bewahrung und Sammlung der kulturellen Zeugnisse der deutschen Vergangenheit waren eng miteinander verzahnt. Auch die Künstlerschaft selbst verschrieb sich diesen Bestrebungen. Besondere Erwähnung verdient hier die 1856 gegründete Allgemeine Deutsche Kunstgenossenschaft, eine Vereinigung von bildenden Künstlern, die sich die Errichtung einer deutschen Nationalgalerie sowie die regelmäßige Durchführung von nationalen Kunstausstellungen zum Ziel setzte. Eine ihrer ersten großen Ausstellungen, die Große Kunstausstellung in München vom Jahr 1858, die in Verbindung mit der Münchener Akademie durchgeführt wurde, stand unter dem Motto: »Die Einheit, die uns das Vaterland noch nicht bieten kann, wir wollen sie wenigstens gründen in der deutschen Kunst, wir wollen die nationale Kunst und in ihr die nationale Einheit.«[7]

In den gleichen Zusammenhang gehören die vielen Musikfeste der Zeit, besonders die in regelmäßigem Turnus arrangierten Niederrheinischen Musikfeste, die beträchtliche Zahlen von Besuchern anzogen und Höhepunkte des damaligen Musikbetriebs darstellten. Die Niederrheinischen Musikfeste boten beispielsweise Robert Schumann nach seiner Übersiedlung von Dresden nach Düsseldorf im Jahr 1850 ein großes Forum nicht allein für die Entfaltung seines eigenen musikalischen Chorwerks, sondern ebenso für die systematische Wiederbelebung der Musik Bachs, Händels und Haydns.[8] Auch das ungemein reiche chormusikalische Werk von Johannes Brahms und Franz Liszt wäre ohne diese Voraussetzungen nicht zu denken. Die Musikfeste hatten noch nach der Mitte des Jahrhunderts eine weit größere Breitenwirkung, als dies späterhin, mit dem Entstehen von stärker exklusiven, zumeist auf städtischer Basis organisierten öffentlichen Konzertveranstaltungen der Fall sein sollte. Sie spielten eine bedeutsame Rolle für die Popularisierung der Werke der deutschen Klassik und für die Wiederentdeckung von Johann Sebastian Bach und Joseph Haydn. Das von ihnen bevorzugte Genre war das große, Orchester, Solisten und Chor einigende, Oratorium. Daneben war ein erheblicher Teil der Programme Chorwerken patriotischen Inhalts gewidmet, deren Komponisten heute nahezu sämtlich in Vergessenheit geraten sind.[9] Neben den Musikfesten gab es die Sängerfeste, die ihrerseits in der Tradition des Vormärz standen und die »musikfreudige Kreise in patriotischer Begeisterung« zusammenführten, wie es Karl Gustav Fellerer formuliert hat.[10] 1862 erfolgte die Gründung des Deutschen Sängerbundes in Coburg als einer Vereinigung der zahlreichen deutschen Sängerbünde, die nunmehr die Sängerfeste als nationale Aufgabe durchführte, 1865 in Dresden, 1874 in München, 1882 in Hamburg, 1890 in Wien und 1896 in Stuttgart. Sie spielten eine zweifache Rolle, einerseits schufen sie eine spezifisch deutsche Musikkultur, übrigens mit vielfach durchaus anspruchsvollen Programmen, andererseits förderten sie die Ausbreitung der nationalen Idee.

Besondere Bedeutung gewannen die öffentlichen Dichterfeste. Zu nennen sind hier insbesondere die Feiern zu Ehren Friedrich Schillers im Jahr 1859 und Ferdinand Freiligraths im Jahr 1867. Sie standen in der Tradition der zahlreichen politischen Feste des Vormärz. Zwar trat das Bekenntnis zu jenen großen Repräsentanten der deutschen Nationalliteratur, die zugleich Exponenten freiheitlicher Gesinnung waren, während der Jahre der Reaktion nach 1848 äußerlich zurück hinter einer Würdigung ihres literarischen Werks; aber allein die Tatsache, daß an diesen Feiern nicht nur das gebildete Bürgertum, sondern gerade auch die unteren Mittelschichten und besonders die Handwerkerschaft teilgenommen haben, verweist darauf, daß es sich dabei stets auch um politische Demonstrationen zugunsten einer freiheitlichen Entwicklung in der deutschen Staatenwelt gehandelt hat. Heinrich von Treitschke urteilte 1862, daß diesen Festen besondere Bedeutung zukomme, eben weil sich die Idee der Nation im »staatenlosen Deutschland« nicht an konkreten Symbolen festmachen lasse, sondern lediglich »in der idealen Gemeinschaft der Deutschen« sichtbar hervortrete: »[...] das ist der Sinn jener Feste, deren die politisch tiefbewegte Gegenwart nicht müde wird, daß wir, rückschauend auf die starken Männer, die unseres Geistes Züge tragen, erfrischen das Bewußtsein unseres Volkstums und stärken den Entschluß, daß aus dieser idealen Gemeinschaft die Gemeinschaft der Wirklichkeit, der deutsche Staat erwachse.«[11]

Bereits im Vormärz hatte die deutsche Literatur eine bedeutsame politische Dimension gewonnen. Einerseits galt sie als vornehmster Ausdruck der kulturellen Gemeinsamkeiten der deutschen Nation, zugleich aber stand sie für konstitutionelle Reformen dank des prononcierten Eintretens vieler ihrer führenden Repräsentanten für die »Partei des Fortschritts«. Dabei spielte das Vorbild Friedrich

Schillers, dessen Ansehen bei den Zeitgenossen selbst jenes von Goethe weit übertraf, eine besondere Rolle. Die politische Lyrik Ferdinand Freiligraths oder Georg Herweghs hatte zu ihrem Teil dazu beigetragen, die Revolution von 1848/49 ideell vorzubereiten, ebenso wie die Gedichte und zahlreichen, meist in der »Augsburger Zeitung« veröffentlichten zeitkritischen Essays Heinrich Heines. Nach dem Scheitern der Revolution kam diese Tradition politischer Lyrik nahezu zum Erliegen, zumal die betreffenden Autoren ausnahmslos in die Emigration gezwungen wurden. Die Ära der Reaktion hinterließ in der Literatur ebenfalls tiefe Spuren; die eigentümliche Atmosphäre der Resignation, wie sie in den fünfziger Jahren vorherrschte, verbunden mit verstärkter Hinwendung zu wirtschaftlicher Aktivität im Zuge der nun sprunghaft einsetzenden industriellen Entwicklung, lähmte auch die literarische Produktion. Wirklich epochemachende Werke sind in den Jahren der Reaktionszeit nicht entstanden; es überwogen jene Werke, die einem apolitischen Realismus verpflichtet waren, der sich in idyllischer Kleinmalerei erschöpfte, und die, wenn sie überhaupt Themen von gesellschaftlicher Relevanz wählten, dann die Frage der Entfremdung des einzelnen in einer sich rasch wandelnden, von ihren natürlichen Grundlagen entfernenden Welt zu ihrem vornehmsten Gegenstand machten. Daneben standen, dem Zeitgeist entsprechend und charakteristisch für eine partielle Abwendung von der Gegenwart, Werke, die sich in liebevoller Detailschilderung historischen Sujets der deutschen Vergangenheit zuwandten, vielfach nicht ohne diese als heile Welt zu verklären.

Die meisten der vielgelesenen Autoren jener Jahrzehnte, etwa Karl Gutzkow, Wilhelm Meinhold, Victor von Scheffel oder Felix Dahn, sind heute nahezu vergessen und finden nur noch in Literaturgeschichten eine Würdigung. Von ihnen sei hier nur auf Gustav Freytag näher eingegangen, dessen »Bilder aus der deutschen Vergangenheit« damals bei einem geschichtsbegeisterten Publikum eine enthusiastische Aufnahme fanden, nicht zuletzt deshalb, weil sie in ein leidenschaftliches Plädoyer zugunsten der politischen Emanzipation des deutschen Bürgertums einmündeten. »[...] in dem deutschen Bürgerthum liegt die edelste Kraft, die Führerschaft auf dem Gebiete idealer und praktischer Angelegenheiten. Es ist seit dem Beginn des Jahrhunderts keine Kaste mehr, nach oben und unten abgeschlossen, [...] es ist sowohl Gentry als Volk [...]. In zweihundert Jahren von 1648 bis 1848 vollzieht sich die merkwürdige Erhebung des deutschen Volkes. Nach einer beispiellosen Zerstörung wächst seine Seele herauf an Glauben, Wissenschaft, politischer Begeisterung. Sie ist jetzt mitten in starker Anstrengung, sich das höchste irdische Besitztum, den Staat, zu bilden. Es ist große Freude in solcher Zeit zu leben [...]. Es ist eine Freude geworden, ein Deutscher zu sein.«[12] Freytags Roman »Soll und Haben« aus dem Jahr 1855, der unverzüglich zu einem großen Publikumserfolg wurde, wandte sich aus dem neugewonnenen bürgerlichen Selbstbewußtsein heraus einem zentralen Thema der Zeit zu, nämlich dem Niedergang der aristokratischen Kultur, der Habgierigkeit einer mit dem Kapitalismus heraufgekommenen Schicht von dunklen Spekulanten und Geschäftemachern sowie dem Triumph des aufsteigenden ehrbaren gewerblichen Bürgertums, dessen strenge, nüchterne Lebensführung samt der strikt korrekten Rechenhaftigkeit ihres Geschäftsgebarens ihm die Zukunft sichert. Anton Wohlfahrt, in einem bürgerlichen Handelshaus als Kaufmann ausgebildet, schlägt die Chance, dort zum Geschäftsführer aufzusteigen, aus, um den Versuch zu machen, den finanziellen und gesellschaftlichen Ruin des Freiherrn von Rothsattel aus uraltem hochadeligem Geschlecht, der sich in geschäftlichen Unternehmungen nicht zuletzt dank der Ränke eines jüdischen Bankiers Ehrenthal verspekuliert hatte, doch noch abzuwenden; am Ende siegt die neue bürgerliche Welt sowohl in geschäftlicher als auch in moralischer Hinsicht: Wohlfahrt treibt Ehrenthal in den Offenbarungseid und rettet wenn schon nicht das Gut, so doch des Freiherrn Ehre und den Lebensunterhalt für seine Familie.

Den bedeutenderen Schriftstellern jener Jahrzehnte war eines gemeinsam: ihre relative Ferne von der Tagespolitik, ihr teilweise resignativer Rückzug in eine Welt der Innerlichkeit, die bisweilen beschaulich verklärt erscheint. Theodor Fontane arbeitete in jenen Jahren als Zensor für die Regierung Manteuffel. Seine Schriften aus jenen Jahren, vor allem die »Wanderungen durch die Mark Brandenburg«, die er damals zu schreiben begann, waren eine Apotheose des altpreußischen Junkertums vergangener Jahrzehnte, seine Balladen »Männer und Helden, Acht Preußenlieder« eine patriotische Verklärung preußischer Gesinnung. Allerdings findet sich in den Werken zahlreicher Autoren jener Zeit, etwa bei Friedrich Hebbel, Theodor Storm oder Wilhelm Raabe, immer wieder als Leitmotiv die Situation des Menschen, der, aus traditionellen gesellschaftlichen Ordnungen oft ländlichen oder kleinbürgerlichen Charakters kommend, an der Eingliederung in die neue bürgerliche Gesellschaft scheitert oder doch dabei in unlösbare menschliche Konflikte verstrickt wird. In seinem Roman »Der Hungerpastor« suchte beispielsweise Wilhelm Raabe den Konflikt zwischen der traditionellen gesellschaftlichen Ordnung und den neuen, von materialistischen Gesinnungen geprägten Verhältnissen der bürgerlichen Gesellschaft zu thematisieren, allerdings ohne daraus in irgendwelchem Sinne gesellschaftspolitische Schlußfolgerungen zu ziehen. Hans Unwirsch wählte den Rückzug, oder sollte man sagen die innere Emigration, auf eine abgelegene Landpfarre.

Die eher apolitische und resignative Grundstimmung in der Literatur jener Jahre war gewiß charakteristisch für jene Teile der bürgerlichen Schichten, die sich nach 1849 einstweilen in eine relative Politikferne geflüchtet hatten. Aber unterschwellig blieb die Identifikation von bürgerlichen Lebensidealen mit der deutschen Kultur und der nationalen Idee ungebrochen. Sie fand 1862 im Deutschen Nationalverein, der zugleich ein Agitationsforum für die nationale Einigung war und für die Durchsetzung der bürgerlichen politischen und kulturellen Ideale in der deutschen Gesellschaft eintrat, auch eine institutionelle Verkörperung. Im übrigen dürfte die Politikfremdheit der zeitgenössischen Literatur dazu beigetragen haben, daß die Schiller-Verehrung in der breiteren Öffentlichkeit in den fünfziger Jahren einen neuen Höhepunkt erreichte. Es war charakteristisch, daß die Regierung Manteuffel es für angezeigt hielt, die deutschen Klassiker wegen ihrer angeblich »revolutionären« Tendenzen aus dem Lektürekanon der Volksschulen zu verbannen. Dies konnte jedoch nicht verhindern, daß die Festlichkeiten zum hundertsten Geburtstag Schillers vom 9. bis 11. November 1859 zum größten Fest wurden, welches jemals in Deutschland zu Ehren eines Dichters gefeiert worden ist. Schiller-Stiftungen in 16 deutschen Städten hatten die Vorbereitungen in die Hand genommen. In 440 deutschen und 50 ausländischen Städten veranstaltete man eindrucksvolle Festumzüge, Enthüllungen von Schiller-Denkmälern und Festaufführungen aller Art, überwiegend unter freiem Himmel. Zwar hatten die Behörden alles Erdenkliche unternommen, um diesen Festveranstaltungen ihren politischen Charakter zu nehmen und vor allen Dingen die Beteiligung von Handwerkern und Arbeitern nach Möglichkeit zu verhindern – ein Bestreben, dem Teile des Bürgertums willig ihre Unterstützung zuteil werden ließen. In Berlin kam es darüber sogar zu schweren Zusammenstößen der Polizei mit Handwerkern und Arbeitern, die sich die Durchführung eines eigenen Schiller-Festumzuges nicht nehmen lassen wollten. Dies hatte freilich nur zur Folge, daß Schiller hier nicht verhalten und indirekt wie in den vom gebildeten Bürgertum allerorten durchgeführten Feiern, sondern ganz offen als Revolutionär und als Symbol der Auflehnung gegen das bestehende politische System gefeiert wurde.

Ungeachtet der Differenzen, die zwischen dem gebildeten Bürgertum und den unterbürgerlichen Schichten über die Art der Durchführung der Schiller-Feiern bestanden, konnte kein Zweifel daran bestehen, daß das massenhafte Bekenntnis zu einem der Großen der deutschen Nationalliteratur zugleich ein Plädoyer für politische Reform und für die Herbeiführung der deutschen Einigung gewesen ist. Wilhelm Raabes unter dem Pseudonym Jacob Corvinus eingesandtes Festgedicht für die Schiller-Feier in Wolfenbüttel erhob den großen Dichter zum symbolischen Führer der deutschen Nation in den bevorstehenden Kämpfen um die Erneuerung der Einheit Deutschlands und ließ keinen Zweifel daran, daß den Repräsentanten der deutschen Kultur dabei eine vorrangige Aufgabe zukomme:

»Das deutsche Reich, so ist's noch nicht verloren,
Der Deutschen König ist auf's Neue so erkoren,
Des Geistes Reich auf's Neue fest gegründet,
Des Geistes Volk zu Kampf und Sieg verbündet.«[13]

Einen vergleichsweise radikaleren Zuschnitt hatten die Freiligrath-Feiern im Sommer 1867, zu einem Zeitpunkt, als die deutsche Einigung bereits ein beachtliches Stück vorangekommen war. Sie gingen zurück auf die Initiative einer Gruppe von Barmer Kaufleuten, die dann von der Wochenzeitschrift »Die Gartenlaube« aufgegriffen und zu ihrer Sache gemacht wurde. Damit war eine überregionale öffentliche Sammlung für eine Dotation an den in London lebenden Freiligrath verbunden, die sich als ungewöhnlich erfolgreich erwies. In zahlreichen deutschen Städten wurden, meist von speziell zu diesem Zweck gegründeten Komitees initiiert, Feiern zu Ehren Freiligraths veranstaltet, die in der Regel mit instrumentaler und vokaler Musik umrahmt wurden. In diesen Veranstaltungen wurde Freiligrath nicht nur als politischer Dichter eingehend gewürdigt, sondern es wurden auch zahlreiche seiner Texte, einschließlich seiner Übersetzungen frühmittelalterlicher schottischer Balladen, rezitiert. Diesmal fehlte es nicht an zahlreichen, ausschließlich von Arbeitervereinen durchgeführten Veranstaltungen. Einmal mehr erwies sich, daß Kultur und Politik in der Ära der Reichsgründung gleichsam wie kommunizierende Röhren miteinander verbunden waren. Allerdings wurden die radikal demokratischen Aussagen der Dichtung Freiligraths in den Festreden vielfach entschärft und mit einem martialischen Bekenntnis zu militärischer Gewalt verschmolzen, in welcher man ein legitimes Mittel sah, um die von Bismarck eingeleitete Politik der Einigung Deutschlands zu vollenden. Im gegebenen Augenblick schien es den bürgerlichen Schichten einschließlich des Besitzbürgertums an der Zeit, Freiligrath als einem »Fahnenträger des Geistes« zu huldigen und ihm für sein kompromißloses Eintreten für Freiheit und Einheit der Deutschen in einer Ära politischer Unterdrückung den Dank der Nation auszusprechen.[14]

Die Reichsgründung und die deutsche Kultur in der Ära der Vorherrschaft des Liberalismus

Die Gründung des Deutschen Reiches in einem zeremoniellen Festakt im Spiegelsaal von Versailles am 18. Januar 1871 wurde von den Zeitgenossen allgemein auch als Auftakt für einen neuen Aufschwung der kulturellen Entwicklung in Deutschland empfunden. Obschon die bürgerliche Kultur sich ursprünglich in enger Verbindung mit den Idealen des konstitutionellen Liberalismus entfaltet hatte, vornehmlich in den neuen, nunmehr rasch wachsenden Städten, richtete sie sich, wenn man es bildlich formulieren will, im Kaiserreich häuslich ein. Dabei bildete eine ausgeprägt nationale Gesinnung, die sich in erster Linie am Kaisertum als dem Symbol des neuen Nationalstaates orientierte, eine Brücke zwischen Staat und Kultur. Künstler, Musiker und Literaten zögerten nicht, den Triumph der preußischen Waffen über Frankreich in ihren Werken zu idealisieren. Emanuel Geibel dichtete nach der Schlacht von Sedan ein pathetisches Siegeslied:

»Nun lasset die Glocken von Turm zu Turm,
Durchs Land frohlocken im Jubelsturm.
Des Flammenstoßes
Geleucht facht' an.
Der Herr hat Großes an uns getan.
Ehre sei Gott in der Höhe.«[1]

Theodor Fontane hielt die Ereignisse des deutsch-französischen Krieges in liebevoll gezeichneten Berichten für die »Neue Preußische Zeitung« fest. Richard Wagner verfaßte noch im Januar 1871 ein Gedicht »An das deutsche Heer vor Paris«, das einer brutalen Niederwerfung der Kommune das Wort redete; wenig später komponierte er einen »Kaiser-Marsch« zur Feier des deutschen Sieges über Frankreich. Auch Richard Brahms schrieb eine Ode zur Erinnerung an die großen Ereignisse der Jahre 1870/71. Gustav Freytag schließlich pries die Reichsgründung als Beginn einer neuen Ära auch im kulturellen Leben Deutschlands. Auch Anton von Werners historische Riesengemälde, die nahezu alle großen politischen Ereignisse jener Jahre, beispielsweise Moltke auf dem Schlachtfeld von Sedan oder den feierlichen Reichsgründungsakt im Spiegelsaal von Versailles, mit peinlicher Genauigkeit bis in die letzten Details korrekter Uniformgestaltung festgehalten haben, sind exemplarische Zeugnisse einer historistischen Malerschule, die sich die künstlerische Verklärung der Höhepunkte der deutschen Nationalgeschichte zur vornehmsten Aufgabe gesetzt hatte. Es versteht sich, daß später auch die Kaiserpfalz von Goslar durch Hermann Wislicenus, einem Kollegen Werners an der Berliner Kunstakademie, mit prachtvollen historistischen Wandgemälden ausgestattet worden ist. Diese sollten einmal mehr veranschaulichen, daß das Hohenzollernkaisertum gleichsam als die Wiederherstellung des mittelalterlichen Reiches »deutscher Nation« zu gelten habe.

Die Berliner Siegesfeier am 16. Juni 1871, die den Triumph der preußisch-deutschen Armeen über Frankreich und die Gründung des Reiches glanzvoll würdigen sollte, wurde von den Zeitgenossen als eines der großen künstlerischen Ereignisse in Deutschland gewertet.[2] An der künstlerischen Gestaltung der »Via Triumphalis« vom Tempelhofer Feld zum Berliner Stadtschloß nahmen unter Federführung der Berliner Kunstakademie die führenden Maler und Bildhauer der Stadt teil. Rudolf Siemering, Reinhold Begas, Moritz Schulz und Erdmann Encke wurden für die Errichtung mehrerer Monumentaldenkmäler, Triumphbögen, Ehrensäulen und Reliefs gewonnen. Die Straße »Unter den Linden« wurde zusätzlich mit fünf riesigen, über ihre volle Breite gespannten Monumentalgemälden dekoriert, die, von Anton von Werner, Otto Knille, Ernst Johannes Schaller, Ernst Ewald und August Heyden geschaffen, nach Art der damals beliebten Historienbilder die ganze glorreiche Geschichte der Deutschen in überwiegend symbolischer Form darstellten. Schon hier stand die Mythengestalt der Germania im Mittelpunkt; damit sollte gleichsam das hinter seinem Monarchen geeinte deutsche Volk repräsentiert und zugleich die Reichsgründung als Erfüllung eines Jahrtausends deutscher Geschichte vorgestellt werden. Zeitgenössische Beobachter wie Bruno Meiner würdigten das ikonologische Programm der Siegesfeier als Bemühen, »die ideale Seite der Ereignisse vom höchsten Gesichtspunkt aus« darzustellen: »Aufruf zum Kampf, Verbrüderung der deutschen Stämme, Kampf und Sieg, das neue Reich, [der] Reichsfrieden.«[3] Hier, so schien es, war die bürgerlich-liberale Idee der national geprägten Kulturnation eine Symbiose mit dem monarchischen Gedanken und der höfisch-aristokratischen Kultur eingegangen. Ihren vorläufigen Schlußpunkt fanden die Bestrebungen, den Sieg über Frankreich und die Reichsgründung auf künstlerischem Feld demonstrativ zum Ausdruck zu bringen, mit der Errichtung der monumentalen Siegessäule im Tiergarten, bei der man allerdings von einer Abbildung Wilhelms I. und der führenden Persönlichkeiten absah und sich mit der Darstellung der Germania als Symbol des neuen Reichspatriotismus sowie einer Allegorie des Cäsarentums begnügte.

Die Erwartung, daß die nationale Aufbruchstimmung nach 1871 eine dauerhafte Belebung auch des künstlerischen und literarischen Lebens herbeiführen würde, sollte sich jedoch nicht erfüllen. Im Gegenteil, die Königliche Akademie der Schönen Künste in Berlin lenkte unter ihrem Direktor Anton von Werner, der sich der besonderen Gunst Wilhelms I. und der höfischen Gesellschaft erfreute, in Verbindung mit dem Verein Berliner Künstler und der Preußischen Landeskunstkommission das Berliner Kunstleben in ein ausgeprägt konventionelles Fahrwasser, das sich uneingeschränkt der offiziösen Ästhetik des Schönen, Wahren und Guten verschrieb. Unter dem Einfluß von Werners, der bald zum mächtigsten Mann in der deutschen Kunstszene avancierte, wurde die historistische Monumentalmalerei, die sich vornehmlich der großen nationalen Themen vor einem bis ins frühe Mittelalter zurückgehenden Hintergrund annahm, zum vorherrschenden Genre. Ähnliches geschah in der Bildhauerei, die bald eines ihrer Haupttätigkeitsfelder, zumeist aufgrund öffentlicher Aufträge, in der Schaffung von nationalen Denkmälern aller Art fand. In Anton von Werner fand der Kaiser einen Historienmaler nach seinem Geschmack, dessen zahlreiche pompöse Monumentalgemälde von Schlachten und herrschaftlichen Ereignissen als vorbildhaft galten. In der Königlichen Akademie der Künste regierte von Werner, trotz seines vergleichsweise jugendlichen Alters von zweiunddreißig Jahren, nahezu unumschränkt. Fontane, der im Februar 1876 zum Sekretär der Königlichen Akademie der Künste bestellt worden war, fand es schon nach drei Monaten unerträglich, »vor Herrn v[on] W[erner] wie vor einer aufgehenden kronprinzlichen Sonne zu liebedienern«.[4] Die Marschroute dieses offiziösen Kunstgeschmacks war ganz und gar konventionalistisch; die Akademien hatten das »ursprünglich Schöne«, wie es in den klassischen Werken insbesondere der antiken, aber auch der neueren Kunst des 17. und 18. Jahrhunderts seinen vornehmsten Ausdruck gefunden hatte, unverändert zu pflegen und an kommende Generationen von Eleven weiterzugeben. Selbst die Landschaftsmalerei war nicht gefragt; über die Kunst der Nazarener hinaus konnte und wollte man sich hier nicht vorwagen. Anläßlich der Einweihung des neuen Gebäudes der Düsseldorfer Akademie 1879 gab der Kunsthistoriker Karl Woermann auch hier eine konventionalistische Parole aus: »So werden wir denn auch das Panier des Idealismus zu entfalten haben gegen Strömungen, welche den großen, [...] ernsten Stil in der Kunst für einen überwundenen Standpunkt erklären [...].«[5]

Die Folgen einer derartigen Entwicklung des künstlerischen Lebens wurden von aufmerksamen Beobachtern schon früh erkannt. Mit schneidender Schärfe urteilte Friedrich Nietzsche bereits 1873 in seinen »Unzeitgemäßen Betrachtungen«: »Ein großer Sieg ist eine große Gefahr. Die menschliche Natur erträgt ihn schwerer als eine Niederlage; ja es scheint selbst leichter zu sein, einen solchen Sieg zu erringen, als ihn so zu ertragen, daß daraus keine schwere Niederlage entsteht. Von allen schlimmen Folgen aber, die der letzte mit Frankreich geführte Krieg hinter sich dreinzieht, ist vielleicht die schlimmste ein weitverbreiteter, ja allgemeiner Irrtum: der Irrtum der öffentlichen Meinung und aller öffentlich Meinenden, daß auch die deutsche Kultur in jenem Kampfe gesiegt habe [...]. Dieser Wahn ist höchst verderblich, [...] weil er imstande ist, unsern Sieg in eine völlige Niederlage zu verwandeln: in die Niederlage, ja die Exstirpation des deutschen Geistes zugunsten des deutschen Reiches.«[6] Später hat Nietzsche gar die Ansicht vertreten, daß die Reichsgründung die kulturelle Entwicklung in Deutschland gegenüber jener seiner europäischen Nachbarn auf lange hinaus zurückgeworfen habe: »In der Geschichte der europäischen Kultur bedeutet die Heraufkunft des ›Reichs‹ vor allem eins: eine Verlegung des Schwergewichts. Man weiß es überall bereits: in der Hauptsache – und das bleibt die Kultur – kommen die Deutschen nicht mehr in Betracht.«[7] Rückblickend stellte Max Weber mit einem gewissen Erschrecken fest, daß »reine Kunst und Literatur von deutscher Eigenart [...] nicht im politischen Zentrum« des deutschen Nationalstaates entstanden seien; dies wog in seinen Augen besonders schwer, weil er als Soziologe davon ausging, daß der Begriff der Nation in der Regel an folgenden Kriterien verankert zu werden pflege: an die »Überlegenheit oder doch die Unersetzlichkeit der nur kraft der Pflege der Eigenart zu bewahrenden und zu entwickelnden ›Kulturgüter‹«.[8]

Selbst wenn man diese Urteile als allzu hart und überspitzt betrachten mag, ist nicht zu übersehen, daß die bahnbrechenden zeitgenössischen Entwicklungen in Kunst, Literatur und Musik sich zumeist eher außerhalb des politischen Machtzentrums des Kaiserreiches ereigneten. Erst gegen Ende des Jahrhunderts gewann Berlin auch im kulturellen Leben eine Schlüsselstellung, aber selbst dann noch in deutlicher Konkurrenz zu zahlreichen anderen Kunstzentren in Mittel- und Süddeutschland und im Rheinland. Überhaupt ist die Vielgestaltigkeit der Staatenwelt des 18. und frühen 19. Jahrhunderts, die dann in der föderalistischen Struktur des Reiches in freilich abgeschwächter Form weiterlebte, für die Entwicklung von Kunst, Literatur und Wissenschaft in Deutschland von großem Vorteil gewesen. Sie hatte eine Vielzahl von kulturellen Zentren hervorgebracht, die im Regelfall auf fürstliche Residenzen zurückgingen, aber sich durchaus unabhängig davon zu Mittelpunkten von Kunst und Kultur zu machen verstanden, wie München, Dresden, Weimar, Mannheim, Düsseldorf und Darmstadt oder ehemalige Reichsstädte wie Hamburg oder Köln. Insgesamt läßt sich mit einiger Berechtigung sagen, daß, im Unterschied zu Frankreich, die großen Impulse auf künstlerischem, literarischem und musikalischem Gebiet nicht von Berlin, sondern von einer Vielzahl konkurrierender regionaler Metropolen ausgegangen sind, allerdings mit einer gewichtigen Ausnahme, nämlich der modernen Wissenschaft.

In mancher Hinsicht traten im Kaiserreich die Städte in die Rolle ein, die die konkurrierenden mittleren und kleinen Fürstenhöfe im 18. und noch im frühen 19. Jahrhundert gespielt hatten. Die Städte, gleichviel ob sie ehedem Residenzstädte gewesen waren beziehungsweise blieben oder eher in einem gewissen Gegensatz zu den etablierten höfischen Gewalten standen, wie Hamburg oder Frankfurt, wurden zu Zentren der sich entfaltenden bürgerlichen Kultur nationalen und liberalen Zuschnitts. Das sich auf dieser Grundlage entwickelnde Kulturleben war in allem Wesentlichen eine urbane, am Ende gar eine großstädtische Angelegenheit und stand schon aus diesem Grunde in einem gewissen Gegensatz zu den Kunstidealen der überkommenen höfischen Kultur. Ihr ausschlaggebender Träger war das gebildete Bürgertum, das zu diesem Zeitpunkt noch aufs engste mit dem aufsteigenden Wirtschaftsbürgertum verzahnt war, auch wenn der Boom der Gründerjahre einige unliebsame homines novi in dieses Sozialmilieu hineingebracht hatte und sich erste Vorboten der späteren Dekomposition der bürgerlichen Klasse in scharf voneinander geschiedene Sozialgruppen ankündigten. Dies wurde durch den Umstand erleichtert, daß die Städte innerhalb des bestehenden politischen Systems ein vergleichsweise hohes Maß von Autonomie besaßen. Die Stadt war rechtlich wie politisch ein Ort bürgerlich-liberaler Hegemonie inmitten einer Gesellschaft, in der ansonsten obrigkeitliche Traditionen vorherrschten. Dank des beschränkten Wahlrechts hatte hier der bürgerliche Liberalismus von den Unterschichten einstweilen wenig zu befürchten; erst gegen Ende des Jahrhunderts sah dieser sich zunehmend von der sozialdemokratischen Bewegung herausgefordert und in die Enge gedrängt.

In den ersten beiden Jahrzehnten nach 1871 stand das geistige Leben im Kaiserreich noch ganz im Zeichen der Symbiose von Nation und Kultur, wie sie sich seit dem späten 18. Jahrhundert herausgebildet hatte. Im Selbstverständnis der Zeitgenossen hatten die höfisch-aristokratische Kultur, die im Kaisertum der Hohenzollern einen neuen volkstümlichen Mittelpunkt gewonnen hatte, und die bürgerlich-nationale Kultur im Zeichen der Reichsgründung weitgehend zueinandergefunden. Am deutlichsten trat diese Wende in der Haltung der Historiker zutage. Heinrich von Sybel, der während der Zeit des Verfassungskonflikts ein erbitterter Gegner Bismarcks und ein entschlossener Vorkämpfer des konstitutionellen Liberalismus gewesen war, schrieb im Januar 1871 an seinen Kollegen Hermann Baumgarten: »Wodurch hat man die Gnade Gottes verdient, so große und mächtige Dinge erleben zu dürfen? Und wie wird man nachher leben? Was zwanzig Jahre der Inhalt alles Wünschens und Strebens gewesen, das ist nun in so unendlich herrlicher Weise erfüllt! Woher soll man in meinen Lebensjahren noch einen neuen Inhalt für das weitere Leben nehmen?«[9] Sybel, der die eigentliche Aufgabe des Geschichtsschreibers seiner Gegenwart im öffentlichen Leben darin sah, darauf hinzuwirken, »daß alle Kulturbewegungen sich im nationalen und fortschreitenden Sinn vollziehen«,[10] wurde zu einem prominenten publizistischen Verteidiger des neugegründeten Reiches. In zahlreichen Artikeln und Abhandlungen und schließlich in seiner siebenbändigen Geschichte der »Gründung des deutschen Reiches durch Wilhelm I.«, dessen erster Band 1889 erschien, erteilte er der Bismarckschen »Revolution von oben« gleichsam eine offiziöse Absegnung aus nationalliberalem Munde. Schon zuvor hatte Heinrich von Treitschke in einer großen Artikelserie über »Das constitutionelle Königthum in Deutschland« in den »Preußischen Jahrbüchern« die Parole von der Versöhnung der Gebildeten mit der Machtpolitik Bismarcks ausgegeben: »Unser Liberalismus muß zurückkehren zu der alten deutschen Ueberzeugung, daß kriegerische Kraft die Voraussetzung aller politischen Tugenden bleibt, daß der preußische Waffenruhm ein ebenso edles, ebenso redlich verdientes Kleinod bildet in dem reichen Schatze deutscher Ehren wie die Thaten unserer Dichter und Denker [...].«[11] Hier wurde die Forderung entschieden zurückgewiesen, daß die Reichsverfassung gemäß dem englischen Vorbild zu einem parlamentarischen System fortgebildet werden müsse. In der Folge wurde Treitschke zum prominentesten Vertreter einer unauflöslichen Symbiose von Nation und Staat; der nationale Machtstaat galt ihm als »sittliches Prinzip« und als wesentlicher Garant des modernen bürgerlichen Kulturlebens. Zugleich propagierte er mit äußerster Schärfe einen elitären Kulturbegriff, der die krassen sozialen Gegensätze der frühindustriellen Gesellschaft als notwendige Bedingung für die Entfaltung einer differenzierten Kultur festgeschrieben sehen wollte: »Die Millionen müssen ackern und schmieden und hobeln, damit einige Tausende forschen, malen und regieren können.«[12] Die Wiederentdeckung der Bedeutung und der Hoheit des Staates zeuge, wie er meinte, von einem hohen Niveau von Kunst und Wissenschaft.

Immerhin gab es damals auch gewichtige Gegenstimmen wie jene Alfred Doves, der in der 1871 gegründeten Zeitschrift »Im neuen Reich. Wochenschrift für das Leben des deutschen Volkes in Staat, Wissenschaft und Kunst«, die es sich zum Ziel gesetzt hatte, gerade jetzt »die ideale Habe unserer Nation, die höchsten Resultate deutscher Wissenschaft, die Gesetze edler Schönheit in Sinn und Gedächtnis der Gegenwart zu erhalten«,[13] für eine Fortbildung der Verfassung in freiheitlichem Sinne plädierte und zu diesem Behufe »die innere Triebkraft des nationalen Geistes« neu anzufachen suchte. Freilich meinte er, daß die Freiheit des deutschen Geistes vor allem von seiten der »finsteren Macht Roms« bedroht werde.[14] Ansonsten aber war es allein Jacob Burckhardt, der als einsamer Rufer in der Wüste vor der drohenden Hypertrophie des nationalen Gedankens warnte und richtig voraussah, daß die Symbiose von Macht und Kultur unvermeidlich zuungunsten der letzteren ausgehen werde. In seinen »Weltgeschichtlichen Betrachtungen« schrieb er: »Allein in erster Linie will die Nation (scheinbar oder wirklich) vor allem Macht. Das kleinstaatliche Dasein wird wie eine bisherige Schande perhorresziert; alle Tätigkeit für dasselbe genügt den treibenden Individuen nicht; man will nur zu etwas Großem gehören und verrät damit deutlich, daß die Macht das erste, die Kultur höchstens ein ganz sekundäres Ziel ist.«[15]

Eben diese sich öffnende Schere zwischen der sich mit machtstaatlichen Elementen aufladenden nationalen Idee und der Kultur erwies sich in der Folge als eine schwere Hypothek für die Entwicklung von Kunst, Kultur und Wissenschaft im Kaiserreich. Nicht nur die Historiker, sondern auch die Nationalökonomen und Juristen tendierten zunehmend dahin, in den neugeschaffenen staatlichen und gesellschaftlichen Verhältnissen das Maß aller Dinge zu sehen und ihnen gegebenenfalls durch Rückspiegelung in die Vergangenheit eine zusätzliche Weihe zu verleihen. Unter solchen Umständen gewann das geschichtliche Denken im Bildungsgut der Zeit eine Schlüsselstellung. Auch in der bildenden Kunst zeigte sich die Tendenz, die Gegenwart durch eine historisierende Verklärung ihrer Ursprünge, nicht selten unter reichlicher Geschichtsklitterung, zu legitimieren. Die germanische Vorzeit, das mittelalterliche Heilige Römische Reich deutscher Nation und das Deutsche Reich Bismarcks wurden gleichsam als Glieder einer langen Kette geschichtlicher Gestaltungen vorgestellt.

Die staatlichen Kunstakademien bildeten die Vorreiter der historisierenden Kunst der Zeit, die die vornehmliche Aufgabe des bildenden Künstlers in der möglichst naturgetreuen, »realistischen« Darstellung von Themen nationalgeschichtlicher Bedeutung sah. Sie waren, auch soweit sie sich vor der Jahrhundertmitte von den Zwängen eines engen höfischen Kunstgeschmacks frei gemacht hatten, zunehmend wieder zu Stätten eines konventionellen Stils geworden, der in erster Linie in einer im Detail realistischen, im Gesamtentwurf jedoch theatralischen und pathetischen Monumentalmalerei seinen Niederschlag fand. Die idealisierende Darstellung von ikonologisch bedeutungsvollen Sujets vornehmlich historischen, bisweilen auch religiösen oder klassischen Inhalts blieb auf lange hinaus ein vorzugsweises Tätigkeitsfeld der akademischen, aber genauso der freien Künstler, nicht zuletzt dank der reichlich fließenden Aufträge der Kommunen und der öffentlichen Hände. Dazu gehörten insbesondere die architektonische Gestaltung, bildnerische Dekoration und malerische Ausgestaltung der vielen öffentlichen Gebäude, die im Zuge der Neuordnung der inneren Verhältnisse überall entstanden. Das traf auf die häufig in klassizistischen Formen oder noch häufiger in einem spröden Neobarock errichteten Regierungsgebäude sowie auf die Recht und Ordnung symbolisierenden Gerichtsgebäude zu – erst später setzte sich Wilhelm II. mit seiner Präferenz für neuromanische Stilformen durch –, aber ebenso auf die Bahnhöfe, die als glanzvolle Symbole des industriellen Fortschritts wahrgenommen und entsprechend prunkvoll ausgestattet wurden. In diesem Zusammenhang fielen den bildenden Künstlern bedeutende Aufgaben zu, die sie ganz überwiegend unter Verwendung des vorwaltenden historistischen Stilwollens, im

Sinne der Verklärung der Gegenwart vor dem Hintergrund einer idealisierten Vergangenheit, lösten. Gleiches galt nicht zuletzt für die wachsende Zahl von öffentlichen Denkmälern, die zumeist von staatlichen Behörden, häufig auf Anregung des Kaisers, seltener hingegen von privaten Mäzenen, in Auftrag gegeben wurden. Das in seinen Ursprüngen weit zurückreichende Hermannsdenkmal von Ernst von Bandel, das nach längerer Bauzeit 1875 feierlich eingeweiht wurde, war der Erstling einer großen Zahl von gleichartigen monumentalen Denkmälern nationalen Gehalts, die vielerorts entstanden. Es war gemäß dem Willen seiner Auftraggeber ein »kraftvoll-stolzes Ehrenzeichen«, ein »Ruhmesmal der mit militärischen Machtmitteln von oben geeinten Nation«.[16] Es repräsentierte eine Tendenzwende in der deutschen Nationalkultur; an die Stelle der emanzipatorischen und humanitären Inhalte der Nationalidee des Vormärz trat hier das Bekenntnis zur machtvollen Nation autoritärer Gebärde.

Allerdings lassen sich sehr wohl Akzentunterschiede zwischen jenen Kunstrichtungen, die sich der Gunst der offiziösen Instanzen erfreuten, und der Entwicklung der Kunst im Schoß der bürgerlichen Gesellschaft selbst ausmachen. Dies kam namentlich in der Architektur zum Ausdruck. Die architektonische Gestaltung der zahlreichen Rathäuser, die in der zweiten Hälfte des 19. Jahrhunderts und im Jahrzehnt vor 1914 entstanden, unterschied sich merklich von den repräsentativen Barock- und Rokoko-Bauten der fürstlichen Residenzen des 18. Jahrhunderts, aber auch von dem Neubarock der zeitgenössischen staatlichen Repräsentationsbauten. Der Rückgriff auf historistische Stilelemente vornehmlich der Gotik oder der deutschen Renaissance, beziehungsweise was man für diese hielt, hatte zumindest anfänglich eine symbolische Bedeutung; ebenso war der architektonische Grundtypus des Rathauses mit einem die Fassade beherrschenden Turm nebst großen Giebeln der mittelalterlichen Tradition entlehnt. Diese Bauten sollten den Rang und die Macht der städtischen Korporationen in gebührender Weise zur Schau stellen und deren Eigenständigkeit innerhalb der politischen Ordnung zum Ausdruck bringen, freilich eng verbunden mit dem Bekenntnis zum Kaisertum als dem Symbol der neugewonnenen nationalen Einheit der Deutschen. Erst nach und nach verblaßten solche ursprünglich bewußt vorgetragenen ikonologischen Motive im Zuge der fortschreitenden Professionalisierung auch der städtischen Verwaltung und des städtischen Kulturlebens. Statt dessen traten bei der architektonischen Gestaltung städtischer Repräsentativbauten immer stärker rein funktionale Gesichtspunkte in den Vordergrund.

Dennoch entzogen sich auch die städtischen Kommunen, in denen »Bildung und Besitz« maßgebenden Einfluß hatten, nicht dem Trend zu einer historistischen Monumentalmalerei nationalpädagogischen Zuschnitts, um so weniger, als die Umsetzung der städtischen Bauprogramme in die Wirklichkeit in der Regel einer schmalen Schicht von selbstbewußten Kommunalbeamten meist nationalliberaler Gesinnung überlassen blieb. In den historistischen Gemäldezyklen, die die Repräsentationsräume der neuen Rathäuser in vielen deutschen Städten zierten, dominierten neben der jeweiligen Stadtgeschichte ebenfalls die großen Themen der deutschen Nationalgeschichte. Besonders häufig begegnen uns dabei Zyklen der mittelalterlichen Kaiser, die als Garanten städtischer Freiheit in der mittelalterlichen Gesellschaft, zugleich aber als Vorläufer des Hohenzollernkaisertums gefeiert wurden, des öfteren, wenn auch keineswegs immer, gefolgt von Konterfeis Wilhelms I. und später – seltener – auch Wilhelms II.

So läßt sich ein hohes Maß von Gemeinsamkeiten der bürgerlichen und der offiziösen Kunst feststellen. Dazu gehörten die Vorliebe für historistische Sujets und mehr noch die durchgängige Orientierung an den unverändert für gültig erachteten Stilprinzipien des Neoklassizismus sowie die Auffassung, daß Kunst in erster Linie »das Edle, Schöne, Wahre« zur Darstellung zu bringen habe. Wilhelm von Kaulbach, einer der bedeutendsten Vertreter der historischen Monumentalmalerei jener Jahre, führte die erneute Blüte des Kunstlebens in der Reichsgründungszeit auf »die Pflege der Kunst um ihrer selbst, der Schönheit willen« zurück; »denn nur, wenn in ihr das Ideale Gestalt annimmt, kann sie zum Vorbilde für das Leben werden [...]«.[17] Demnach darf jene zugleich realistische wie tief unwahre theatralische Kunstrichtung, wie sie von Werner in exemplarischer Weise vertrat, als durchaus dem bürgerlichen Zeitgeschmack entsprechend betrachtet werden.

Die bürgerliche Kunst war im zweiten Drittel des 19. Jahrhunderts in kaum geringerem Maße affirmativ als jene Kunst, die an den staatlich beeinflußten Kunstakademien gepflegt wurde. Die realistischen Gemälde eines Adolph Menzel, der 1898 geadelt wurde, oder die neoromantische Malerei eines Wilhelm Trübner oder Wilhelm Leibl entsprachen durchaus den ästhetischen Vorstellungen der großen Mehrheit der bürgerlichen Schichten. Menzel wandte sich zwar erstmals auch Sujets der modernen industriellen Arbeitswelt zu, aber er stellte sie in einer so distanzierten, deren düstere Seiten sublimierenden Weise dar, daß dies nicht als Herausforderung an den herrschenden Kunstgeschmack empfunden wurde. Obwohl Leibls Genrebilder die Alltäglichkeit des Volkslebens in einer neuen, eindringlicheren Weise schilderten, kamen seine Figuren nicht zufällig zumeist in sonntäglicher Tracht und in einem festlichen Ambiente daher. Dies alles fiel nicht aus dem Raster des konventionellen bürgerlichen Kunstgeschmacks heraus.

Typisch für die siebziger und achtziger Jahre war jene Kunsttendenz, die sich vor allem mit dem Namen Hans Makarts verknüpft, der seine Zeitgenossen in der virtuosen Verwendung historistischer Stilelemente unterschiedlicher Herkunft weit in den Schatten stellte, zum Zweck der Hervorbringung von Kunstwerken von grandioser Prachtentfaltung und üppigem Formenreichtum. Sie wird gemeinhin, so Richard Hamann, mit dem Lebensgefühl der »Gründerzeit« in Verbindung gebracht, die über Nacht riesige Vermögen entstehen ließ, zugleich aber ein neues Stilwollen, das auf die Hervorbringung von »bedeutende[n], unvergängliche[n]

Werke[n]« abzielte, die ihren neureichen Besitzern das Gefühl vermitteln sollten, nun auf Dauer zu den Arrivierten der bürgerlichen Gesellschaft zu gehören.[18] Der eklektische Charakter dieser Kunstrichtung, die unbekümmert die unterschiedlichsten Stilelemente und ikonologischen Programme aus Antike und Mittelalter beliebig miteinander kombinierte, um den Eindruck des Großen und Prächtigen zu erzielen, verschlug dabei wenig. Makart war darin ein unbestrittener Meister; er betrachtete gleichsam die gesamte abendländische Kultur in ihren typischen ästhetischen Äußerungen als thematisches Reservoir seiner Werke und mehr noch seiner berühmten Interieurs: »Frei wie jene Alten mit ihren Göttern und Legenden«, so urteilte bereits ein zeitgenössischer Kunstkritiker über ihn, »schaltet er mit seinen Amoretten, schönen Frauen, Genien und Bacchanten und zieht in das von ihm beherrschte Reich der Phantasie kraft des angeborenen Rechts der weltumfassenden Malerei die weite Natur mit ihrer Fülle von Prachtgeräten und Geschmeiden, glanzvollen Stoffen, Emblemen, Wappen, Masken und sonstigen Gebilden hinein.«[19] Darüber hinaus wurde nun das Porträt zu einem neuen, besonders beliebten Genre, bot sich doch hier die Möglichkeit, die ästhetische Bedeutsamkeit des Kunstwerks durch den gesellschaftlichen Rang des Konterfeiten noch zu erhöhen. Bedeutende Porträtmaler wie Franz von Lenbach oder Bildhauer wie Reinhold Begas hatten mit einem Male Hochkonjunktur. Am ausgeprägtesten aber kam der eklektische Historismus der Gründerzeit in der Gestaltung der bürgerlichen Wohnpaläste der neuen Metropolen zum Ausdruck; hier, in den Prachtvillen auf dem Kurfürstendamm in Berlin oder der Maximilianstraße in München oder der Ringstraße in Wien, entstanden jene Bauten, die das Selbstbewußtsein des zu Reichtum und gesellschaftlichem Einfluß aufgestiegenen Großbürgertums vornehmlich repräsentierten. Felix Bassermann hatte sich 1835 in Mannheim ein Haus in streng klassizistischem Stil bauen lassen; sein Neffe Ernst Bassermann, der spätere langjährige Führer der Nationalliberalen Partei, bezog 1886 eine in repräsentativer Lage Mannheims gelegene Villa, die ganz dem Stil der Gründerzeit entsprach.[20]

Im großen und ganzen hatte die bürgerliche Kunstauffassung der Zeit mit den offiziös beeinflußten akademischen Kunstrichtungen die Tendenz gemein, zur würdigen Ausstaffierung der bürgerlichen Lebenswelt in eklektizistischer Manier je nach Bedarf auf ein Konglomerat von unterschiedlichen historischen Stilformen zurückzugreifen, die dazu bestimmt waren, den pragmatischen Zweckbauten beziehungsweise der Nüchternheit des bürgerlichen Lebensstils eine bereits als legitimiert geltende ästhetische Überhöhung zu geben. Allerdings wird man sagen können, daß das zu Wohlstand gelangte Bürgertum zumeist die Stilformen der italienischen Renaissance als einer der bürgerlichen individualistischen Leistungsgesinnung nahekommenden Kulturepoche bevorzugt hat, so, wie sie etwa Jacob Burckhardt in seiner damals populär werdenden »Kultur der Renaissance in Italien« beschrieben hatte. In den Kreisen des liberalen Bürgertums, das ursprünglich der Gotik den Vorzug vor anderen Stilformen gegeben hatte, weil man mit ihr die Epoche mittelalterlicher Bürgerfreiheit assoziierte, gewann zunehmend die Ansicht an Boden, daß »im Anschluß an die besten Formen der Renaissance der gemeinsame Weg zur Entwicklung eines lebensfähigen deutschen Stiles gefunden sei«, wie es Julius Lessing 1877 formulierte.[21] 1871 wurde das erste Geschäftshaus in Berlin im Stil der italienischen Renaissance gebaut; später sollten italianisierende Fassaden die repräsentativen Straßen der deutschen Städte maßgeblich bestimmen.

In der Malerei jener Jahrzehnte lassen sich vergleichbare Tendenzen ausmachen. Sie war in ihren künstlerisch bedeutendsten Ausprägungen bewußt theatralische Kunst, die vor allem die Realisierung des »Ideals der Vornehmheit« (R. Hamann) anstrebte, zugleich aber in erster Linie auf die großen Persönlichkeiten beziehungsweise heroischen Mythengestalten fixiert war. Die Malerei eines Arnold Böcklin oder eines Hans von Marées zielte auf die pathetische Präsentation von idealen Welten, die mit der alltäglichen Wirklichkeit der anlaufenden Industrialisierung nicht das geringste gemein hatten. In der Wahl ihrer Themen blieben sie gutenteils der Mythologie der Antike verhaftet, die sie freilich mit romantischen Elementen kombinierten und vielfach in höchst dramatischer Weise in Szene setzten; die italienische Kunst des 16., teilweise auch des 17. Jahrhunderts mit seinen manieristischen Formen blieb für sie ein maßgebliches Vorbild. Die Werke eines Anselm Feuerbach waren in besonderem Maße der Repräsentation des Erhabenen und Würdigen gewidmet; hier spielte der Rückgriff auf die Themen und Stilformen der klassischen Werke der italienischen Renaissance eine besonders große Rolle. Böcklins sinnenbetörende Farbenpracht sowie die dramatische Inszenierung seiner Themen repräsentierten beispielhaft das Lebensgefühl jener Jahrzehnte, auch wenn seine Werke beim breiten Publikum zunächst keineswegs sonderlichen Zuspruch fanden. Seine späten Arbeiten hingegen, beispielsweise der Zyklus »Krieg« nach dem Vorbild von Dürers »Apokalyptischen Reitern« führen bereits in die Nähe der neuen Kunstrichtung des Expressionismus und antizipieren bis zu einem gewissen Grade die ausdrucksstarken und meist düsteren Werke Edvard Munchs, der 1892 sein äußerst umstrittenes Debüt in Deutschland erfuhr.

Vergleichsweise weniger produktiv war die Entwicklung auf dem Gebiet der Literatur. Der Realismus hatte in den siebziger Jahren den Höhepunkt seiner Geltung überschritten; die schöpferische Kraft früherer Jahrzehnte war weitgehend verlorengegangen; es herrschte eine »unverkennbare Ermüdung«.[22] An die Stelle einer rückhaltlosen Erfassung des Wirklichen, die in sich selbst schon ein Programm gewesen war, trat die Beschäftigung mit der gesellschaftlichen Welt abseits des politischen oder wirtschaftlichen Getriebes, freilich mit den unentrinnbaren Verirrungen und Problemen, die sich aus der Konfrontation mit eben diesen Realitäten ergaben. Den ökonomischen und sozialen Gegebenheiten des industriellen Kapitalismus gegenüber war die zeitgenössische Literatur ganz überwiegend skeptisch, ja ablehnend eingestellt, jedoch ohne sich diesen Fragen direkt zu stellen. Gustav Freytag hatte in seinen Schriften, zumal in seinem damals einflußreichen Roman »Soll und Haben«, den Triumph der bürgerlich-kommerziellen über die niedergehende ländlich-aristokratische Welt gefeiert. Davon war in den Werken der Gründerära nur noch wenig geblieben. Die Romane und Erzählungen Conrad Ferdinand Meyers, eines Schweizers, der dem Zentrum des neuen Reiches ganz fern stand, schilderten durchweg an exemplarischen historischen Geschehnissen eine ideale Welt, in der große Persönlichkeiten mit den Widerständen einer alltäglichen Ordnung ringen. Seine 1871 erschienene lyrisch-epische Dichtung »Huttens letzte Tage« mit der Dramatisierung eines Heroen der Vorgeschichte des deutschen Nationalstaates hatte besonderen Erfolg. Großer Beliebtheit erfreuten sich auch die eher idyllischen Erzählungen Gottfried Kellers, ebenfalls eines Schweizers. Daneben standen zahlreiche geringere Geister wie Friedrich Spielhagen. Theodor Fontane beschrieb in seinen »Wanderungen durch die Mark Brandenburg« mit den Mitteln einer dem verstehenden Historismus nahekommenden sorgfältig recherchierten Darstellungsweise einfühlsam und mit Behutsamkeit die preußische Adelsgesellschaft der Vergangenheit. Seine späteren Schriften wandten sich dann immer stärker der Thematik der Erstarrung dieser ehemals glanzvollen Adelskultur in seiner Gegenwart und ihren Auswirkungen zu. Der unlösbare Konflikt zwischen der an einer großen, aber unwiderruflich vergangenen Sozialordnung orientierten starren Konvention der adeligen Gesellschaft und der Wirklichkeit der persönlichen Empfindungen und Beziehungen der Handelnden, der in aller Regel zu Entsagung, gesellschaftlichem Niedergang oder gar Freitod führte, ist das Grundthema seines Werkes. Es ist »die Welt des Scheins«, an der Schach von Wuthenow zugrunde geht und die Lene Nimptsch in »Irrungen und Wirrungen« zur Entsagung zwingt.[23] Am eindrucksvollsten hat Fontane dieses Thema dann in dem allerdings erst 1894 erschienenen Roman »Effi Briest« behandelt, in freier dichterischer Verarbeitung einer realen Begebenheit. Effis Mann, Gert von Instetten, ehemals preußischer Landrat und späterhin Ministerialbeamter in Berlin, sieht sich infolge der zufälligen Entdeckung, daß seine Gattin viele Jahre zuvor eine kurze, leidenschaftliche Liebesbeziehung zu einem Major von Crampas unterhalten hatte, eigentlich entgegen seiner persönlichen Neigung dazu gezwungen, diese zu verstoßen und zu einem Leben in Armut und Schande zu verurteilen, alles nur, um der in seinen gesellschaftlichen Kreisen geltenden Konvention Genüge zu tun.

Fontanes Schriften reflektieren die deutsche Gesellschaft des Kaiserreiches in ihren Zuständen mit großem Einfühlungsvermögen, zugleich aber mit behutsamer, sorgfältig versteckter Kritik.[24] Er versagte sich in seinen Werken bewußt, über diese Linie hinauszugehen, wenngleich sich in seinen Briefen immer wieder bittere zeitkritische Beobachtungen finden. Am ehesten kommen seine persönlichen Auffassungen in dem Altersroman »Der Stechlin« zum Ausdruck. Hier schilderte er mit der ihm eigenen stillen Eindringlichkeit den Niedergang einer aristokratischen Familie und das langsame Vordringen fortschrittlicher Tendenzen auch auf den großen Gütern des ostelbischen Preußen: Es ist der zwischen den sozialen Schichten stehende Pastor Lorenzen, der ihnen sein Wort leiht. Der Triumph der neuen Kräfte wird, entgegen dem der Geschichte zugrunde liegenden historischen Sachverhalt, am Ende durch den Wahlsieg eines sozialdemokratischen – nicht, wie es in Wirklichkeit war, eines liberalen – anstelle des herkömmlich konservativen Kandidaten, symbolisiert; zugleich aber werden die menschlichen Tragödien aufgezeigt, die dies unter den obwaltenden gesellschaftlichen Verhältnissen mit sich brachte.

Fontane verleugnete nie seine Sympathie mit den Lebensformen der Aristokratie und ihren markanten Gestalten. Gleichwohl stand sein Urteil über den preußischen Adel in seiner Gegenwart fest: »Die Welt hat vom alten Adel gar nichts, es gibt weniges, was so aussterbereif wäre wie die Geburtsaristokratie; wirkliche Kräfte sind zum Herrschen berufen, Charakter, Wissen, Besitz – Geburtsüberlegenheit ist eine Fiktion [...]«, schrieb er am 1. Februar 1894 an Georg Friedländer.[25] Dies bedeutete jedoch keine Option für das Bürgertum, schon gar nicht für jenes gewinnsüchtige und protzige Neureichentum, das sich in der Gründerzeit so massiv hervorgetan hatte. »Ich kann«, so teilte Fontane 1884 seiner Tochter mit, »den Bourgeoiston nicht ertragen, und in derselben Weise, wie ich in früheren Jahrzehnten eine tiefe Abneigung gegen Professorenweisheit, Professorendünkel und Professorenliberalismus hatte, in derselben Weise dreht sich mir jetzt angesichts des wohlhabend gewordenen Speckhökertums das Herz um.«[26] Der Niedergang der alten aristokratischen Gesellschaft, die in moralischer Hinsicht einen innerlich unhaltbaren double standard praktizierte, erschien Fontane ebenso unvermeidlich wie der Triumph des neureichen Bourgeois verabscheuungswürdig; am Ende fand er, wie es 1896 in einem Brief an James Morris heißt, die Lebensformen des heraufkommenden Vierten Standes »viel echter, wahrer, lebensvoller« als jene der Aristokratie oder des Bürgertums.[27] In Stil und Ausdrucksform, aber auch der von ihm bevorzugten Form der distanzierten Beschreibung von Zuständen, ohne diese als solche in Frage zu stellen, verharrte Fontane in den Traditionen des literarischen Realismus. Sein Werk war ungeachtet der sozialkritischen Untertöne keineswegs auf aktive Umgestaltung der gesellschaftlichen Ordnungen gerichtet, geschweige denn auf deren revolutionäre Veränderung. Aber Fontane war begeistert, als er Gerhart Hauptmanns »Vor Sonnenaufgang« zu Gesicht bekam, eine scharfe, obschon nicht parteinehmende, sozialkritische Schilderung des Lebens einer Proletarierfamilie. Es war dies das erste bahnbrechende Werk des deutschen Naturalismus.

Weniger leicht auf den Begriff zu bringen sind die zeitgleichen Entwicklungen auf dem Gebiet der Musikkultur. Musik spielte für die kulturelle Emanzipation des Bürgertums von fürstlicher Bevormundung im 19. Jahrhundert eine besondere

Rolle. Schon seit den ersten Jahrzehnten hatte sich jenseits von Kirche und fürstlicher Residenz eine unabhängige bürgerliche Musikkultur ausgebildet. »Musikfest und Konzert waren«, wie Karl Gustav Fellerer dies unübertrefflich formuliert hat, »der gesellschaftliche Rahmen für die Entwicklung der großen Formen des Musiklebens im kulturbewußten Bürgertum.«[28] Musikfeste waren in aller Regel zugleich Volksfeste und als solche Stätten gesellschaftlicher Begegnung, oft mit erheblichen politischen Nebenwirkungen. Hinzu kam in steigendem Maße ein bürgerlicher Konzertbetrieb, der vielfach von privaten Musikvereinen getragen wurde, zunehmend aber auch die Aufmerksamkeit der städtischen Kommunen fand, die Konzertsäle beziehungsweise Tonhallen einrichteten und in einigen Fällen städtische Orchester gründeten, die neben die wenigen staatlichen Orchester in den fürstlichen Residenzen traten. Die Stadt Bonn feierte den Geburtstag ihres großen Sohnes Ludwig van Beethoven im Dezember 1870 in einer dafür eigens neu errichteten Beethoven-Halle mit einem dreitägigen Musikfest, bei dem mehrere Werke des Komponisten, darunter die »Missa Solemnis« und die »Neunte Symphonie«, vor zahlreichem Publikum zur Aufführung kamen. Eine wichtige Rolle bei der Entwicklung eines modernen Musiklebens spielte darüber hinaus die Oper beziehungsweise die Operette. Opernaufführungen bildeten im 19. Jahrhundert überall einen festen Bestandteil des Programms der aus dem Boden schießenden städtischen Theater; die Trennung von Schauspiel- und Opernhaus ist eine Entwicklung erst des 20. Jahrhunderts.

Die bürgerliche Musikkultur war anfänglich eine Mischung aus Geselligkeit, bürgerlicher Selbstdarstellung und Bildungsbeflissenheit. Ihr Repertoire reichte von den klassischen Oratorien der Zeit des Barock, den Orchesterwerken der Klassik und Romantik, den großen Liederzyklen bis hin zu reiner Unterhaltungsmusik. Bach, Händel, Haydn, Mozart, Beethoven, Brahms, Schumann und Schubert gehörten ebenso dazu wie zahllose heute vergessene Chor- und Orchesterwerke. Max Bruchs bekanntes Violinkonzert hat als einziges von über hundert seiner damals sehr populären Werke, die gleichsam die musikalische Variante der akademischen Kunst repräsentierten, bis in unsere Gegenwart hinein überlebt. In den Aufführungen dominierten klassische und romantische Werke deutscher Komponisten; daneben nahm die Chormusik einen für heutige Verhältnisse bemerkenswert breiten Raum ein, vielfach mit zeitgenössischen oratorischen Werken oder Liederzyklen, die historischen oder vaterländischen Sujets gewidmet waren.

Im übrigen ging ein tiefer Riß durch die zeitgenössische Musikkultur. Sie war beherrscht von dem Gegensatz der Anhänger der sogenannten Neudeutschen Schule, die in erster Linie von Richard Wagner und Franz Liszt repräsentiert wurde, und den Vertretern einer eher konservativen Musiktradition, für die vor allen Johannes Brahms stand. Während die Wagnerianer sich für das Prinzip der Programmusik stark machten, die die Vertonung von geschichtlichen Sujets, poetischen Dichtungen oder Bildern zum Ziel hatte, fühlten sich die Traditionalisten hauptsächlich der Wiener Klassik verpflichtet. Das Werk Richard Wagners stellte eine Herausforderung an die bisherige Musikkultur im Deutschen Reich dar. Wagner stand in vieler Hinsicht quer zum bürgerlichen Kulturbegriff seiner Zeit. Seine an Arthur Schopenhauer orientierte heroische, zugleich aber pessimistisch gestimmte Weltsicht vertrug sich nur schwer mit dem liberalen Fortschrittsbegriff, und seine Musik kam einer Revolutionierung der herrschenden Musiktradition gleich, die er überdies in einer Flut von Broschüren und Schriften aufs schärfste attackierte. Wagner war fest davon überzeugt, daß seine Kunst dazu berufen sei, das wahre und wirkliche Deutschland zum Ausdruck zu bringen. Nach anfänglichem Bemühen um die Gunst Wilhelms I., unter anderem durch die Komposition eines »Kaisermarsches« zur Feier des deutschen Sieges und der Reichsgründung,[29] welcher aber die Annäherungen Wagners eher kühl abwehrte, wurde der Komponist zu einem ausgesprochenen Gegenspieler des »neudeutschen« Reiches und der von ihm repräsentierten kulturellen Tendenzen, und dies ungeachtet einer großen geistigen Verwandtschaft in den grundlegenden Zielsetzungen. Die Gründung eines Nationaltheaters in Bayreuth, in dem allerdings ausschließlich Wagners große Musikdichtungen zur Aufführung kommen sollten, sollte eine Alternative zu den angeblich flachen, äußerlichen ästhetischen Ausdrucksformen bieten, die das Deutschtum im Bismarckschen Staat gefunden habe; es war als eine nationale Weihestätte gedacht, in der die Besucher zu ihrer Deutschheit zurückfinden sollten, die in den großen Mythengestalten der deutschen Vorzeit verkörpert war. Wagners musikalisches und in gewissem Betracht durchaus auch politisches Programm implizierte eine indirekte, aber unübersehbare Kritik an den künstlerischen Verwirklichungen, die die Nationalkultur der Deutschen in einem sich in pompöser militaristischer Drapierung präsentierenden Nationalstaat und in einem auf materielle Gewinnsucht ausgerichteten kapitalistischen System gefunden hatte. In der musikalischen Beschwörung der historischen Archetypen des deutschen Nationalcharakters, die er in den Epen des germanischen Mittelalters und dem altdeutschen Milieu der Meistersinger von Nürnberg fand, hoffte Wagner, »das Wesen des deutschen Geistes«, welcher »von innen baut«, neu zu beleben.

Friedrich Nietzsche hat 1884 einmal gesagt, daß Richard Wagner, »in Hinsicht auf seinen Wert für Deutschland und deutsche Kultur abgeschätzt, ein großes Fragezeichen, ein deutsches Schicksal, ein Schicksal in jedem Falle« gewesen sei. Er fügte sogleich hinzu, daß »der deutsche Geist«, der »heute [...] unter dem Hochdruck der Vaterländerei und Selbstbewunderung« stehe, »dem Problem Wagner« unmöglich gewachsen sein könne.[30] In der Tat ist das Problem »Richard Wagner« in erster Linie ein Problem seiner Rezeption gewesen. Er wurde teils kanonisiert durch die Institution der von Cosima Wagner mit fester Hand im vermuteten Sinne des »Meisters« gelenkten Bayreuther Festspiele, teils in eigenwilliger Weise von den Wagner-Vereinen appropriiert, die seit Anfang der siebziger Jahre in ganz Deutschland aus dem Boden schossen und vorwiegend im Bildungsbürgertum, teilweise aber auch bei der Aristokratie, großen Zuspruch fanden, allerdings vielfach auch scharf abgelehnt wurden. Am Ende wurde Richard Wagners Werk zum Symbol einer romantisch-mystischen Gegenkultur zur bürgerlich-rationalen Kultur der Zeit, die sich in hohem Maße an der modernen Wissenschaft und an praktischen Lebensidealen orientierte. Die Wagner-Verehrung fand späterhin ein Pendant in Julius Langbehns wortreichem Plädoyer für eine Erneuerung der deutschen Kultur mittels der Rückkehr zu bodenständigen Lebensformen und radikal individualistischen ästhetischen Idealen und nicht zuletzt auch in dem Nietzsche-Kult der neunziger Jahre.

Der große Publikumserfolg des »unzeitgemäßen«, weil eigentlich einer verblichenen Epoche der Neoromantik und des Kulturpessimismus angehörenden Werkes von Richard Wagner ist ein Zeichen dafür, daß sich der überwiegend rückwärtsgewandte Literatur- und Kunstbetrieb primär affirmativen Charakters in den achtziger Jahren überlebt hatte. Im Vergleich mit den Entwicklungen in Frankreich oder in Großbritannien war die deutsche Kultur seit 1880 in ein stehendes Wasser geraten; weder der literarische Naturalismus eines Emile Zola noch der Impressionismus eines Gustave Courbet oder eines Edouard Manet hatten bislang eine auch nur annähernde Entsprechung in Deutschland gefunden. Die Abbremsung der gesellschaftlichen Dynamik, wie sie mit der Gründung des Deutschen Reiches im politischen Bereich erfolgt war, hatte eine Entsprechung auf dem Gebiet der Kultur gefunden, vielleicht mit Ausnahme der Musik.[31] Nicht ohne Grund klagten schon die Zeitgenossen: »Wir sind in der wahren Kunst zurückgegangen und haben uns statt dessen eine zweifelhafte Größe im Virtuosenthum, in der Technik zu eigen gemacht. [...] unsere Kunst [...] dient der reinen Schönheit nicht mehr, sondern dem Geist einer materiellen Zeit, dem ungebildeten Geschmack des großen Publikums.«[32] Der Ausbruch aus dem eklektizistischen Historismus in Architektur und Malerei und die Überwindung des kraftlos gewordenen Realismus in der Literatur, waren überfällig geworden.

Die Rebellion gegen die »Gründerkultur« und die offiziöse Kulturpolitik der Wilhelminischen Epoche (1890–1905)

Die enge Verbindung, die die bürgerliche Kultur während der Ära der Vorherrschaft der Nationalliberalen Partei mit dem neugeschaffenen Nationalstaat eingegangen war, hatte sich als wenig fruchtbar erwiesen. Kunst und Literatur hatten sich vielfach allzu bereitwillig ins Schlepptau der offiziösen Kulturpolitik nehmen lassen, der es vor allem um die Verherrlichung des neugegründeten Reiches zu tun war. Davon abgesehen hatte sich das aufsteigende Industrie- und Handelsbürgertum mit Vorliebe selbst der traditionellen historischen Stil- und Ausdrucksformen bedient, die den Vorzug besaßen, allgemein anerkannt zu sein und Ansehen und gesellschaftlichen Rang zu verbürgen. Auch das Bildungsbürgertum hielt ganz überwiegend an den hergebrachten, großenteils in der Zeit des Neuhumanismus entstandenen literarischen und künstlerischen Ausdrucksformen fest, statt sich modernen Tendenzen zu öffnen. Die ausgeprägt nationalpolitische Ausrichtung des Kunst- und Literaturbetriebs im Sinne einer Symbiose der kulturnationalen Traditionen des Vormärz mit der im Bismarckschen Reich so glanzvoll verkörperten Nationalidee hatte anfänglich die Hoffnung genährt, daß die immer reichere Entfaltung einer eigenständigen deutschen Kultur nur noch eine Frage der Zeit sei. Erst allmählich wurde deutlich, daß diese nationalpolitischen Vorgaben der Vitalität des künstlerischen und literarischen Lebens im Kaiserreich eher abträglich waren.

Doch das bürgerliche kulturelle System, wie es sich im Kaiserreich in Abgrenzung zur überkommenen höfisch-aristokratischen Kultur ausgebildet hatte, erwies sich, ungeachtet seiner Grundtendenz zur Beharrung und zum Festhalten an hergebrachten Kunstidealen, als eine dynamische Kraft, die auf künstlerischem und literarischem Gebiet schließlich doch neuen Entwicklungen die Wege bahnte und am Ende über sich selbst hinausführen sollte. Seit dem Ende der achtziger Jahre löste sich das kulturelle Leben schrittweise von der herrschenden gesellschaftlichen Ordnung und den hergebrachten bürgerlichen Lebensidealen ab und etablierte sich als ein eigenständiges Subsystem. Die geistigen und künstlerischen Kreise emanzipierten sich zunehmend von den ideologischen Prämissen des bürgerlichen Denkens und propagierten mit steigendem Nachdruck das Prinzip der Autonomie von Kunst und Literatur gegenüber den politischen und gesellschaftlichen Mächten. Getragen wurde dieses Subsystem von einer vergleichsweise schmalen, aber einflußreichen Schicht von Künstlern, Kunstinteressierten und Mäzenen, welche die Förderung neuer künstlerischer oder literarischer Richtungen zu ihrer eigentlichen Lebensaufgabe machten, während die Bedeutung der traditionellen Mäzene, insbesondere des Staates und der städtischen Kommunen, vergleichsweise zurückging. Die neue kulturtragende Schicht von Künstlern, Schriftstellern, Mäzenen und Kritikern wollte mit dem bürgerlichen Kulturbegriff nationalliberaler Observanz nichts mehr zu tun haben; sie betrachtete Kultur als eine eigenständige Sphäre gesellschaftlicher Wirklichkeit, die idealiter herrschaftsfrei sein müsse. Noch war freilich ein weiter Weg zurückzulegen, um das kulturelle Leben aus den engen Banden, die es mit dem nationalen Staat verbanden, zu lösen und es gegenüber den neuen künstlerischen und literarischen Strömungen außerhalb der Grenzen des Reiches, insbesondere in Frankreich, in stärkerem Maße zu öffnen. Die stürmischen Entwicklungen in der internationalen Kunst- und Kulturszene gaben in der Folge auch in Deutschland den Anstoß für bedeutende Innovationen auf literarischem und künstlerischem Gebiet, obschon es an Polemik gegen die angeblich bestehende Gefahr einer Überfremdung der deutschen Kunst und Literatur nicht mangelte. Die zunehmende internationale Ausrichtung der

Kunst wurde durch die Entstehung eines sich rasch entwickelnden Kunstmarktes erleichtert; er eröffnete ganz neue Möglichkeiten der künstlerischen Produktion und der künstlerischen Entfaltung. Die Übertragung des kapitalistischen Prinzips des Marktes auf die bürgerlichen Subsysteme der Kunst und des literarischen und musikalischen Bildungsbetriebs führte zu einer ungewöhnlichen Dynamisierung des kulturellen Lebens.

Die erste Herausforderung an den herrschenden Kulturbegriff auf literarischem Gebiet war der Naturalismus. Nach dem Urteil Richard Hamanns stellte der Naturalismus eine Rebellion gegen die oberflächliche und pseudoidealistische Salonkultur der Gründerära dar. Zugleich richtete er sich gegen die bildungsbürgerlich ausgerichtete Erzählliteratur der Zeit, die idyllische Milieus vorzog und mit Vorliebe historische Sujets behandelte. Hier wurde erstmals die soziale Wirklichkeit in ihrer ganzen Härte und Unerbittlichkeit zum Thema literarischer Gestaltung gemacht. Im Umfeld des frühen Naturalismus wurde nicht zufällig der Begriff der »Moderne« im heute üblichen Wortsinne geprägt; die »Freie Literarische Vereinigung« in Berlin, deren führende Köpfe die Brüder Heinrich und Julius Hart waren, proklamierte für sich in der »Allgemeinen Deutschen Universitätszeitung« im Jahr 1884: »Unsere Literatur soll ihrem Wesen, ihrem Gehalte nach eine moderne sein [...] unser höchstes Kunstideal ist nicht mehr die Antike, sondern die Moderne.«

Heinrich und Julius Hart plädierten für eine neue, volkstümliche Literatur, die sich dem einfachen Menschen zuwenden sollte, im Gegensatz zu den idealisierten Gestalten der »Klassik«, die zudem weithin an ausländischen Vorbildern orientiert gewesen sei. Vertreter dieser neuen Richtung, zu der auch Arno Holz, Max Halbe und Paul Ernst gehörten, schloß sich in dem 1886 gegründeten literarischen Verein »Durch« zusammen. Insbesondere Gerhart Hauptmann, der im folgenden Jahr Mitglied wurde, verdankte diesem Kreis wesentliche Anregungen. Die Vereinigung »Durch« war der Erstling einer großen Zahl von literarischen und künstlerischen Zirkeln, in denen sich die literarische Avantgarde zusammenfand und neue Wege literarischer Gestaltung suchte, die sich an der »Natur«, nicht an überkommenen ästhetischen Normen zu orientieren suchte. Einstweilen galt der Naturalismus als eine winzige, unmaßgebliche Gruppierung in einem breiten Strom von literarischen Werken, die sich innerhalb der Grenzen des gutbürgerlichen Kunstgeschmacks bewegten.

Es ist keineswegs zufällig, daß die Auseinandersetzung zwischen der neuen literarischen Richtung des Naturalismus und den konventionellen Kunstauffassungen, wie sie sowohl in den höfisch-aristokratischen als auch in bürgerlichen Kreisen absolut dominant waren, insbesondere auf der Bühne ausgetragen wurde. Das Theater, ursprünglich eine ausgeprägt höfisch-aristokratische Kultureinrichtung, war seit der Mitte des Jahrhunderts zum vornehmsten Instrument der Vermittlung bürgerlicher Kulturwerte geworden; zwischen 1870 und 1896 hatte sich die Zahl der kommerziellen Theater im Deutschen Reich verdreifacht, von ursprünglich etwa 200 auf 600 – ein deutliches Zeichen für die große Bedeutung des Theaters im Kulturleben des Kaiserreiches.[1] Allerdings war das Theater in Preußen und, in unterschiedlichen rechtlichen Formen, auch in Süddeutschland immer noch der behördlichen Theaterzensur unterworfen. Jedoch fand die »Freie Bühne« unter der Leitung von Otto Brahm mit der neuen Richtung des Naturalismus einen Weg, um die in Preußen nach wie vor bestehende Theaterzensur zu unterlaufen, indem sie sich als privater Verein organisierte und ihre Aufführungen formal als nichtöffentlich deklarierte. Diese Organisationsform bot zusätzlich die Chance, eine eigene Anhängerschaft in der Gesellschaft zu mobilisieren. Samuel Fischer brachte parallel dazu die Zeitschrift »Die Freie Bühne« heraus, die später unter dem Titel »Neue deutsche Rundschau« zur bedeutendsten literarischen Zeitschrift im Kaiserreich werden sollte und noch heute unter dem Titel »Neue Rundschau« fortbesteht. Sie stand der neuen Richtung als wirksames literarisches Forum zur Verfügung. Als Leiter der »Freien Bühne« setzte Brahm seine ganze Energie daran, avantgardistische Autoren vorzustellen, auch wenn diese eine Herausforderung an den herrschenden Kunstgeschmack bedeuteten. Die Aufführung von Henrik Ibsens »Die Gespenster« am 29. September 1889 vor einem geladenen Publikum machte den Anfang, am 20. Oktober desselben Jahres folgte die Uraufführung von Gerhart Hauptmanns »Vor Sonnenaufgang«, einer scharfen, obschon nicht parteinehmenden sozialkritischen Schilderung des Lebens einer Proletarierfamilie. Das Stück erwies sich als großer Erfolg, ungeachtet der zunächst äußerst feindseligen Reaktion des breiten Publikums und der Literaturkritik. Wilhelms II. Wort, daß es sich hier um »Rinnsteinkunst« handele, gab einer auch in bürgerlichen Kreisen zunächst ganz überwiegend vertretenen Meinung spektakulären Ausdruck.

Die öffentlichen Auseinandersetzungen um das Für und Wider des naturalistischen Dramas erreichten im Frühjahr 1892 einen Höhepunkt. Das behördliche Verbot einer öffentlichen Aufführung von Hauptmanns Drama »Die Weber« in Berlin, in dem dieser den schlesischen Weberaufstand vom Jahr 1844 aufgrund einer sorgfältigen Rekonstruktion der historischen Vorgänge dramatisch in Szene gesetzt hatte, unter Berufung auf die Hinckeldeysche Zensurverordnung von 1851 löste einen öffentlichen Skandal aus. Zwar konnte eine mehrmalige Aufführung des Werkes in Berlin durch Brahms »Freie Bühne« und dann auch durch die der Sozialdemokratie nahestehende »Neue Freie Volksbühne« nicht verhindert werden, aber das »Deutsche Theater«, das damals ebenfalls unter der Leitung von Brahm stand, entschloß sich gleichwohl, gegen das Verbot Klage zu erheben. Das preußische Oberlandesgericht entschied in zweiter Instanz im Juli 1894, daß die Aufführung der »Weber« statthaft sei, allerdings mit bestimmten Kautelen vor allem einem vergleichsweise hohen Eintrittspreis, durch den sichergestellt wäre, daß Arbeiter die Aufführung nicht besuchen würden und daher nicht die Gefahr bestünde, daß sie das Stück als Aufruf zum Aufruhr verstehen könnten. Darüber kam es am 21. Februar 1895 zu einer Debatte im preußischen Abgeordnetenhaus, die ihren Ausgangspunkt davon genommen hatte, daß der preußische Innenminister Ernst Matthias von Köller die Entscheidung des Oberverwaltungsgerichts zugunsten der »Freien Bühne« in Beantwortung einer parlamentarischen Anfrage des Zentrumsabgeordneten Klemens August Freiherr von Heeremann und Zuydwyk mißbilligt hatte. Von Köller brachte den offiziösen, freilich durchaus von breiten Kreisen des Bürgertums und insbesondere der katholischen Bevölkerung geteilten Standpunkt zum Ausdruck, daß »die Theater im Laufe der letzten Jahrzehnte das, was sie sein sollten – eine Bildungsstätte zur Förderung von Sitte, eine Stätte zur Förderung historischer Erinnerungen, zur Förderung, kurz gesagt, alles Guten und Edlen –, schon lange nicht mehr sind«.[2] Hingegen verteidigte der freisinnige Abgeordnete Heinrich Rickert die grundsätzliche Freiheit moderner Theaterkunst gegenüber behördlicher Willkür und obrigkeitlicher Bevormundung.

Bei dieser Gelegenheit traten die unterschiedlichen Standpunkte, die die Öffentlichkeit entzweiten, aber auch das Verhalten der preußischen Staatsbehörden, die die vom Kaiserhof ausgehenden Diktate hinsichtlich akzeptabler und inakzeptabler Literatur gleichsam mit gebrochenem Bewußtsein zu exekutieren suchten, ohne selbst voll davon überzeugt zu sein, für jedermann zutage. Der Kaiser hatte nämlich unmittelbar nach der Freigabe der »Weber« das Urteil des Oberlandesgerichts scharf kritisiert und den Justiz- ebenso wie den Innenminister um Aufklärung ersucht. In diesem Zusammenhang fiel auch das berühmte Wort von der »Rinnsteinliteratur«. Wenig später kündigte Wilhelm II. demonstrativ die kaiserliche Loge im Deutschen Theater zu Berlin, was für das Haus einen Einnahmeverlust von 4000 Mark im Jahr bedeutete. Dieser demonstrative Akt konnte aber den großen Publikumserfolg der »Weber« ebensowenig verhindern wie die nachfolgenden Verbote des Stücks in der Provinz. Im Gegenteil, jene steigerten die Popularität Hauptmanns nicht nur beim breiten Publikum, sondern zunehmend auch in den gehobenen Kreisen der Gesellschaft. Die Hoffnung der Sozialdemokraten, in Hauptmann einen zuverlässigen Gewährsmann für die Gerechtigkeit der eigenen Sache zu finden, erwies sich allerdings in der Folge als trügerisch. Hauptmann verstand sich zwar als sozialkritischen Schriftsteller; aber sein Ziel war im Sinne Emile Zolas die genaue Wiedergabe der »kompletten Wahrheit«, nicht die politische Agitation.

Die amtlichen Maßnahmen gegen die neuen literarischen Richtungen, zumal gegen den Naturalismus, aber auch gegen die vielgestaltigen Strömungen des Symbolismus, erwiesen sich als weitgehend wirkungslos, obschon die Aufführung der »Weber« in der preußischen Provinz einstweilen weiterhin verboten blieb. Angesichts der Mannigfaltigkeit der deutschen Theaterlandschaft und der Unterschiedlichkeit der Kulturpolitik der deutschen Bundesstaaten liefen die offiziösen Einwirkungsversuche auf die Theaterrepertoires und auf die moderne Literatur ins

Leere. Sie vermochten weder die Durchsetzung des naturalistischen Dramas noch die Aufführung der Stücke zahlreicher anderer avantgardistischer Autoren des In- und Auslandes durch die deutschen Bühnen aufzuhalten, beispielsweise von Henrik Ibsen und August Strindberg, die anfangs ganz besonders als »rotes Tuch« galten, oder von Frank Wedekind, Carl Sternheim und Arthur Schnitzler. Insgesamt wird man der staatlichen Politik Preußens, von jener der anderen Bundesstaaten ganz zu schweigen, auf dem Gebiet von Literatur und Drama bestenfalls eine bremsende Wirkung auf die neueren Entwicklungen zuschreiben können. Zwar kam es auch in Bayern vielfach zu Behinderungen und zuweilen sogar zu strafrechtlichem Vorgehen gegen mißliebige Autoren, beispielsweise gegen den Herausgeber des »Simplicissimus«, Ludwig Thoma, aber am Ende tendierte die Justiz, besonders wenn dabei Laienrichter beteiligt waren, dazu, den Dingen ihren Lauf zu lassen. Überhaupt wirkte sich die föderalistische Struktur des Reiches in einem liberalisierenden Sinne aus: Was in Berlin streng verpönt war, wurde vielfach bereits in den Provinzen toleriert und schon gar in den süddeutschen Bundesstaaten, die sich auf ihre größere Aufgeschlossenheit gegenüber künstlerischen Bewegungen einiges zugute hielten. Allgemein war das politische Klima im Kaiserreich zwar nicht eben günstig für die Entfaltung eines modernen, hochgradig differenzierten Literaturbetriebs, aber wirklich aufhalten konnte es diesen Prozeß nicht.

Im großen und ganzen war die zeitgenössische Aufregung über den Naturalismus einigermaßen übertrieben. Gewiß wich er mit seinem Bemühen um eine möglichst wahrheitsgetreue Beschreibung der sozialen Wirklichkeit von dem klassischen Maßstab des »Edlen, Wahren, Schönen« ab, im Unterschied zu den teils die sozialen Verhältnisse beschönigenden, teils diese idealisierenden Werken der realistischen Autoren zweiten Ranges, die damals auf ein großes Lesepublikum zählen konnten, beispielsweise eines Paul Heyse, Ernst von Wildenbruch und Friedrich Spielhagen. Aber im Grunde bewegte sich der Naturalismus noch innerhalb des Wertekanons der bürgerlichen Schichten, die ohnehin in den neunziger Jahren von einer starken sozialreformerischen Bewegung erfaßt wurden, welche sich jedoch als vorübergehend erweisen sollte; vor allem aber erschöpfte sich, je mehr der Naturalismus zur öffentlich akzeptierten Kunst avancierte, seine innovative Kraft. Der Expressionist Max Halbe bezeichnete das naturalistische Drama als eine frigide Version der traditionellen Gesellschaft, und der Sozialdemokrat Franz Mehring, der »Die Weber« anfänglich als Aufbruch zu neuen Ufern gefeiert hatte, meinte nun mit einem gehörigen Schuß Polemik gegen Gerhart Hauptmann, der sich in den juristischen Auseinandersetzungen über die Aufführungsrechte für die »Weber« keineswegs auf die Seite der Sozialdemokratie gestellt hatte, daß der moderne Naturalismus »in die feudale Romantik« zurückführe.

In der Tat fanden sich die wirklich zukunftweisenden Leistungen der zeitgenössischen Literatur eher bei den Symbolisten, die sich, jeder in unterschiedlicher

Weise, darum bemühten, die Befindlichkeit des einzelnen, fernab der sozialen Welt und der industriellen Zivilisation, in höchst sublimen literarischen Gestaltungen zum Ausdruck zu bringen. Stefan George, dessen lyrische Zyklen seit 1890 zu erscheinen begannen, suchte einen Weg fernab der technischen Zivilisation seiner Gegenwart zu gehen. Kunst sollte nichts, aber auch gar nichts mit der alltäglichen Realität zu schaffen haben; ihre Aufgabe war es, ästhetische Gegenwelten zur bestehenden Wirklichkeit zu schaffen. In dem 1892 erschienenen Zyklus »Algabal«, der sich an der Gestalt des dekadenten römischen Kaisers Heliogabal orientierte, wird die vom Künstler vorgestellte ästhetische Welt hermetisch gegen die äußere Welt abgeschirmt; diese ist ein Kult der Schönheit und zugleich des Todes. Nach George verlangte diese Art absoluter, in sich selbst ruhender Kunst zugleich eine entsprechende Lebensführung, die von derjenigen der bürgerlichen Welt radikal abgelöst ist, obschon sie deren materielle Grundlagen voraussetzt, weil ansonsten eine allein der Verehrung und der Hervorbringung des absolut Schönen und insoweit Wahren gewidmete Existenz des Künstlers und seiner Gefolgschaft nicht möglich sein würde. Dementsprechend legte Stefan George mit der Zeitschrift »Blätter für die Kunst« im Jahr 1901 die Grundlage für die Entstehung eines elitären Schülerkreises, zu dem in der Folge insbesondere Ludwig Klages, Karl Wolfskehl und Max Dauthendey sowie der Literaturhistoriker Friedrich Gundolf gehören sollten. In eine ähnliche Richtung wies das Frühwerk Rainer Maria Rilkes. Dieser suchte in seinen frühen Gedichten ebenso wie in seinem »Stundenbuch« den »unter aller Oberfläche« liegenden göttlichen »Lebensgrund« des Seins ahnend zu erfassen.[3] Hugo von Hofmannsthal ging ebenfalls davon aus, daß das wahre Sein der Wirklichkeit der alltäglichen Welt, die leer und bedeutungslos geworden sei, schroff entgegengesetzt sei; schauende Resignation, aus der Wehmut und Trauer entspringen, sei die dem Dichter allein noch verbleibende Alternative. Anders als George und Rilke suchte Hofmannsthal einen Ausweg aus dieser Krise des Künstlers, die in Wahrheit als eine Krise der allein dem materiellen Fortschritt zugewandten gegenwärtigen Kultur zu begreifen sei, in der Wiederanknüpfung an die großen kulturellen Schöpfungen der Vergangenheit und deren sublime künstlerische Gestaltung der Lebensprobleme des Menschen. Diese Autoren waren sich in einem einig, nämlich in der Notwendigkeit des Rückzugs auf die Individualität des Künstlers, der, gemäß dem im französischen Symbolismus geprägten Prinzip des L'art pour l'art, seine den alltäglichen Ordnungen entgegengesetzten, künstlerischen Schöpfungen allein aus sich selbst hervorbringt. Ihr Frühwerk antizipierte bereits die Tendenzen der künstlerischen Avantgarde, die sich in der Folge radikal von den überkommenen bürgerlichen Auffassungen von Kunst und Literatur abwenden sollte.

Hingegen fand die Tradition des Naturalismus eine eindrucksvolle Nachfolge in Thomas Manns frühem literarischem Werk. Mit seiner peinlich genauen Schilderung der bürgerlichen Welt in der Periode ihres Niedergangs setzte Mann die literarischen Techniken des Naturalismus mit noch größerer Meisterschaft fort, allerdings nunmehr mit dem Ziel, damit zugleich Aussagen von hohem analytischem Gehalt über die absterbende bürgerliche Welt zu geben, die freilich in symbolische Formen gekleidet waren. Die frühen Erzählungen Thomas Manns, dessen steile Karriere dank seiner Entdeckung durch Samuel Fischers »Literarische Rundschau« bereits früh einsetzte, haben ein Thema gemeinsam, nämlich den unauflösbaren Gegensatz von Kunst und Leben und die Unverträglichkeit des künstlerischen Genies mit den Normen einer an Respektabilität, Leistungsprinzip und Disziplin orientierten bürgerlichen Lebensführung. In bis heute unübertroffener Meisterschaft hat Thomas Mann, der wie kaum ein anderer als ein Erbe der bürgerlichen Epoche zu sehen ist und sich selbst auch so verstand, den Niedergang des klassischen bürgerlichen Wertesystems und der bürgerlichen Lebensformen im Zuge der Dekomposition der ursprünglich einheitlichen Klasse des Bürgertums unter den Bedingungen des Hochkapitalismus beschrieben, namentlich in seinem frühen, 1901 erstmals erschienenen Meisterwerk »Die Buddenbrooks«. Der gleichsam hoheitlichen Figur des Konsuls Johann Buddenbrook, der die Traditionen eines angesehenen und äußerst erfolgreichen Handelshauses in würdiger Weise repräsentiert und in seinem geistigen Habitus diesseitig, praktisch und nüchtern ist, stellt Thomas Mann den kleinen Hanno Buddenbrook gegenüber, einen hochsensiblen, künstlerischen und musikalischen Interessen zugewandten Jüngling, der in diesem auf Leistungswillen, beständige Behauptung in einem unerbittlichen Konkurrenzkampf sowie strikte Respektierung gesellschaftlicher Konventionen und Autoritätsstrukturen ausgerichteten gesellschaftlichen Milieu gleichsam zwangsläufig verkümmern und schließlich lebensuntüchtig werden muß. Dem Tod Hannos geht der Niedergang der ehemals so erfolgreichen Firma Buddenbrook und mit ihr der moralische und schließlich physische Zerfall der immer noch hochangesehenen Familie Buddenbrook mit einer inneren Zwangsläufigkeit voraus. Unter dem Einfluß Nietzsches und Schopenhauers gelangte Thomas Mann zu der Schlußfolgerung, daß Bürgerlichkeit und Kunst in seiner Gegenwart ein dialektisches Verhältnis zueinander gewonnen hatten, gleichviel, wie immer es sich damit in der Zeit des Aufstiegs des Bürgertums verhalten haben mochte. Er antizipierte in diesem Punkt, dem Verhältnis des Künstlers zur alltäglichen Welt, die Revolte der künstlerischen Avantgarde gegen die bürgerliche Kultur, die nur wenig später voll zum Ausbruch kommen sollte.

Eine vergleichbare Entwicklung vollzog sich in der bildenden Kunst. Angesichts der Schlüsselstellung, die die Kunstakademien in der Ausbildung von jungen Künstlern einnahmen, und des großen Einflusses der Akademieprofessoren war der Druck der traditionellen Kunstrichtungen auf den künstlerischen Betrieb und das Ausstellungswesen außerordentlich groß. Dies galt vor allem für Berlin. Hier richteten die Akademie und der Verein Berliner Künstler, die Berliner Filiation der Deutschen Kunstgenossenschaft, seit 1892 gemeinsam die jährlichen großen

Kunstausstellungen des »Salons« aus, von denen Erfolg oder Mißerfolg von noch nicht etablierten Malern in eminentem Maße abhingen; allerdings mit der Maßgabe einer »angemessenen Repräsentation« der Düsseldorfer Akademie und der Düsseldorfer Künstler. Der Verein Berliner Künstler sowie die Ausstellungen des »Salons« standen unter der Patronage des preußischen Staates, und die Staatsregierung beziehungsweise Wilhelm II. persönlich hatten auf die Ausrichtung der Ausstellungen erheblichen Einfluß, von der Auswerfung »goldener Medaillen« aus der kaiserlichen Privatschatulle sowie der Vergabe von Aufträgen, etwa für die zahlreichen Denkmäler zu Ehren »Wilhelms des Großen«, ganz abgesehen. Darüber hinaus nahm Wilhelm II. ein großes persönliches Interesse an der Ankaufpolitik der Berliner Museen, zumal der Nationalgalerie, wenngleich die Museumsdirektoren Wege und Mittel zu finden wußten, um die modernen Kunstrichtungen ungeachtet der erklärten Abneigung des Kaisers einigermaßen zum Zuge kommen zu lassen. Außerdem hatte die akademische Kunstrichtung über ihre starke Repräsentation in der Landeskunstkommission, die formell alle Ankäufe der preußischen staatlichen Museen zu genehmigen hatte, in diesen Dingen ein weitreichendes Mitspracherecht. In diesem System, in dem sich die amtliche Kunstpolitik mit den Interessen der Mehrheit der konventionalistischen Idealen verpflichteten und demgemäß zum Konservativismus neigenden Künstlerschaft vermischte, nahm Anton von Werner einmal mehr eine Schlüsselstellung ein, zumal allgemein bekannt war, daß er, der seinerzeit schon dem Kronprinzen Wilhelm Malunterricht erteilt hatte, das persönliche Vertrauen des Kaisers genoß. In den süddeutschen Bundesstaaten war die Situation offener; hier mischten sich die Staatsbehörden weit weniger stark in künstlerische Belange ein und begünstigten zuweilen, wie in München, gar die modernen Richtungen. Dennoch beherrschte auch dort die Königliche Akademie der Künste, wiederum in Zusammenarbeit mit der Deutschen Kunstgenossenschaft, die zu einer Massenorganisation von professionellen Malern und Bildhauern überwiegend provinziellen Zuschnitts geworden war, das Ausstellungswesen, zum Schaden einer kreativen Entwicklung der bildenden Kunst im Deutschen Reich. Alfred Lichtwark, der Direktor der Hamburger Kunsthalle, der der modernen Kunst gegenüber aufgeschlossen und darum bemüht war, sein ebenfalls konventionelle Kunst präferierendes Publikum behutsam auf das Neue einzustimmen, wetterte in einem Brief vom 10. März 1909 an Max Liebermann sarkastisch über »die festangestellten Genies an den Akademien, Kunst- und Kunstgewerbeschulen, eine Priesterkaste mit Priesterneigungen, -interessen, -intrigen und -ambitionen, mit Priesterherrschsucht vor Allem«, die beanspruchten zu sagen, was Kunst sei und was nicht, und er fügte hinzu: »Denn was sich als Kaste etablirt, will und muß herrschen.«[4] Wichtiger war freilich, daß die Kunstprofessoren an den Akademien sich der öffentlichen Unterstützung der Staatsbehörden sowie staatlicher oder kommunaler Aufträge für öffentliche Gebäude oder Denkmäler und nicht zuletzt der allerhöchsten Protektion des Kaisers sicher sein konnten, der auf dem Gebiet der staatlichen Förderung von Kunst und Wissenschaft ein nach Ansicht der zeitgenössischen Juristen verfassungsrechtlich legitimes Betätigungsfeld des »persönlichen Regiments« entdeckt hatte.

Zumindest in Preußen stand der offizielle Kunstbetrieb noch in den neunziger Jahren weithin unter dem Diktat eines obrigkeitlich verordneten Kunstgeschmacks, der in den Historiengemälden von Werners sein ideales Maß sah.[5] Im offiziösen Kunstbetrieb Münchens galt Franz von Lenbach, dessen Kaiser- und Kanzlerbildnisse in allen staatlichen Residenzen zu finden waren, als unbestritten bedeutendster Maler der Zeit, und Franz von Stuck mit seinem pathetischen Neoklassizismus wurde weithin als das Non plus ultra angesehen. Unter diesen Umständen gestaltete sich die Überwindung des herrschenden Schemas einer affirmativen Kunst, die dem »Guten, Edlen und Schönen« zugewandt war und ihre »erbaulichen« Themen vornehmlich der Geschichte oder der antiken Mythologie beziehungsweise der Sagenwelt des Mittelalters entnahm, keinesfalls einfach. Nicht zufällig gingen die neuen künstlerischen Strömungen, die sich aus der Enge der akademischen Kunst mit ihrer Neigung zur Anpassung an die herrschenden politischen Tendenzen zu befreien suchten, nicht vom Zentrum des Reiches, sondern von der Peripherie aus.

Eine vorbereitende und in mancher Hinsicht wegbahnende Rolle spielte dabei die Freilichtmalerei der Worpsweder Schule. Paula Modersohn-Becker und Heinrich Vogeler drängten mit Macht aus dem Schematismus der akademischen Ateliermalerei hinaus; sie wandten sich unmittelbar Sujets der freien Natur zu, im Bestreben, eine neue Unmittelbarkeit des Sehens zu erreichen. Sie knüpften dabei in mancher Hinsicht an romantische Traditionen an, nicht zuletzt in einer gewissen Tendenz zur Idealisierung der Natur; maßgeblich war freilich der Einfluß des damals in Deutschland noch weithin abgelehnten französischen Impressionismus. Doch blieb den Worpswedern zunächst jede weitreichendere Ausstrahlung versagt; erst mit geraumer Verzögerung sollte vor allem der Expressionismus, namentlich Emil Nolde, wieder an ihre Arbeiten anknüpfen. Der erste Anstoß für die Überwindung der neoklassizistischen Kunst der Gründerzeit ging nicht zufällig von München aus, das schon seit längerem zur führenden Kunstmetropole in Deutschland geworden war. 1892 wurde hier, nach Wiener Muster, wo es schon 1887 zu einer Absonderung eines Teils der Künstler vom offiziellen Kunstbetrieb gekommen war, eine »Secession« ins Leben gerufen, die sich allerdings in erster Linie gegen den künstlerischen Massenbetrieb des »Salons« richtete und noch nicht eigentlich eine besondere künstlerische Richtung repräsentierte; ein förmlicher Bruch mit der Deutschen Kunstgenossenschaft war anfangs gar nicht beabsichtigt. Aber die Ausstellungen der »Secession« legten nicht nur weit stringentere Qualitätsmaßstäbe bei der Auswahl der Exponate an, sondern schlossen grundsätzlich keine der zeitgenössischen Kunstrichtungen aus; darüber hinaus waren sie in weit stärkerem Maße als die offiziösen Ausstellungen der Kunstgenossenschaft gegenüber der ausländischen Kunst, besonders des französischen Impressionismus und des Fauvismus, offen.

In Berlin waren es Max Liebermann und Walter Leistikow, die im selben Jahr die Gruppe der »Elf« ins Leben riefen, mit dem Ziel, hinfort außerhalb des jährlichen offiziellen Salons des Vereins Berliner Künstler, dessen Ausstellungsräume von den Aussteigern respektlos »Totenkammern« genannt wurden, eigenständige Ausstellungen durchzuführen, für die nun private Kunstgalerien ihre Räumlichkeiten zur Verfügung stellten. Die erste Ausstellung der »Elf« wurde von der Kritik als »extrem wüster Naturalismus« und als herausragendes Beispiel der »Elends- und Armeleutemalerei« scharf attackiert, ohne doch damit deren Erfolg beim Publikum Abbruch zu tun.[6] Ebenfalls 1892 führte eine Ausstellung von Werken Edvard Munchs in Berlin zu einem öffentlichen Skandal und mußte auf einen unter dem maßgeblichen Einfluß von Werners gefaßten Beschluß des Vereins Berliner Künstler auf einer eigens zu diesem Zweck einberufenen außerordentlichen Mitgliederversammlung vorzeitig geschlossen werden. Allerdings fand sich sogleich eine private Galerie in Düsseldorf, die dazu bereit war, die Ausstellung zu übernehmen, und anschließend ging diese auch nach München. Die Auseinandersetzungen über die vorzeitige Schließung der Munch-Ausstellung, an denen wiederum Leistikow maßgeblich beteiligt war, führten zu einem öffentlichen Protest eines Teils der Mitglieder des Vereins Berliner Künstler unter Führung Max Liebermanns, was zunächst nur zur Folge hatte, daß die daran beteiligten Hochschullehrer an der Akademie der bildenden Künste ihre Professuren niederlegen mußten.[7] Die Traditionalisten hatten noch einmal gesiegt. Der endgültige Bruch kam dann 1898 mit der Ablehnung eines Gemäldes »Der Grunewaldsee« von Leistikow für die jährliche Kunstausstellung des Vereins Berliner Künstler. Daraufhin gründeten Liebermann, Max Slevogt, Lovis Corinth, Leistikow, Heinrich Zille, Käthe Kollwitz und eine Reihe anderer bildender Künstler, die die gemeinsame Ablehnung des offiziösen Kunstbetriebs einigte, obschon sie durchaus unterschiedlichen künstlerischen Strömungen angehörten, die Berliner Secession. Aber erst, als die Bemühungen der Secession fehlschlugen, im Rahmen der jährlichen Großen Berliner Kunstausstellung als selbständige Gruppe mit eigenen Jury-Rechten aufzutreten, was von Werner im Zusammenspiel mit den preußischen Staatsbehörden zu vereiteln wußte, kam es zum endgültigen Bruch; dieser wurde übrigens von seiten des Kaisers dadurch besiegelt, daß Liebermann, Oscar Frenzel und Richard Friese aus der Jury für die Berliner Kunstausstellung ausgeschlossen wurden.

Bereits die erste, noch einigermaßen improvisierte Ausstellung der Secession 1899 in einem eigens dafür errichteten Pavillon an der Kantstraße erwies sich als ein riesiger Erfolg. Das Berliner Publikum, das eben noch mehrheitlich die künstlerische Avantgarde verworfen hatte, strömte in Massen in die Ausstellungen der Secessionisten und votierte so für eine Öffnung des Kunstbetriebs für die Vertreter der Moderne. Gestärkt wurde die Sache der Secessionisten durch den Umstand, daß sie durch die Zusammenarbeit mit Bruno und Paul Cassirer, die zu den bedeutendsten modernen Galeristen Berlins zählten, tatkräftige Hilfe und finanzkräftige Stützung erhielten. Bruno Cassirer brachte im Jahr 1902 eine neue, einflußreiche Zeitschrift »Kunst und Künstler, Monatsschrift für bildende Kunst und Kunstgewerbe« heraus, die die Bestrebungen der Secession wohlwollend, wenn auch durchaus nicht unkritisch, förderte.

In ästhetischer Hinsicht waren die Secessionisten keine einheitliche Gruppierung; eigentlich erst durch die Eskalation des Gegensatzes zur offiziös geförderten akademischen Kunst wurden sie nach vorn gezwungen. Sie vertraten, vielleicht mit Ausnahme des sozialkritischen Programms von Käthe Kollwitz, eine eher zahme Variante der modernen Kunst. Neben Liebermanns vorsichtige, auch in der Wahl der Sujets vergleichsweise behutsame impressionistische Malweise traten dann allerdings Lovis Corinths kraftvolle, mit breitem Pinselstrich und starken Farben arbeitende Malerei sowie die ausdrucksstarke Malerei Max Slevogts. Die Zeitgenossen werteten die Auseinandersetzung zwischen der Secession und dem Akademismus als einen großen Sieg für erstere. Die Berliner Secession sei, wie der Berliner Kunsthistoriker Oscar Bie anläßlich der zweiten Ausstellung der Secession urteilte, ein »wichtiges Bindeglied einer umfassenden europäischen Bewegung, welche in ihrem Kampf gegen die akademische Vorherrschaft eine wahrhafte Revolutionierung des Kunstgeschmacks herbeigeführt habe«.[8] In europäischer Perspektive waren die Secessionisten freilich eher ein »verspätetes Anhängsel des französischen Impressionismus«.[9] Dennoch gelang es der Secession binnen weniger Jahre, alles, was Rang und Namen in der deutschen Kunstwelt besaß, unter ihrer Fahne zu scharen.[10] Dazu trug nicht zuletzt der Umstand bei, daß die jährlichen Ausstellungen der Secession der modernen Kunst in ihrer ganzen Breite geöffnet wurden, auch solchen Kunstrichtungen, die über den impressionistischen Naturalismus der Secessionsmitglieder hinausdrängten. Auf solche Weise wurde Berlin gegen Anfang des 20. Jahrhunderts nun doch noch zum wichtigsten Zentrum des deutschen Kunstlebens.

Der offiziellen Kunstpolitik, namentlich dem Kaiser, der sich in diesen Dingen als oberster Kunstrichter der Nation fühlte, blieb die Secession allerdings weiterhin ein Dorn im Auge. Es war Wilhelm II. persönlich, der sich angelegentlich der Einweihung der Siegesallee 1901, die schon bei den Zeitgenossen als ein Paradebeispiel mißglückter offiziöser Kunstdarstellung galt, öffentlich über die neueren künstlerischen Strömungen echauffierte: »Noch ist die Bildhauerei zum größten Teil rein geblieben von den sogenannten modernen Richtungen und Strömungen, noch steht sie hoch und hehr da – erhalten Sie sie so [...] eine Kunst, die sich über die von Mir bezeichneten Gesetze und Schranken hinwegsetzt, ist keine Kunst mehr, sie ist Fabrikarbeit, sie ist Gewerbe [...]. Wer sich [...] von dem Gesetz der Schönheit und dem Gefühl für Aesthetik und Harmonie, die jedes Menschen Brust fühlt, [...] loslöst [...], der versündigt sich an den Urquellen der Kunst [...]. Wenn nun die Kunst, wie es jetzt vielfach geschieht, weiter nichts tut, als das Elend noch scheußlicher hinzustellen, wie es schon ist, dann versündigt sie sich damit am deutschen Volke. Die Pflege der Ideale ist zugleich die größte Kulturarbeit [...].«[11] Die kaiserlichen Bemühungen, die deutsche Kunst auf dem rechten Kurs eines traditionalistischen Kunstverständnisses festzuhalten, erwiesen sich jedoch als vergeblich. Davon abgesehen war in dem freieren politischen Klima insbesondere Süddeutschlands, aber auch des Rheinlandes, eine ernstliche Gängelung der modernen Kunstrichtungen immer weniger möglich. Dies hing nicht zuletzt mit einer grundlegenden Veränderung der Bedingungen künstlerischer Tätigkeit unter den Verhältnissen des modernen marktorientierten industriellen Systems zusammen. Die Künstlerschaft wurde zunehmend unabhängiger von der direkten oder indirekten Förderung durch staatliche oder kommunale Instanzen; auch die Kunstvereine, die bisher eine unverzichtbare Rolle im bürgerlich-liberalen Kunstbetrieb gespielt hatten, verloren an Bedeutung. An ihre Stelle traten ein sich rasch entfaltender Kunstmarkt, der schon bald internationale Dimensionen annahm, und mit ihm eine neue Gruppe professioneller Förderer der Kunst, Kunsthändler wie Bruno und Paul Cassirer oder Verleger wie Eugen Diederichs oder Reinhard Piper sowie eine neue Gruppe von Mäzenen aus den Kreisen des Handels und der Großindustrie.

Unter diesen Bedingungen fanden die Appelle von offizieller Seite, die sich gegen die moderne Kunst richteten, in der breiteren Öffentlichkeit immer weniger Widerhall. Wilhelms II. Forderung, daß die Kunst sich nicht »von dem Gesetz der Schönheit und dem Gefühl für Aesthetik und Harmonie, die jedes Menschen Brust fühlt«, loslösen dürfe, stieß nicht mehr auf einhellige Zustimmung.[12] Das verbreitete Mißbehagen an der preußischen Kunstpolitik kam dann im Jahr 1903 in explosiver Form zum Ausdruck, als sich herausstellte, daß die Staatsbehörden unter dem Einfluß des Kaisers den Versuch gemacht hatten, bei der Vorbereitung einer Ausstellung über zeitgenössische deutsche Kunst anläßlich des Congress of Arts and Sciences in St. Louis die Secessionisten zu benachteiligen. Ursprünglich hatten die zuständigen preußischen Instanzen, der Tatsache eingedenk, daß der Beitrag des Deutschen Reiches zur letzten internationalen Kunstausstellung in Paris ein ziemlicher Reinfall gewesen war, sich darum bemüht, im Einvernehmen mit den Regierungen der übrigen Bundesstaaten eine unabhängige Jury zu berufen, die die Auswahl der Exponate für St. Louis übernehmen sollte, statt dies, wie bisher, der Allgemeinen Deutschen Kunstgenossenschaft zu überlassen, von der bekannt war, daß sie Quantität statt Qualität präferierte und mit der Secession auf Kriegsfuß stand. Auf Betreiben von Werners, der sogleich bei Wilhelm II. Einspruch erhob, wurde diese Entscheidung jedoch wieder zurückgenommen. Nicht ohne Grund vermutete die Öffentlichkeit, daß Wilhelm II. dabei seine Hand maßgeblich im Spiel gehabt habe. Daraufhin brach in der Öffentlichkeit ein Sturm der Entrüstung los. Die Secession zog die von ihr angemeldeten Werke für die Ausstellung unter Protest zurück, und Harry Graf Kessler gründete ungeachtet einer preußischen Intervention beim Großherzog sogleich in Weimar den Deutschen Künstlerbund als eine Gegenorganisation zur offiziell geförderten Allgemeinen Deutschen Kunstgenossenschaft, der Dachorganisation des Vereins Berliner Künstler.

Im Februar 1904 kamen diese Vorgänge im Reichstag zur Sprache. Die preußische Staatsregierung, die zunächst in der Budgetkommission erklärt hatte, daß die Secession nicht der Weg zur Veredelung der Kunst sei und man sich deshalb auf die Allgemeine Deutsche Kunstgenossenschaft habe verlassen müssen, hatte in der Debatte einen schweren Stand. Die Parlamentarier mißbilligten durchweg die einseitige Einflußnahme der Staatsbehörden auf künstlerische Fragen zugunsten der traditionalistisch eingestellten Kunstgenossenschaft im Zeichen des »persönlichen Regiments«. Jedoch herrschte auch im Reichstag keine Einhelligkeit hinsichtlich der Einschätzung der modernen Kunst; der Zentrumsabgeordnete Peter Spahn äußerte sich sehr zurückhaltend über die modernen Kunstrichtungen, die auch er als Fehlentwicklungen eines libertinistischen Zeitgeistes ansah. Der konservative Abgeordnete Wilhelm Adolf von Henning bezeichnete die moderne Kunst als »deprimierend häßlich« und beklagte »den künstlerischen Nihilismus«, der sich unter den Künstlern breit gemacht habe. »Überhaupt hat, wie im politischen Leben, durch den Drang nach Freiheit auch im literarisch-künstlerischen Leben die weiteste Ungebundenheit, ein übertriebener Individualismus, ein Übermenschentum doch in bedenklichem Maße Platz gegriffen.«[13] Nahezu einhellig wurde die amtliche Politik in Fragen der internationalen Kunstausstellungen der letzten Jahre scharf angegriffen und deren autokratischer Grundzug mißbilligt, nicht zuletzt im Hinblick auf die Differenzen, die zwischen der preußischen Staatsregierung und den süddeutschen Regierungen über dieser Frage aufgebrochen waren. Der sozialdemokratische Abgeordnete Südekum wurde zwar vom Präsidenten gerügt, als er im Reichstag erklärte: »Wir danken gefälligst für eine Kunstrepublik mit Wilhelm II. an der Spitze«,[14] aber der Stimmung der großen Mehrheit der Reichstagsabgeordneten entsprach diese Äußerung durchaus. Die Verdrossenheit mit der preußischen Kunstpolitik war allgemein; demgemäß forderte man die Respektierung des Prinzips der uneingeschränkt freien Entfaltung der künstlerischen Individualität und eine streng unparteiliche Handhabung dieser Fragen durch die Staatsbehörden.

Die Auswirkungen dieser ersten großen öffentlichen Debatte über Kunst und Politik im Reichstag sind schwer abzuschätzen. Aber sie führte immerhin zu einer Abschwächung der Einflußnahme Wilhelms II. und seiner Umgebung auf die Ankaufspolitik der preußischen Museen, obschon der Monarch weiterhin darauf bestand, daß solche Fragen seiner persönlichen Entscheidung vorbehalten seien. In dieser Hinsicht hatte die zunehmende Professionalisierung des Museumsbetriebs, in Verbindung mit privatem Mäzenatentum, ohnehin schon einen gewissen Kurswechsel herbeigeführt. Die Direktoren der öffentlichen Kunstmuseen, unter ihnen vor allem Hugo von Tschudi, der Direktor der Nationalgalerie, waren, der »öden Parademalerei«, wie sie bei Hofe in höchstem Ansehen stand, müde, längst dazu übergegangen, Werke der modernen Kunst zu sammeln; dabei mußten freilich die offiziösen Gremien, die über Neuanschaffungen zu befinden hatten und in denen weithin traditionalistische und konventionelle Vorstellungen dominierten, umgangen und die Hilfe privater Mäzene in Anspruch genommen werden. Die Tätigkeit insbesondere des Direktors der Nationalgalerie von Tschudi, der seit längerem darum bemüht gewesen war, neben Malern der deutschen Moderne auch führende Werke des französischen Impressionismus zu erwerben, wurde nicht allein von Wilhelm II. mit Mißtrauen betrachtet, sondern zog auch Angriffe in der Öffentlichkeit gegen seine Anschaffungspolitik nach sich, die angeblich ausländische Kunst gegenüber den Werken deutscher Künstler unangemessen bevorzuge. Bereits im Jahr 1898 war es über dieser Frage zu einer Debatte im Preußischen Abgeordnetenhaus gekommen. 1899 hatte der Kaiser persönlich erzwungen, daß die Bilder der französischen Impressionisten umgehängt und in die oberen Räume der Nationalgalerie verbannt wurden: »Ich habe bei einem Besuche der National-Galerie [...] wahrgenommen, daß Gemälde, welche vermöge des Gegenstandes ihrer Darstellung besonders geeignet scheinen, einen bildenden Einfluß auf die Besucher auszuüben, und auch durch ihren künstlerischen Werth die nationale Kunst in hervorragender Weise repräsentieren, von ihrem bevorzugten Platze beseitigt und durch Bildwerke der modernen Kunstrichtung zum Teil ausländischen Ursprungs ersetzt worden sind. Diese Veränderungen finden Meinen Beifall nicht [...].«[15] Zehn Jahre später kam es schließlich wegen des Ankaufs von französischen Werken aus der Schule von Barbizon zum offenen Konflikt und zum Rücktritt Tschudis. Zum interimistischen Direktor wurde niemand anderes als des Kaisers Protegé Anton von Werner bestellt, doch zerschlug sich dessen offenbar definitiv vorgesehene Berufung zum Direktor der Nationalgalerie dann infolge der Schockwellen, die die »Daily Telegraph«-Affäre ausgelöst hatte. Es war freilich für die allgemeine Lage charakteristisch, daß von Tschudi sogleich die Leitung der Münchener Gemäldegalerie angeboten wurde, die er dann auch übernahm, obschon sich sogar Reichskanzler Fürst Bülow persönlich dafür einsetzte, bei Wilhelm II. die Wiedereinstellung Tschudis zu erreichen. Einmal mehr wirkte sich der Föderalismus zugunsten einer Liberalisierung der Kunstpolitik im Kaiserreich aus. Es gehört in den gleichen Zusammenhang, daß die süddeutschen Dynastien, in richtiger Einschätzung des Zugs der Zeit, sich vielfach für moderne Kunstrichtungen einsetzten, in mehr oder minder offener Entgegensetzung zu den Vorstellungen Wilhelms II. Es war kein Zufall, daß der Deutsche Künstlerbund, der den Kampf gegen die offiziöse preußische Kunstpolitik auf seine Fahnen geschrieben hatte, gerade in Weimar gegründet wurde. Der Großherzog Karl Alexander war konsequent darum bemüht, die historische Rolle Weimars als eines Vororts deutscher Kultur neu zu beleben, und dies war bei Lage der Dinge nur im Bruch mit der Tradition des Akademismus möglich. Gleiches gilt für die Bemühungen des Großherzogs von Hessen, der vor der Jahrhundertwende aufblühenden künstlerischen Erneuerungsbewegung, dem sogenannten Jugendstil, die vor allem in Wien und Paris seit dem Anfang der neunziger Jahre einen kometenhaften Aufstieg genommen hatte, in Deutschland auch außerhalb Münchens die Möglichkeit zu freier Entfaltung zu verschaffen. Zu diesem Zweck zog der Großherzog eine Reihe von führenden Architekten, unter ihnen Joseph Maria Olbrich und Peter Behrens, nach Darmstadt. Dort entstand auf der Mathildenhöhe eine Mustersiedlung der Jugendstilarchitektur, die als Markstein in der Geschichte der modernen Architektur in Deutschland gelten darf. Allerdings erwies sich der Jugendstil mit seiner Neigung zur bloß dekorativen Drapierung und schließlich der Absolutsetzung des Ornaments, auch international gesehen, schon bald eher als ein Nachklang klassischer historistischer Kunst denn als ein wirklicher Neubeginn. Die Zukunft gehörte dem funktionalistischen Bauen, gemäß Adolf Loos' Parole, daß Architektur ohne Ornamente auszukommen habe, die ein Überbleibsel barbarischer Gewohnheiten sei.

Es stellt sich freilich die Frage, ob Wilhelm II. mit seiner Opposition gegen die moderne Kunst einschließlich der Secession wirklich so weitgehend allein stand, wie dies im nachhinein der Fall gewesen zu sein scheint. Es spricht vieles dafür, daß der Kaiser mit seiner unverblümten Kritik an den Neuerern auf ästhetischem und literarischem Gebiet großen Teilen der bürgerlichen Schichten, von den aristokratischen Eliten einmal ganz abgesehen, nach dem Mund redete. Schon die Äußerungen in der Rede des Kaisers anläßlich der Einweihung der Siegesallee mit ihrem gewaltigen Aufgebot an pompösen Statuen bedeutender Männer der preußischen Geschichte, für die Reinhold Koser die historischen Vorlagen geliefert hatte und die von einer ganzen Reihe damals hochangesehener Bildhauer, mit Reinhold Begas an der Spitze, umgesetzt wurden, waren in der Öffentlichkeit keineswegs nur negativ aufgenommen worden; so schrieben beispielsweise die »Grenzboten«: »In diesem Hexensabbat [der Moderne] tönt jetzt klar und scharf die Rede des Kaisers, wie ein Trompetensignal, das die sammeln soll, die noch mit klaren Augen gegen den Unsinn kämpfen, damit sie einen festen Damm gegen die Schlammflut bilden, die alles gesunde Kunstleben zu ersticken droht.«[16] Auch wenn die bürgerlichen Kunstzeitschriften Wilhelms II. Anspruch, in Fragen der Kunst als oberster Richter aufzutreten, ganz überwiegend ablehnten – am schärfsten Ferdinand Avenarius im »Kunstwart«, der die Siegesallee als minderwertige »Dekoration und Scheinkunst zu einem politischen Zweck, zur Verherrlichung der Dynastie« bezeichnete –,[17] so bedeutete dies noch keine eindeutige Option für die modernen Richtungen in der zeitgenössischen Kunst. Vielmehr dürfte Wilhelm II. für eine nicht unerhebliche schweigende Mehrheit in den breiten Schichten der Gebildeten gesprochen haben, wenn er sich so emphatisch für eine nationale deutsche Kunst im Gegensatz zu den angeblich unter fremdem, vornehmlich französischem Einfluß stehenden neueren Richtungen erklärte.

Im Jahr 1905 trat der Heidelberger Kunsthistoriker Henry Thode mit einer vielbeachteten Vorlesungsserie hervor, die in Auszügen sogleich ihren Weg in die Tagespresse fand. Darin trug Thode einen Frontalangriff auf die modernen Richtungen in der bildenden Kunst vor. Dieser richtete sich primär gegen eine Schrift von Julius Meier-Graefe, in der dieser den Niedergang der bildenden Kunst in Deutschland beklagt und dafür in erster Linie Adolph von Menzel und Arnold Böcklin, deren Werk in eine künstlerische Sackgasse hineingeführt habe, verantwortlich gemacht hatte. Aber im Kern galt Thodes Kritik der Secession und vor allem Liebermann. Thode suchte der von den Secessionisten und ihren Gefolgsleuten in Kunsthändlerkreisen und von Kunsthistorikern propagierten, angeblich internationalen, in Wahrheit aber französischen Kunst eine deutsche Kunst entgegenzustellen. An der europäischen Kunst des 19. Jahrhunderts müsse das herausgearbeitet werden, »was in ihr deutsch, das heißt groß und echt ist, und was wir in ihr als ein uns Fremdes, Widersprechendes und daher Abzuweisendes aufzufassen haben«.[18] Thodes Vorlesungen gipfelten in einer Apotheose der Werke von Böcklin und insbesondere von Hans Thoma, welcher mehr denn jeder andere die Kraft und einfache Größe des deutschen Volkes zum Ausdruck bringe. Die Bemühungen der Secession, die französische Kunst in Deutschland heimisch zu machen und in der Nachfolge des französischen Impressionismus zu wirken, wurden hingegen als Ausgeburt einer Verschwörung der Secessionisten im Bund mit jüdischen Kunsthändlern und jüdischen Kunstkritikern gebrandmarkt, die dabei nur ihr eigenes Süppchen zu kochen bestrebt seien. Die gleichzeitige Initiative eines »Protests deutscher Künstler« gegen die Ankaufspolitik der öffentlichen Museen, die angeblich ausländische Werke zum Nachteil der deutschen Künstlerschaft bevorzuge, zielte in dieselbe Richtung, obwohl sie sich nicht in gleichem Maße nationalistischer und rassistischer Argumente bediente. Dieser »Protest« trug immerhin die Unterschriften von 140 Künstlern. Solche Vorstöße fanden in der Öffentlichkeit eine breite Resonanz und zuweilen noch weit radikalere Nachbeter, auch wenn sie gegenüber der ernsthaften Kunstkritik keine wirkliche Chance besaßen.

An Opposition gegen die neuere Kunst im Namen der nationalen Idee fehlte es somit im Kaiserreich nicht. Noch im Februar 1908 rügte beispielsweise der der konservativen Fraktion im Preußischen Abgeordnetenhaus angehörende Abgeordnete Henning, daß die Nationalgalerie, obschon sie von zwei Königen gestiftet und »der deutschen Kunst ausdrücklich gewidmet« sei, Kunstwerke französischen Ursprungs, »die keineswegs würdig sind, in die Nationalgalerie aufgenommen zu werden«, angekauft habe; ausdrücklich genannt wurden »Renoird [sic], Manet und Monert [sic]«.[19] Es ist weiter nicht überraschend, daß auch Julius Langbehns Buch »Rembrandt als Erzieher« auf große Zustimmung im Publikum stieß, so verworren und kraus seine Botschaft ansonsten lauten mochte. Darin wurde den Deutschen nahegelegt, in Anlehnung an den großen Niederländer Rembrandt, der kurzerhand der germanischen Kulturtradition zugeschlagen wurde, zu einer ursprünglicheren Kunstgesinnung zurückzufinden und damit zu einer geistigen Erneuerung des Deutschtums beizutragen.

Ungeachtet der in breiten Kreisen der deutschen Gesellschaft bestehenden Reserven gegen die moderneren Strömungen in der bildenden Kunst, konnten die Secessionisten ihre Hegemonie in der Berliner Kunstszene für gut ein Jahrzehnt mühelos behaupten, unter der einstweilen unangefochtenen Führerschaft Max Liebermanns. Dies wurde durch den Umstand erleichtert, daß sie selbst sich im Grunde nichts weniger als radikal gaben, sondern sich nur behutsam über die Grenzen der bürgerlichen Konventionen hinauswagten. So bedeutsam ihre führenden Repräsentanten auch waren, international gesehen befand sich die deutsche bildende Kunst jener Generation – mit Ausnahme der Architektur – eher in der Nachhut der europäischen Kunstentwicklung, aber gewiß nicht an ihrer Spitze.

Bildung und Wissenschaft im »naturwissenschaftlichen Zeitalter«

Wenn die Bilanz der offiziösen Kulturpolitik im deutschen Kaiserreich eigentlich eher ungünstig war, so galt dies allerdings keinesfalls für das Bildungssystem und die Förderung der Wissenschaften. Auf dem Gebiet des Bildungswesens und insbesondere der modernen Wissenschaften erlangte das Deutsche Reich im späteren 19. Jahrhundert eine Führungsstellung in der Welt.[1] Dabei haben die Bundesstaaten, allen voran Preußen, denen verfassungsrechtlich die Pflege von Wissenschaft und Kultur oblag, nach Lage der Dinge die Hauptlast getragen. Daneben haben auch die städtischen Korporationen Erhebliches für die Entwicklung eines modernen Schulwesens geleistet, von den privaten Schulträgern vornehmlich kirchlicher Art ganz abgesehen.

Bereits in der ersten Hälfte des Jahrhunderts war in Preußen und großenteils nach preußischem Vorbild auch in anderen deutschen Bundesstaaten ein differenziertes Bildungssystem entstanden, das in hohem Maße von der großen Aufbruchstimmung des Idealismus und des Neuhumanismus geprägt worden war. Diese Entwicklung setzte sich seit Beginn der siebziger Jahre des 19. Jahrhunderts und dann verstärkt nach der Jahrhundertwende fort. Dies läßt sich schon an der Steigerung der staatlichen Ausgaben für das öffentliche Schulwesen und für die Universitäten und sonstigen wissenschaftlichen Einrichtungen ablesen. Zwischen 1861 und 1913 stiegen die öffentlichen Ausgaben im Reich und den Bundesstaaten für Schulen und Hochschulen, in Preisen von 1913, von 97 auf 1.378 Millionen Mark; dies kam einer Ausgabensteigerung von 450 Prozent pro Kopf der in

Wissenschaftsausgaben des Reiches und der Länder 1861–1914 (nach Pfetsch, Wissenschaftspolitik)

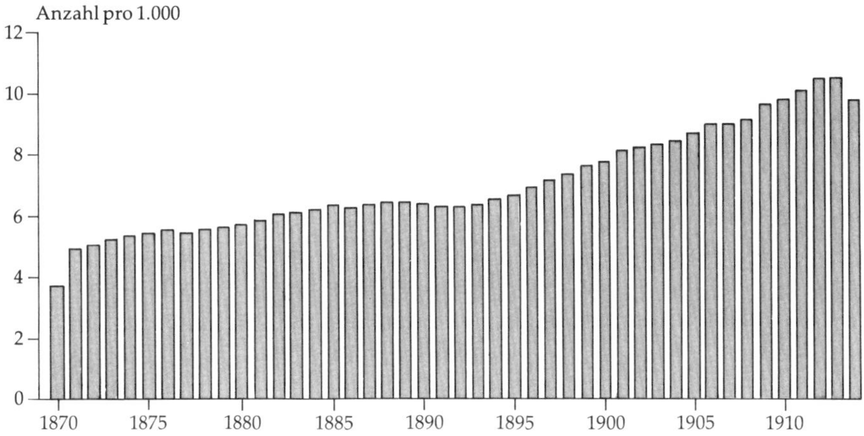

diesem Zeitraum rasch wachsenden Zahl der Absolventen dieser Einrichtungen gleich.[2]

Diese unter den Verhältnissen der staatlichen Finanzpolitik des 19. Jahrhunderts bemerkenswerte Steigerung der öffentlichen Aufwendungen für Schulen und Universitäten, die freilich, wenn man sie mit der Entwicklung des Nettosozialprodukts in Vergleich setzt, nicht mehr ganz so spektakulär erscheint, war in erster Linie auf eine Verbesserung und Intensivierung des schulischen beziehungsweise des universitären Lehrangebots zurückzuführen; sie war Ausdruck einer qualitativen Leistungssteigerung des Bildungssystems. Der Aufbau eines breitgefächerten Schul- und Hochschulsystems mit einem bemerkenswert hohen Leistungsniveau darf zu den bedeutendsten Hervorbringungen des Kaiserreiches gezählt werden. Dabei sollte allerdings der wichtige Beitrag nicht übersehen werden, den die städtischen Korporationen direkt und indirekt im Rahmen des öffentlichen Schulwesens erbracht haben. Ebenso ist auf die in dieser Periode noch relativ bedeutsame Rolle des privaten Schulwesens hinzuweisen.

In den ersten Dezennien des Kaiserreiches waren die Schulverhältnisse noch keineswegs so zufriedenstellend, wie man im nachhinein anzunehmen geneigt ist; zu Euphorie gab es keinerlei Anlaß. Bis in das 20. Jahrhundert hinein bestand ein krasses Mißverhältnis zwischen dem schulischen Angebot auf dem flachen Lande und in den Städten; nur dort fanden sich weiterbildende Schulen und selbst dort oft nur in begrenztem Umfang. Vor allem aber befand sich die vielgerühmte Volksschule in Preußen und in den anderen Bundesstaaten noch auf einem vergleichsweise niedrigen Niveau. Bis weit in die achtziger Jahre des 19. Jahrhunderts hinein herrschte auf dem Lande durchweg die einklassige Elementarschule vor, deren Lehrplan im wesentlichen allein Religion, Lesen und Schreiben, Rechnen und Gesang umfaßte, während sich in den Städten nach und nach die mehrklassige und in ihrem Lehrangebot weit reichhaltigere und differenziertere Volksschule durchsetzte. Die Kultusministerien hatten es im übrigen, unter dem Einfluß der konservativen Parteien und vor allem der Kirchenbehörden, nicht sonderlich eilig, die einklassigen Volksschulen abzuschaffen. Noch 1911 besuchten 10,1 Prozent aller Volksschüler einklassige Schulen mit einer einzigen Lehrkraft, ungeachtet ihrer pädagogischen Mängel und Klassenstärken bis zu 80 Schülern.[3] Dabei spielten politische und kulturpolitische Motive eine nicht unerhebliche Rolle: Die beiden christlichen Konfessionen hatten ein Interesse daran, daß der kirchliche Einfluß auf das Schulwesen, der in den kleinen ländlichen Schulen besonders hoch war, nicht geschmälert würde, während die Staatsbehörden die Entstehung einer ländlichen Intelligenzschicht nach Möglichkeit hintanzuhalten suchten.

In den Stahlschen »Regulativen« vom Jahr 1854 wurde nicht nur die einklassige Volksschule als Normalschule bezeichnet, sondern auch ausdrücklich davor gewarnt, den Unterricht auf »formelle Entwicklung der Geistesvermögen an abstraktem Inhalt« auszurichten. Vielmehr habe die Elementarschule die Aufgabe, »dem praktischen Leben in Kirche, Familie, Beruf, Gemeinde und Staat zu dienen und für dieses Leben vorzubereiten, indem sie sich mit ihrem Streben auf dasselbe gründet und innerhalb seiner Kreise bewegt«.[4] Allerdings wurden diese »Regulative« dann im Zusammenhang des »Kulturkampfes« 1872 in Preußen durch die »Allgemeinen Bestimmungen über die Volksschulen und die Lehrerbildung« abgelöst, die die dominante Rolle des Religionsunterrichts eindämmten und eine stärkere Berücksichtigung der naturkundlichen Fächer in den Lehrplänen vorsahen. Nach allem war in den Elementarschulen das Ziel einer angemessenen Sozialisation der Schüler großgeschrieben; ihre Bildungschancen hingegen blieben zumal in den ländlichen Schulen weiterhin eng begrenzt. Dies kam indirekt auch in der Tatsache zum Ausdruck, daß die Volksschullehrer in besonderen Lehrerseminaren ausgebildet wurden, deren intellektuelles Niveau vergleichsweise niedrig war; auch ihre Gehälter wurden nur sehr langsam den allmählich auch hier steigenden Anforderungen angepaßt. Nicht zufällig bekämpften die Sozialdemokraten die staatliche Schulpolitik als Versuch, die Emanzipation der unteren Volksschichten nach Möglichkeit zu verhindern, wie beispielsweise Wilhelm Liebknecht in seiner Schrift »Wissen ist Macht – Macht ist Wissen« in massenwirksamer Weise argumentierte.

Es läßt sich schwerlich bestreiten, daß das deutsche Schulsystem die bestehenden scharfen Klassendifferenzen getreulich widerspiegelte und in vieler Hinsicht eher dazu beigetragen hat, diese zu zementieren als zu überwinden. Der Erwerb beziehungsweise der Besitz von Bildungspatenten war im Kaiserreich ein wichtiges Element der sozialen Differenzierung, welches mit den Eigentumsstrukturen zwar keineswegs deckungsgleich war, aber mit diesen gleichwohl im wesentlichen korrelierte. Zwar war das Schulgeld für die Volksschulen, die übrigens allein von den Gemeinden unterhalten wurden, relativ niedrig, bis es dann, beginnend in Berlin 1860, eliminiert wurde, doch die Kosten für den Besuch höherer Schulen waren beträchtlich, zumal nicht selten, da entsprechende Schulen nicht immer am Ort in geeigneter Weise verfügbar waren, erhebliche Wegekosten hinzukamen. Die Zahl der Schüler an weiterbildenden und höheren Schulen war, verglichen mit der großen Zahl der Volksschüler, vergleichsweise gering, und daran hat sich während des Kaiserreichs nichts Wesentliches geändert. Die Schülerzahl an höheren Schulen betrug 1855 insgesamt 53768, von denen 31336 auf die Gymnasien entfielen. Sie stieg bis 1911 zwar um einiges schneller als die Gesamtbevölkerung, aber, gemessen an der Zahl der Volksschulabsolventen, blieb sie äußerst niedrig; ihr Anteil bewegte sich zwischen 3,2 Prozent sämtlicher Schüler 1855 und 5,0 Prozent 1911. Wenn man die Mittelschulen einrechnet, erhöhten sich diese Zahlen auf 6,3 beziehungsweise 7,8 Prozent.[5] Insgesamt wird man sich dem Eindruck nicht entziehen können, daß die Bildungsschicht, wenn man diese zur Gesamtbevölkerung in Beziehung setzt, eine vergleichsweise schmale, wenn nicht gar hauchdünne Schicht gewesen ist, die sich während des gesamten Zeitraums nur geringfügig erweitert hat. Diese Sozialschicht besaß dank ihres Bildungsprivilegs eine bedeutende gesellschaftliche Vorrangstellung, die besonders augenfällig in dem sogenannten Einjährig-Freiwilligen-Privileg zum Ausdruck kam: dem Anrecht der Absolventen ursprünglich nur des Gymnasiums, später aller weiterbildenden Schulen mit einem neunjährigen Ausbildungsgang, nur ein Jahr, statt, wie in Preußen seit 1862 und späterhin in allen deutschen Bundesstaaten, drei Jahre Militärdienst ableisten zu müssen. Das Einjährig-Freiwilligen-Privileg war überdies verbunden mit der Möglichkeit, binnen eines Jahres den sozial angesehenen Status eines Reserveoffiziers zu erlangen. Die Bildungsschicht, aus der sich neben den höheren Lehrberufen und den Angehörigen der Freien Berufe insbesondere die höhere Beamtenschaft in Staat, Gebietskörperschaften und Gemeinden rekrutierte, suchte die Bildungsinhalte und Bildungsinstitutionen, der sie ihre durch Bildungspatente abgesicherte, privilegierte gesellschaftliche Position verdankte, mit Zähnen und Klauen zu verteidigen.

In dieser Hinsicht nahm das klassische Gymnasium, das an der Spitze des Schulsystems im Kaiserreich stand und anfänglich, wenn auch nicht den einzigen, so doch den absolut vorherrschenden Typ der weiterbildenden Schule darstellte, eine strategische Schlüsselstellung ein. Das Gymnasium war in seinen Bildungszielen und in seinen Lehrinhalten ganz und gar von den Ideen des Neuhumanismus bestimmt. Nach dem Verständnis der Zeit und vor allem im eigenen Selbstverständnis hatte es insbesondere die Aufgabe, seine Schüler im Sinne Wilhelm von Humboldts zu selbständigen, umfassend gebildeten Bürgern zu erziehen, und zwar vor allem durch die Vermittlung des Bildungsguts der griechischen und römischen

Antike, so wie es in der Epoche des Neuhumanismus wiederbelebt worden war. In mancher Hinsicht war das Gymnasium das institutionelle Fundament eben jenes spezifischen Ethos, dem sich die Schichten von »Besitz und Bildung« verpflichtet fühlten und das sie, ungeachtet der erheblichen wirtschaftlichen Interessendifferenzen im bürgerlichen Lager, zu einer relativ einheitlichen Großgruppe, wenn nicht gar einer bürgerlichen Klasse zusammenband. Insofern wurde den im Gymnasium vermittelten altsprachlichen Kenntnissen, vorwiegend der Kenntnis des Lateins, eine gesellschaftliche Signalwirkung zugemessen, die weit über die tatsächliche Bedeutung der alten Sprachen für die mentale Schulung der Betroffenen hinausging. Die neuhumanistische Bildung, oder doch das Substrat davon, welches das Gymnasium vermittelte, begründete in der Sicht der Zeitgenossen den Anspruch seiner Absolventen auf eine herausgehobene Stellung in Gesellschaft und Staat und wurde demgemäß zu einer symbolischen Festung, die der Verteidigung der Hegemonie der bürgerlichen Schichten in der deutschen Gesellschaft diente. Vor allem aber rekrutierte sich die höhere Beamtenschaft bis in den Anfang des 20. Jahrhunderts beinahe ausschließlich aus Absolventen der Gymnasien.

Noch Anfang des 19. Jahrhunderts hatte Wilhelm von Humboldt ein im wesentlichen zweistufiges Schulsystem in Preußen angestrebt: die Volksschule und das Gymnasium. Dieses, als einziger Typ einer weiterführenden Schule, sah für die Schüler je nach deren spezifischen Berufszielen ein Ausscheiden zu unterschiedlichen Zeitpunkten vor, namentlich die »mittlere Reife« nach Absolvierung der Untersekunda. Insofern sollte das Gymnasium zugleich die Funktion einer Gesamtschule und einer auf das akademische Studium vorbereitenden Schule erfüllen. Die Entwicklung der Dinge war jedoch längst in eine andere Richtung gegangen, nämlich einer zunehmenden funktionalen Differenzierung des Schulsystems, die zugleich auch eine soziale Differenzierung bewirkte beziehungsweise bestehende Differenzierungen festschrieb. 1834 war der Zugang zu den Universitäten exklusiv an das Abitur, das am Ende des neunjährigen Besuchs eines Gymnasiums stand, geknüpft worden, ursprünglich mit der Absicht, die Zahl der Hochschulzugänger zu beschränken. Nicht zufällig setzten sich gleichzeitig im städtischen Bereich private Vorschulen durch, die ihre Schüler auf den Übergang zu weiterbildenden Schulen, vor allem dem Gymnasium, vorbereiteten, während die öffentlichen Volksschulen mehr und mehr zu Schulen ausschließlich der Unterschichten wurden. Umgekehrt wurde das Gymnasium endgültig zu einer Schule, die ihrer Zielsetzung nach ausschließlich auf das Universitätsstudium ausgerichtet war.

Nach einer anfänglich nahezu allgemein geteilten Auffassung war allein das Gymnasium dazu berufen, der künftigen Elite in Staat und Gesellschaft das notwendige geistige Rüstzeug mitzugeben. Das Studium der klassischen Sprachen und mit diesen der Kultur der Antike, verknüpft mit der Vermittlung der großen Leistungen der deutschen Altertumswissenschaften, nahm bis in die achtziger Jahre hinein fast die Hälfte der Unterrichtsstunden des altsprachlichen Gymnasiums in

Anspruch. Daneben stand vornehmlich die Vermittlung der deutschen Geschichte und der deutschen Literatur, während das Studium der anderen europäischen Kulturen vergleichsweise bescheiden ausfiel. Von den modernen Fremdsprachen wurde allein das Französische in relativ geringem Umfang gelehrt; das Englische fehlte hingegen vollkommen. Vor allem aber standen Mathematik und die naturwissenschaftlichen Fächer gegenüber den geisteswissenschaftlichen weit zurück – ein Sachverhalt, der angesichts der stürmischen Entwicklung der Naturwissenschaften zunehmend zu einem Ärgernis wurde und den Ruf nach anderen Schultypen laut werden ließ, die den Schwerpunkt ihres Lehrangebots auf Mathematik und die naturwissenschaftlichen Fächer sowie auf die lebenden Fremdsprachen legen und gegenüber dem Gymnasium gleichberechtigt sein sollten. Die Praxis, daß allein das gymnasiale Abitur zum Studium an den Universitäten berechtigte, stand mit der Tatsache in Widerspruch, daß eine stetig steigende Zahl von Schülern – um 1889 waren es drei Viertel aller Schüler – das Gymnasium nur für einige Jahre besuchte, zumindest so lange, wie es erforderlich war, um in den Genuß des Einjährig-Freiwilligen-Privilegs zu gelangen. Sie schieden demgemäß »ohne taugliche Vorbildung für das gewerbliche Leben« vorzeitig aus dem Schulbetrieb aus.[6] Das Gymnasium genügte der Sache nach immer weniger den Bedürfnissen nach einer praktischen Berufsausbildung für die große Zahl der Jugendlichen, die nach Schulabschluß in die unterschiedlichsten gewerblichen Berufe strebte. Dennoch behauptete das Gymnasium, das ausschließlich auf die Vermittlung einer zweckfreien Allgemeinbildung ausgerichtet war, im Unterschied zu dem weitgehend an praktischen Bedürfnissen und Fertigkeiten orientierten Lehrangebot der sonstigen weiterbildenden Schulen, bis über die Jahrhundertwende hinweg eine Schlüsselstellung innerhalb des deutschen Bildungswesens.

Allein in der zweiten Hälfte des 19. Jahrhunderts bildete sich neben den Gymnasien ein komplexes System von Realschulen, Gewerbeschulen, Bürgerschulen, Oberrealschulen und schließlich von Realgymnasien heraus, deren Lehrangebot den praktischen Erfordernissen der industriellen Gesellschaft in stärkerem Maße angepaßt war, nicht selten aufgrund von Initiativen der städtischen Körperschaften, zuweilen auch der Industrie und des Gewerbes. Doch dies war ein äußerst zähflüssiger Prozeß, der von der staatlichen Beamtenschaft eher abgebremst als gefördert wurde. Die Unzulänglichkeit des herkömmlichen höheren Schulsystems fand ihren Ausdruck besonders in der sprunghaften Vermehrung der Realschulen seit Mitte der achtziger Jahre. Aber diese konnten den Bedarf an adäquat ausgebildeten Absolventen für die Höheren Fachschulen und vor allem für die Technischen Hochschulen nicht decken, zumal ein erheblicher Teil der Realschüler anschließend noch für einige Zeit auf die humanistischen Gymnasien überwechselte, um in den Genuß der damit verbundenen sozialen Vorteile einschließlich des Einjährig-Freiwilligen-Privilegs zu gelangen. Davon abgesehen hemmte die allgemeine Überzeugung, daß allein das Kriterium der Latinität das Bewußtsein ver-

Schüleranteile der höheren Schulen in Preußen 1891 und 1911

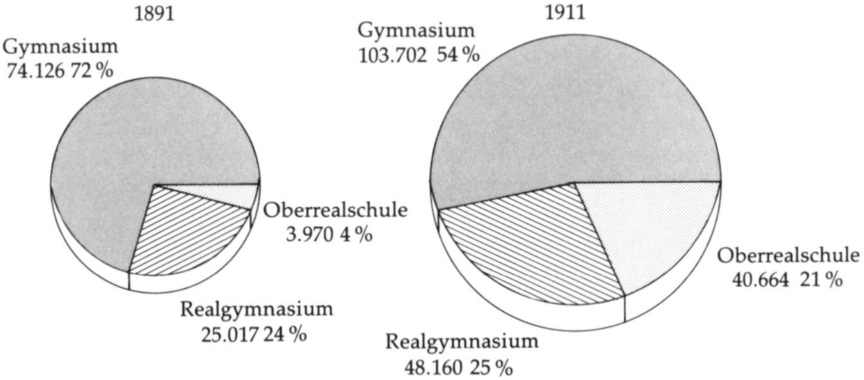

mittle, »der anerkannt gebildeten Klasse anzugehören«,[7] wie es 1882 im preußischen Abgeordnetenhaus formuliert wurde, die Entfaltung eines Systems von Realgymnasien und Oberrealschulen mit überwiegend neusprachlichem oder naturwissenschaftlichem Lehrangebot. Allerdings boten auch die Realgymnasien Lateinunterricht an, um dem Anspruch Nachdruck zu verleihen, daß ihre Absolventen ebenfalls Zugang zu den Universitäten erhalten sollten, also nicht nur, wie dies inzwischen seitens der staatlichen Kultusbehörden zögernd konzediert worden war, die Höheren Fachschulen und die Technischen Hochschulen besuchen durften. 1870 war den Realgymnasien zugestanden worden, ihre Schüler für das Studium der Mathematik und der naturwissenschaftlichen Fächer sowie der neueren Sprachen an den Universitäten auszubilden. Aber die Privilegierung der humanistischen Bildung wurde dadurch nur um Weniges gemildert.

Die Rückständigkeit der Struktur des höheren Schulwesens, gemessen an den Bedürfnissen einer rasch expandierenden industriellen Gesellschaft, führte zu erbitterten Auseinandersetzungen zwischen den Vorkämpfern einer weitreichenden Bildungsreform, insbesondere den »Realschulmännern« und dem Schulreformverein, und den Verteidigern der klassischen humanistischen Bildung, welche wenig später im »Gymnasialverein« eine vergleichsweise hochkarätige Gegenorganisation ins Leben riefen; sie konnten auf die schwergewichtige Unterstützung der großen Mehrheit der Professorenschaft zählen, unter Einschluß der großen Mehrheit auch der Mediziner und Naturwissenschaftler. Die Auseinandersetzungen erreichten einen Höhepunkt mit der Einberufung der Schulkonferenz im Dezember 1890, für deren Zustandekommen Wilhelm II. sich persönlich energisch eingesetzt hatte, während der preußische Kultusminister Gustav von Goßler alles ihm Mögliche getan hatte, um die Konferenz zu hintertreiben und es zu weitreichenden Reformbeschlüssen gar nicht erst kommen zu lassen.

Für Wilhelm II. hatten dabei anfänglich politische Gesichtspunkte im Vordergrund gestanden, nämlich die Bekämpfung der Bestrebungen der Sozialdemokratie; der »Hauptkampfplatz dafür« liege in der Schule.[8] In einer Kabinettsorder vom 1. Mai 1889 hatte der Kaiser die Parole ausgegeben: »In erster Linie wird die Schule durch Pflege der Gottesfurcht und der Liebe zum Vaterland die Grundlage für eine gesunde Auffassung auch der staatlichen und gesellschaftlichen Verhältnisse zu legen haben.«[9] Der Monarch war der Meinung, die Sympathien für die sozialdemokratische Bewegung seien nicht zuletzt darauf zurückzuführen, daß die Schrecken der Französischen Revolution und die heroischen Taten der Befreiungskriege im schulischen Geschichtsunterricht ganz unzulänglich gewürdigt würden. Daraus resultierte die Forderung, daß in den Gymnasien, in denen der Schwerpunkt des Geschichtsunterrichts bislang allzu sehr auf der Geschichte der griechischen und römischen Antike gelegen habe, künftighin der Unterricht in der neuesten und speziell in der deutschen Geschichte intensiviert werden müsse. Diese politischen Erwägungen verbanden sich bei Wilhelm II. mit dem Verlangen nach einer Modernisierung des Lehrangebots an den Gymnasien, gemäß den an ihn von seiten der Reformer herangetragenen Wünschen. Der Kaiser, im Bestreben, mit dem Geist des neuen Jahrhunderts zu gehen, verlangte temperamentvoll eine grundlegende Anpassung der angeblich verstaubten und mit allzuviel bloßem Wissensballast angefüllten Curricula der Gymnasien an die Bedürfnisse der Gegenwart. Seine Ausführungen anläßlich der Eröffnung der Schulkonferenz enthielten nicht nur harsche Kritik an den Gymnasien, sondern gipfelten in der Forderung nach Abschaffung der Realgymnasien als eines unzulänglichen Zwitters zwischen humanistischer und moderner realwissenschaftlicher Bildung. Er fand im übrigen, ebenso wie Bismarck, daß es bereits genug Gymnasien gebe. Die Aufregung war ungeheuer, und die Befürworter des Gymnasiums erhoben lautstark Protest gegen die beabsichtigte Zurückstufung dieses Schultyps und die Beschneidung des Lehrangebots in den klassischen Sprachen. Am Ende kam es nur zu einer bescheidenen Modernisierung ihrer Curricula. Ansonsten wurde das dreistufige System der höheren Schulen, das sich in Gymnasien, Realgymnasien und Oberrealschulen gliederte, festgeschrieben, mit der Tendenz zu einer gewissen Annäherung ihrer Lehrpläne. Die Restriktionen der Zugangsberechtigung der Absolventen von Realgymnasien und Oberrealschulen zu den Hochschulen wurden nahezu vollständig aufgehoben. Ebenso wurde 1892 die Beamtenlaufbahn in bestimmten Bereichen erstmals auch für Absolventen der Oberrealschulen geöffnet. Aber zu wirklich entscheidenden Schritten kam es nicht. Erst mit einer zweiten Schulkonferenz im Jahr 1900, die unter der energischen wie fachkundigen Leitung Friedrich Althoffs durchgeführt wurde und an der eine große Zahl von Repräsentanten des deutschen Geisteslebens beteiligt war, kam Bewegung in die Struktur des Höheren Schulwesens in Preußen und im Reich. Nunmehr wurde, ungeachtet einer massiven Protestresolution der Gymnasialanhänger, der sogenannten Braunschweiger

Erklärung, die nicht weniger als 15 000 Unterschriften fand, das Monopol des altsprachlichen Gymnasiums beseitigt und allen drei Schularten Gleichberechtigung zugesprochen. Damit war eine Bresche in die Hegemonialstellung der traditionellen Bildungselite geschlagen und ihre enge Verzahnung mit der hohen Beamtenschaft gelockert worden.

An dieser Entwicklung hatten die städtischen Korporationen, die dem neuen industriellen Bürgertum näherstanden als der Staatsbürokratie, einen ganz wesentlichen Anteil. Sie waren es, die auf die Durchsetzung eines zeitgemäßen Schulsystems drängten und aus eigener Initiative die Gründung von primär naturwissenschaftlich ausgerichteten städtischen Oberrealschulen betrieben. Deren Zahl vervierfachte sich zwischen 1885 und 1895. In Frankfurt, Breslau, Hannover, Danzig, Charlottenburg und Schöneberg zu Berlin entstanden darüber hinaus Reformgymnasien, die den Anteil des Lateinunterrichts zugunsten der modernen Sprachen radikal zurückschnitten und ungeachtet des Mißtrauens der preußischen Schulbehörden vielerorts Nachfolge fanden. Die städtischen Kommunen waren es auch, die seit 1893 Mädchengymnasien errichteten und damit der weiblichen Bevölkerung die Wege zu einer höheren Schulbildung öffneten, die ihr bisher weithin versperrt gewesen war. Doch konnte von Gleichberechtigung der Geschlechter, ungeachtet der Bemühungen der Frauenbewegung, vorderhand nicht die Rede sein. 1896 legten die ersten sechs Mädchen an einem Berliner Gymnasium das Abitur ab; allerdings wurde ihnen vorläufig nur beschränkter Zugang zu den Universitäten gewährt. Einstweilen wurden Frauen an den preußischen Universitäten nur als Hörer, nicht als vollgültige Studenten zugelassen, während man in Baden in diesem Punkte schon einen Schritt weiter war.

Jedoch war der Widerstand der traditionellen Bildungseliten gegen das Voranschreiten der Professionalisierung und eines rein an pragmatischen Zwecken ausgerichteten Bildungssystems noch keineswegs gebrochen. Die Verteidigung des Prinzips einer zweckfreien »reinen Bildung« blieb auch fortan ein wichtiges Bollwerk der Abwehr des Bürgertums gegen den Aufstieg neuer, unterbürgerlicher Schichten. Allerdings ging es dabei auch um die Behauptung bürgerlicher Kultur schlechthin. Max Weber brachte dies damals auf die prägnante Formel: »Hinter allen Erörterungen der Gegenwart um die Grundlagen des Bildungswesens steckt an irgendeiner entscheidenden Stelle der durch das unaufhaltsame Umsichgreifen der Bürokratisierung aller öffentlichen und privaten Herrschaftsbeziehungen und durch die stets zunehmende Bedeutung des Fachwissens bedingte, in alle intimsten Kulturfragen eingehende Kampf des ›Fachmenschen‹-Typus gegen das alte ›Kulturmenschentum‹.«[10]

Die Auseinandersetzung zwischen den Anhängern des humanistischen Bildungsideals und den Befürwortern eines an den Bedürfnissen von Wirtschaft und Industrie orientierten Schulsystems wiederholte sich auf einer anderen Ebene: in dem gegen die Universitäten geführten Emanzipationskampf der höheren techni-

Studierende an Technischen Hochschulen 1887/88 – 1914/15 (nach Datenhandbuch, Bildungsgeschichte, Teil 1,1)

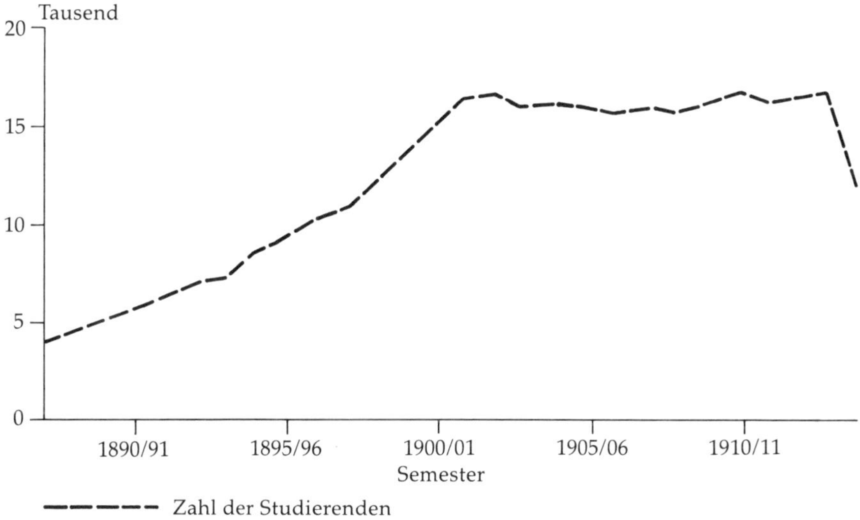

schen Lehranstalten, aus denen die Technischen Hochschulen in Karlsruhe (1865), München (1868), (Berlin-)Charlottenburg (1879) sowie in der Folge die Technischen Hochschulen in Aachen, Darmstadt, Braunschweig, Hannover, Stuttgart und Dresden hervorgegangen sind. Die Studentenzahlen an den Technischen Hochschulen stiegen seit Mitte der neunziger Jahre steil an; erst 1905 wurde ein gewisser Sättigungspunkt erreicht.

Dennoch wurde ihnen von den Universitäten, die gleichsam das Monopol der Ausstellung der Bildungspatente beanspruchten, welche den Zugang zu den Führungspositionen in der deutschen Gesellschaft eröffneten, lange mit großer Hartnäckigkeit die Gleichberechtigung vorenthalten. Es verschlug dabei wenig, daß sich die Vertreter der technischen Hochschulbildung ihrerseits dem herrschenden neuhumanistischen Bildungsideal anzunähern und den Bildungsbegriff auch für sich in Anspruch zu nehmen suchten, wie dies Alois Riedler tat, wenn er schrieb: »Allgemeine Bildung, die aber durchaus nicht gleichbedeutend ist mit bestimmtem literarischem Wissen, ist für die technische Thätigkeit von größter Wichtigkeit. Die Ingenieurkunst ist nicht bloß die Kunst, Arbeit zu praktischen Zwecken in wissenschaftlicher und wirtschaftlicher Weise zu leiten, sondern eine Kulturaufgabe und von der Mitarbeit anderer abhängig, und diese verlangt hohen moralischen Einfluß, unmittelbares Vorbild und Menschenkenntnis. Nicht nur intellektuelle fachliche Bildung, sondern mehr noch Charakter, sittlicher Wert und ein hohes Maß allgemeiner und menschlicher Bildung sind Vorbedingungen erfolgreicher Arbeit.«[11] Erst im Jahr 1899 wurde der wissenschaftliche Status der Technischen Hochschulen mit der Verleihung des Promotionsrechtes auch formell anerkannt; nach außen hin signalisierte die ein Jahr zuvor erfolgte Berufung von Vertretern der Technischen Hochschulen Charlottenburg, Hannover und Aachen in das Preußische Herrenhaus die endlich erlangte Ranggleichheit mit den Universitäten.

In dieser Entwicklung spiegelte sich der Aufstieg der Naturwissenschaften zu einer gesellschaftlichen Produktivkraft von größter Bedeutung wider, beruhten doch die sprunghaften Fortschritte auf technologischem Gebiet, insbesondere in der Chemie und der Elektrotechnik, die der sogenannten Zweiten Industriellen Revolution ihre Schubkraft gaben, wesentlich auf einer immer engeren Zusammenarbeit zwischen der Wissenschaft und der Industrie.[12] Damit gingen die Ablösung der Naturwissenschaften von der älteren Tradition der Naturphilosophie und die Entfaltung eines neuen, erfahrungswissenschaftlichen Erkenntnisbegriffs einher, der exakte empirische Forschung und die Entwicklung von präzisen, streng auf den jeweiligen Erfahrungsbereich beschränkten Theorien hypothetischen Charakters durchgängig miteinander kombinierte. Die genaue Erforschung des konkreten Sachverhalts und das Bemühen um den »geistig fassbaren Zusammenhang der Kenntnisse« müßten, wie Hermann von Helmholtz auf der Versammlung Deutscher Naturforscher und Ärzte im Jahr 1869 ausführte, beständig miteinander einhergehen; eine nur beschreibende Naturforschung könne weder »dem wissenschaftlichen Bedürfnisse des menschlichen Geistes, noch dem Verlangen nach fortschreitender Herrschaft des Menschen über die Naturmächte« Genüge leisten.[13] Die »Dienstbarmachung der Naturkräfte« wurde zur Devise dieses neuen »naturwissenschaftlichen Zeitalters«.[14] Das Ansehen der Naturwissenschaften wurde durch die großen Erfolge der Technik, die zunehmend wissenschaftliche Erkenntnisse in industrielle Hochleistungen umzusetzen verstand, noch gewaltig gesteigert. Mit einigem Recht konnte Alois Riedler, der Rektor der Technischen Hochschule (Berlin-)Charlottenburg, darauf verweisen, daß erst »die Technik durch ihre großartigen Anwendungen eine neue Naturanschauung geweckt und den Naturwissenschaften neues Leben zugeführt« habe.[15] Die weitreichenden Auswirkungen der systematischen Anwendung naturwissenschaftlicher Erkenntnisse auf zahlreichen Gebieten des praktischen Lebens, von der industriellen Produktion bis hin zur medizinischen Versorgung der Bevölkerung, standen jedermann vor Augen. Wissenschaft und gesellschaftlicher Fortschritt erschienen als untrennbar miteinander verbunden. Zudem stellte die Gesellschaft Deutscher Naturforscher und Ärzte mit ihren immer an anderen Orten durchgeführten jährlichen Tagungen, an denen die Spitzen von Naturwissenschaften und Medizin auftraten, ein wirksames öffentliches Forum dar, um die Leistungen der neuen Erfahrungswissenschaften und ihre wissenschaftlichen und praktischen Bedürfnisse nicht nur den eigenen Fachkollegen, sondern auch der breiteren Öffentlichkeit nahezubringen.

Dennoch bestand im Kaiserreich weiterhin ein scharfer Gegensatz zwischen den reinen und den angewandten Wissenschaften, oder, wie dies schon die Zeitgenossen sahen, zwischen der geistigen und der materiellen Kultur, der sich mit der fortschreitenden Ausbildung des auf naturwissenschaftlicher Grundlage ruhenden industriellen Systems eigentlich eher noch zuspitzte. Die Universitäten als vornehmlichste Sachwalter der geistigen Kultur öffneten sich zwar bereitwillig den theoretischen Naturwissenschaften, deren große Entdeckungen durchweg von Hochschullehrern erbracht wurden, aber sie stellten sich der Etablierung von primär anwendungsorientierten Wissenschaften, unter Berufung auf die neuhumanistische Tradition, nach wie vor in den Weg. Der berühmte Mathematiker Felix Klein gründete 1898 die »Göttinger Vereinigung zur Förderung der angewandten Physik und Mathematik«, um diesem Übelstand abzuhelfen, aber er stieß mit diesen Bemühungen zunächst auf das Unverständnis und die scharfe Ablehnung eines großen Teils seiner Fachgenossen. Parallele Bestrebungen, die Universitäten und die Technischen Hochschulen zusammenzuführen und damit der Technik den an sich verdienten Platz innerhalb der vielbeschworenen Universitas litterarum zu verschaffen, fanden noch weniger Gegenliebe. Weitaus schlechter erging es den Handelshochschulen, die, zumeist auf das Betreiben der städtischen Korporationen und einzelner industrieller Mäzene wie Gustav von Mevissen, seit der Jahrhundertwende in Köln, Frankfurt, Berlin, Mannheim und Königsberg entstanden; sie führten einen zunächst weitgehend vergeblichen Kampf um gleichberechtigte Anerkennung innerhalb des höheren Bildungssystems.

Die hier zutage tretende Engstirnigkeit der Universitäten, die zum Teil auf eine jahrhundertealte Tradition zurückblicken konnten, war freilich nur die Kehrseite eines Wissenschaftssystems, das außerordentliche wissenschaftliche Hochleistungen aufzuweisen hatte und das auch im Ausland zunehmend als vorbildlich angesehen wurde. Im Ansatz war die klassische deutsche Universität eine geistesaristokratische Veranstaltung, in der eine vergleichsweise kleine Zahl von Lehrstuhlinhabern oder, wie es damals hieß, »Ordinarien«, das heißt ordentlichen Professoren, in ihrem jeweiligen Fachgebiet die wissenschaftliche Forschung und die akademische Lehre gleichermaßen in weitgehender Eigenverantwortung organisierten. Im Prinzip waren die Lehrstuhlinhaber ungekrönte Könige, die innerhalb ihres jeweiligen Fachgebiets im großen und ganzen tun und lassen konnten, was sie wollten. Sie waren in der Gestaltung des Lehrbetriebs zwar an die Beschlüsse der akademischen Gremien, besonders der Fakultäten, in denen sie Sitz und Stimme hatten, gebunden, aber vor allem in der Forschung in hohem Maße auf sich allein gestellt. In gewissem Sinne entsprach dies dem Humboldtschen Ideal, wonach der Wissenschaftler seine Arbeit in »Einsamkeit und Freiheit« zu erbringen habe.

Die Fakultäten glichen in vieler Hinsicht aristokratischen Klubs, in denen es grundsätzlich nur Gleichgestellte, das heißt Kollegen, gab, welche einem gemeinsamen Ideal, der Idee zweckfreier Wissenschaft, verpflichtet waren; durch dieses kollektive wissenschaftliche Ethos sahen sich seine Mitglieder in gewissem Maße auch ohne äußere Sanktionsmöglichkeiten in die Pflicht genommen. Der engeren, das heißt der allein entscheidungsbefugten Fakultät gehörten ausschließlich die Ordinarien an, während die wachsende Zahl der Extraordinarien und Privatdozenten dort überhaupt nicht vertreten war. Ein eingespieltes Berufungsverfahren, welches das Prinzip der Kooptation in einer nur geringfügig abgewandelten Form praktizierte, sollte nicht allein, wie man überzeugt war, sicherstellen, daß nur Männer von hohem wissenschaftlichem Rang zu Mitgliedern der Korporation erwählt würden, sondern zugleich ein hohes Maß an sozialer Homogenität des Lehrkörpers garantieren. Im übrigen waren die ordentlichen Professoren als Staatsbeamte, die hinsichtlich ihres Gehalts einen Sonderstatus sowie das Vorrecht der Emeritierung mit vollen Bezügen zu einem von ihnen selbst zu wählenden Zeitpunkt besaßen, finanziell sehr gut gestellt, zumal sie ihr Gehalt in der Regel durch hohe Hörergeldeinnahmen erheblich aufzubessern vermochten. Sie gehörten zur oberen Mittelschicht, obschon sie in ihrem Einkommensstatus von den neuen industriellen Vermögen zunehmend überholt wurden. In der wilhelminischen Gesellschaft standen sie an der Spitze der Skala des Sozialprestiges; dieser Status wurde durch ihre oft engen personellen Beziehungen zu den Spitzen der staatlichen Beamtenschaft zusätzlich gestützt.

Man hat die Professorenschaft im wilhelminischen Deutschland mit einigem Recht nach dem Vorbild der chinesischen hohen Bürokratie als »Mandarine« bezeichnet, und in gewissem Maße beschreibt dies ihre gesellschaftliche Situation ziemlich korrekt. Die Professoren verdankten ihre gehobene soziale Position in aller Regel den von ihnen erworbenen Bildungspatenten, vor allem der Verleihung eines Doktortitels, gefolgt von der Habilitation an einer bestimmten Fakultät, durch die man die Venia legendi in einem bestimmten Fach erlangte, sowie schließlich der Berufung auf einen Lehrstuhl an einer Universität. Dies beruhte immer auf den Entscheidungen der eigenen peers group, die allerdings der Bestätigung durch die Staatsbehörden bedurften. Geld, gesellschaftlicher Einfluß oder politische Protektion genügten in der Regel nicht, um interessierten Persönlichkeiten den Weg in die Universitäten zu öffnen, die mit großem Nachdruck auf ihrer Autonomie bestanden. Die Hochschullehrerschaft rekrutierte sich aus der traditionellen Bildungsschicht, anfänglich mit über 60 Prozent, allerdings mit deutlich rückläufiger Tendenz; seit der Jahrhundertwende waren es nur noch 49 Prozent. Die beharrliche Forderung, daß nur eine abgeschlossene klassisch-humanistische Bildung zum Studium berechtige, stellte eine soziale Barriere dar, die es Angehörigen der unteren Mittelschichten, geschweige denn der Arbeiterschaft, außerordentlich erschwerte, in die Kreise der Akademikerschaft vorzudringen. Doch die Hochschullehrerschaft in Deutschland war, verglichen etwa mit den gleichzeitigen Verhältnissen in Frankreich oder England, durchaus nicht extrem exklusiv, geschweige denn gegenüber Aufsteigern aus den unteren Schichten hermetisch abgeschlossen. Im Gegenteil, die Universitäten boten Außenseitern aus den Unterschichten innerhalb eines ansonsten noch außerordentlich starren gesellschaftlichen Systems am ehesten die Chance, in eine sozial angesehene und gehobene Stellung aufzusteigen. Aber quantitativ gesehen stellten diese Aufsteiger eine verschwindende Minderheit dar; dies war schon durch den Umstand bedingt, daß die Entscheidung, die Laufbahn eines Hochschullehrers einzuschlagen, in aller Regel den Besitz privaten Vermögens voraussetzte. Die Ausbildung war lang, und auch nach erfolgreichem Eintritt in die akademische Korporation durch die Habilitation an einer Fakultät stand es mit der materiellen Lage des akademischen Nachwuchses nicht gut. Privatdozenten wurden grundsätzlich nicht besoldet und vermochten angesichts der Tatsache, daß die Hauptvorlesungen den Ordinarien vorbehalten waren, auch an den an sich reich fließenden Kolleggeldern zumeist nur in bescheidenem Maße zu partizipieren. Solange es eine vergleichsweise einheitliche Schicht von »Besitz und Bildung« gab, mochte dies angehen; später jedoch waren die Privatdozenten vielfach auf lange Jahre hinaus zu einer äußerst kärglichen Lebensführung gezwungen. Die gesellschaftliche Entwicklung lief ohnehin auf eine zunehmende Differenzierung der sozialen Milieus im Kaiserreich hinaus, und dies hatte Auswirkungen auch auf die soziale Lage der akademischen Elite. Obschon die Professorenschaft nach wie vor dem bürgerlichen Lager zuzurechnen war, lockerten sich die Beziehungen zwischen der Intelligenz und dem besitzenden Bürgertum. In Theodor Fontanes »Frau Jenny Treibel« wird die Einheirat der Professorentochter Corinna in die wohlhabende bürgerliche Unternehmerfamilie Treibel von Jenny Treibel systematisch hintertrieben. »In eine Herzogsfamilie kann man allenfalls hineinkommen, in eine Bourgeoisfamilie nicht«, befindet Corinnas Vater Professor Schmidt sarkastisch.[16] Es bleibt Corinna nur, den jungen Archäologen Marcell zu heiraten, der allerdings dank der Protektion seines künftigen Schwiegervaters gerade im rechten Augenblick endlich eine erträglich honorierte akademische Position erhält.

Dergleichen war um 1890 gewiß noch nicht die Regel, aber mit der sich abzeichnenden Loslösung der Sozialgruppe der Akademikerschaft vom besitzenden Bürgertum verschärfte sich die Problematik des ungesicherten Status der Privatdozenten, um so mehr, als sie angesichts der steigenden Studentenzahlen einen immer höheren Anteil an der Lehre übernahmen. Infolgedessen bürgerte sich unter der Hand dennoch die Praxis ein, die Dozenten innerhalb der Universität zu versorgen. Es war fast schon ein Anachronismus, wenn Max Weber 1911 auf dem vierten Deutschen Hochschullehrertag erklärte, daß »jedem Privatdozenten [...] in die Seele geschrieben« werden müsse, »daß er unter keinen Umständen ein irgendwie ersitzbares Recht auf irgendeine Versorgung habe«.[17] Weber wollte der Tendenz zur Bürokratisierung des akademischen Systems unter allen Umständen entgegenwirken, doch die Zeichen der Zeit wiesen in die entgegengesetzte Richtung, nämlich auf die Entstehung einer zwar hierarchisch gegliederten, aber nichtsdestoweniger bürokratischen Laufbahnstruktur für die Hochschullehrerschaft.

Als Ganzes stellte die Hochschullehrerschaft, ungeachtet der Tatsache, daß auch sie von der zunehmenden Zerklüftung im Lager der Mittelschichten erfaßt wurde, eine bemerkenswert homogene Gruppe dar. Dank ihres hohen Sozialprestiges und ihrer Verbindung zu anderen meinungsführenden Gruppen der Gesellschaft, insbesondere zur hohen Beamtenschaft, verfügte sie über ein erhebliches Maß an gesellschaftlichem Einfluß. Sie besaß in der wilhelminischen Gesellschaft einen bemerkenswert großen Freiraum, der es ihr ermöglichte, ihre Auffassungen in Staat und Gesellschaft unabhängig von unmittelbaren politischen Präferenzen oder Klasseninteressen geltend zu machen. Die Hochschullehrerschaft nutzte diese privilegierte Position freilich keineswegs immer in fortschrittlichem Sinne, wie man annehmen sollte. Vielmehr verschrieb sie sich mehrheitlich nationalliberalen Positionen, die jenen der oberen Mittelschichten entsprachen, und vertrat streckenweise auch ausgeprägt nationalkonservative Einstellungen. Allerdings formierte sich vornehmlich in der Nationalökonomie eine Gruppe von fortschrittlich und liberal denkenden Wissenschaftlern, die dank ihres entschiedenen Auftretens in sozialpolitischen Fragen ein erhebliches Gewicht in die öffentliche Debatte einzubringen verstanden. Alle diese Richtungen waren sich jedoch einig in der Vertretung eines spezifischen Kulturnationalismus, der mit ihren professionellen Interessen als Sachwalter der deutschen Kultur korrelierte.

Es kam hinzu, daß das von den Universitäten immer wieder beschworene Prinzip der »Freiheit von Forschung und Lehre« in der wilhelminischen Gesellschaft nur innerhalb bestimmter Grenzen Gültigkeit besaß. Zum einen wurden Sozialdemokraten gar nicht erst zur Habilitation zugelassen, wie zum Beispiel Robert Michels wiederholt erfahren mußte, oder sie liefen, wenn sie sich als Mitglieder einer akademischen Korporation mit der Sozialdemokratie identifizierten, Gefahr, relegiert zu werden, wie der Berliner Privatdozent Leo Arons, dem 1895, allerdings gegen den Widerstand der Philosophischen Fakultät der Universität Berlin, aufgrund der »Lex Arons« die Lehrbefugnis entzogen wurde. Zum anderen wurde den Kirchen ein Bestätigungsrecht für die Besetzung theologischer Lehrstühle eingeräumt und auch sonst einiger Einfluß auf die Hochschulpolitik zugestanden. Max Weber schrieb angesichts dieser Sachlage im Jahr 1908 in der »Frankfurter Zeitung«, daß man »im Interesse des guten Geschmacks und auch der Wahrhaftigkeit nicht von der Existenz einer ›Freiheit der Wissenschaft und ihrer Lehre‹ in Deutschland« reden möge, denn diese bestehe nur »innerhalb der Grenzen der politischen und kirchlichen Hoffähigkeit«.[18] Nicht allein den Sozialdemokraten blieb der Zugang zur Hochschullehrerschaft versperrt; auch die Katholiken hatten es schwer, sich in der dem Kulturprotestantismus eng verbundenen Akademikerschaft durchzusetzen. Außerdem war es üblich, Juden zwar den Eintritt in die

Soziale Herkunft deutscher Hochschullehrer nach Väterberufen 1859–1919

Berufe der Väter	bis 1859	%	1860–69	%	1890–1919	%
Höhere Beamte, Richter	98	13	141	11	329	11
Rechtsanwälte	16	2	19	1	49	2
Hochschullehrer	119	16	220	17	384	13
Lehrer an höheren Schulen	23	3	63	5	170	6
Geistliche, Kirchenbeamte	113	15	144	11	174	6
Ärzte	62	8	140	1	217	7
Künstlerische und publizistische Berufe	21	3	37	3	68	2
Sonstige akademische Berufe	18	2	41	3	97	3
Bildungsschicht	470	62	805	63	1.488	49
Offiziere	16	2	23	2	61	2
Kleine Beamte	43	6	42	3	149	5
Lehrer	29	4	49	4	129	4
Rittergutsbesitzer, Domänenpächter	8	1	20	2	40	1
Bauern/Landwirte	28	4	58	5	120	4
Fabrikanten, Großkaufleute	26	3	65	5	294	10
Leitende Angestellte	2	–	9	1	83	3
Kaufleute	73	10	133	10	462	15
Kleine Gewerbetreibende, Handwerker	36	5	35	3	84	3
Kleine Angestellte	5	1	7	1	15	–
Werkmeister, Arbeiter	17	2	12	1	30	1
Privatiers, Rentner	1	–	15	1	57	2
Insgesamt	754	100	1.273	100	3.012	100

akademische Korporation zu gestatten, ihnen dann aber den Aufstieg in ordentliche Professuren zu verwehren.

Die staatlichen Autoritäten verhielten sich namentlich in Preußen keineswegs so unparteiisch gegenüber den Universitäten, wie dies das Prinzip der »Freiheit von Forschung und Lehre« hätte erwarten lassen. Vielmehr gab es immer wieder Versuche, der Regierung genehme Wissenschaftler selbst gegen den ausdrücklichen Wunsch der betreffenden Fakultäten auf Lehrstühle zu bringen. So wurde im Jahr 1908 der den Konservativen nahestehende Agrarwissenschaftler Ludwig Bernhard, der ein Verteidiger der umstrittenen Polen-Politik der preußischen Regierung war, der Universität Berlin oktroyiert. Noch größeres Aufsehen fand die Berufung des katholischen Historikers Martin Spahn auf einen Lehrstuhl an der

Universität Straßburg im Jahr 1901 entgegen einem ausdrücklichen Beschluß der Philosophischen Fakultät. Der greise Theodor Mommsen veröffentlichte damals in den »Münchener Neuesten Nachrichten« eine flammende Deklaration gegen konfessionell gebundene Lehrstühle, die in der Öffentlichkeit starken Widerhall fand. Wenn die Berufung eines Wissenschaftlers von einer bestimmten »Richtung« abhängig gemacht werde, dann sei ein »Lebensnerv« der Wissenschaft verletzt; denn dieser sei »die voraussetzungslose Forschung, diejenige Forschung, die nicht das findet, was sie nach Zweckerwägungen und Rücksichtnahmen finden soll und finden möchte, was anderen außerhalb der Wissenschaft liegenden praktischen Zielen dient, sondern was logisch und historisch dem gewissenhaften Forscher als das Richtige erscheint, in ein Wort zusammengefaßt: die Wahrhaftigkeit«.[19] In diesem Falle hatten die Staatsbehörden, die aus pragmatischen Erwägungen die Unterrepräsentation der Katholiken an der Universität Straßburg zu mildern bestrebt waren, eigentlich gute Gründe, so zu verfahren. Einmal mehr zeigte sich, daß das Prinzip der Autonomie der Universitäten nicht eben für eine wirklich ausgewogene Repräsentation der verschiedenen gesellschaftlichen Gruppen sorgte, sondern eher die Erhaltung der hegemonialen Stellung der bürgerlich-protestantischen Kultur begünstigte.

Die Einbruchstelle für die Einmischung des Staates in die Universitäten lag in der Unfähigkeit der Fakultäten begründet, sich den rasch wechselnden Bedürfnissen der Gesellschaft anzupassen. Zum einen zeigten sich die Universitäten vielfach nicht in der Lage, dem Prozeß der zunehmenden Spezialisierung der wissenschaftlichen Forschung durch eine entsprechende Berufungspolitik Rechnung zu tragen. Dies galt in erster Linie für die naturwissenschaftlichen und medizinischen Disziplinen. Zum anderen wurden sie mit rapide ansteigenden Studentenzahlen konfrontiert, ohne darauf angemessen zu reagieren.

Die starke Zunahme der Studierenden darf als Indiz dafür gelten, daß die mittleren Schichten der Gesellschaft einer Ausbildung ihrer Söhne an den Universitäten und den Technischen Hochschulen wachsende Bedeutung zumaßen. Diese verlief allerdings nicht gleichläufig, sondern in zyklischen Schüben. Perioden raschen Wachstums wurden unterbrochen von Phasen, in denen sich wieder weniger Studenten immatrikulierten, weil es zeitweise zu einem Überangebot von Absolventen der Hochschulen und zu akademischer Arbeitslosigkeit kam, die auf die nachfolgende Generation abschreckend wirkte. Aber dies führte regelmäßig dazu, daß sich nach einigen Jahren wieder ein Mangel an qualifizierten Absolventen der Hochschulen einstellte, der den Anstoß zu einem erneuten Wachstumsschub gab. Die Staatsbehörden erwiesen sich als nicht imstande, diesen zyklischen Schwankungen der Akademikernachfrage entgegenzuwirken; nach vergeblichen Versuchen in den achtziger Jahren, ein weiteres Anwachsen der Studentenzahlen durch administrative Maßnahmen, insbesondere eine Anhebung der Studienkosten, abzubremsen, ließen die preußischen Behörden den Dingen freien Lauf. Einen gro-

Studierende an wissenschaftlichen Hochschulen Deutschlands 1860–1914 (nach Titze, Datenhandbuch, S. 28 f.)

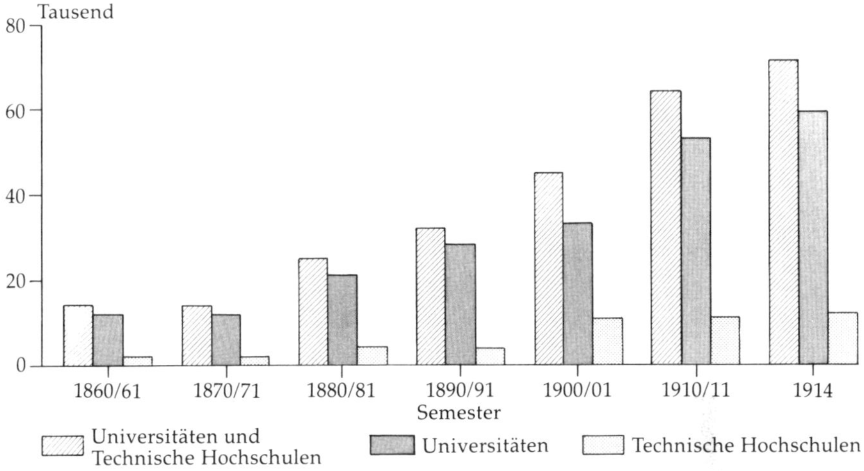

ßen Teil der Universitätsabsolventen nahm das rasch expandierende Bildungssystem selbst auf. Aber auch die Nachfrage in Wirtschaft und Gesellschaft nach Akademikern nahm deutlich zu. In der Industrie verdrängten fachlich ausgebildete Absolventen der Technischen Hochschulen zunehmend die Selfmademen der Anlaufphase der Industrialisierung; für eine erfolgreiche Beamtenlaufbahn wurden die bürgerlichen Bildungspatente wichtiger als aristokratische Abkunft oder die Patronage hochgestellter Persönlichkeiten. Rechtsanwälte und Ärzte fanden ebenfalls einen expandierenden Markt vor; mit der durch die Sozialversicherung verbesserten medizinischen Versorgung ging eine Vermehrung der Ärzteschaft einher.

Im Jahr 1860/61 studierten an den Universitäten und Technischen Hochschulen in Deutschland insgesamt 14 631 Studenten. Diese Zahl stieg, ungeachtet eines zeitweilig starken Rückgangs während des Deutsch-Französischen Krieges, auf 19 937 im Wintersemester 1871/72 und nahm fortan kontinuierlich weiter zu. Die »Gründerkrise« brachte eine geringfügige Abflachung der Zuwachsrate, und die Wirtschaftskrise 1886/89 ließ die Studentenzahlen zeitweilig stagnieren. Fortan stiegen die Studentenzahlen unaufhaltsam; sie erreichten 1890/91 32 020 Studenten, fielen in den folgenden Jahren noch einmal leicht ab und erreichten im Sommersemester 1900/01 die stolze Ziffer von 44 832; bis 1913/14 sollte sie sich dann noch einmal fast verdoppeln. Zu 71 319 Studenten an den Universitäten und Technischen Hochschulen im Wintersemester 1913/14 müssen überdies noch 7700 Studenten an anderen höheren Lehranstalten hinzugerechnet werden. Diese beachtlichen Zahlen verlieren zwar etwas an Bedeutung, wenn man berücksich-

Studierende in Deutschland auf 1.000 Einwohner, 1870–1914

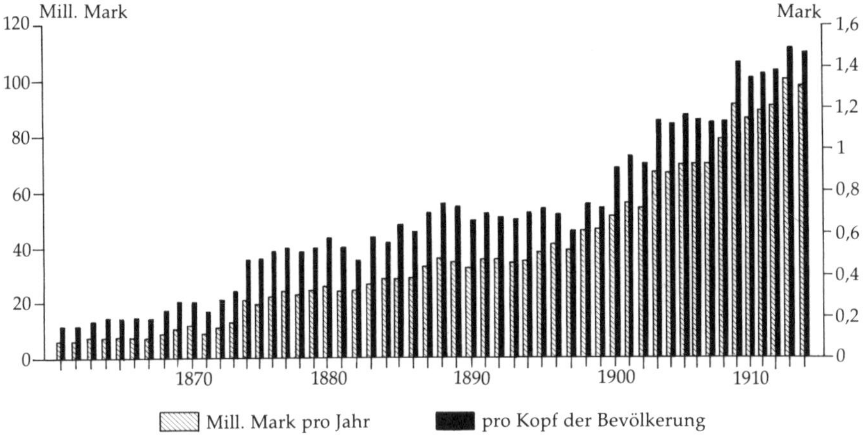

tigt, daß im fraglichen Zeitraum auch die Bevölkerungszahl stark anstieg, aber selbst dann noch waren sie signifikant. Der Anteil der Studierenden an der Altersgruppe der 19- bis 23jährigen steigerte sich von 4,5 je Tausend im Jahr 1864 auf 9,81 im Jahr 1910, also gut auf das Doppelte. Allerdings waren die einzelnen Fachrichtungen daran sehr unterschiedlich beteiligt. Während die Zahl der evangelischen Theologen dramatisch zurückfiel und die katholischen Theologen erst nach dem Aderlaß des Kulturkampfes eine vergleichsweise bescheidene Zunahme erfuhren, stieg die Zahl der Jurastudenten erheblich und, mit zeitweiligen Schwankungen, auch jene der Medizinstudenten. Die Philosophischen Fakultäten, die damals noch die naturwissenschaftlichen Disziplinen einschlossen, zogen bei weitem die meisten Studenten auf sich; um 1910 waren mehr als die Hälfte aller Studierenden dort immatrikuliert. Die wachsende Prosperität der Gesellschaft, die verbesserten Berufschancen für die Freien Berufe, die vermehrte Einstellung von Lehrern und höheren Beamten, von denen eine juristische Ausbildung erwartet wurde, die zunehmende Bedeutung wissenschaftlicher Qualifikation in der Industrie und im Handel, kurz, die wachsende Professionalisierung der gehobenen Berufe trug zu dieser Entwicklung ebenso bei wie der steigende Kurswert akademischer Bildung in einer Gesellschaft, in der bürgerliche Lebensideale zunehmend die älteren aristokratischen Wertvorstellungen zurückdrängten. Allerdings fanden letztere in dem Surrogat des studentischen Couleurwesens, das sich immer weiter ausbreitete, eine verbürgerlichte Fortsetzung.

Das enorme Anwachsen der Zahl der Studenten lief in sozialer Hinsicht auf eine, allerdings begrenzte Öffnung des höheren Bildungssystems gegenüber den Mittelschichten hinaus. War in der ersten Hälfte des Jahrhunderts eine universi-

Studenten in Preußen nach Väterberufen 1890/91–1911/12 (nach Datenhandbuch, Bildungsgeschichte, Teil 1,1)

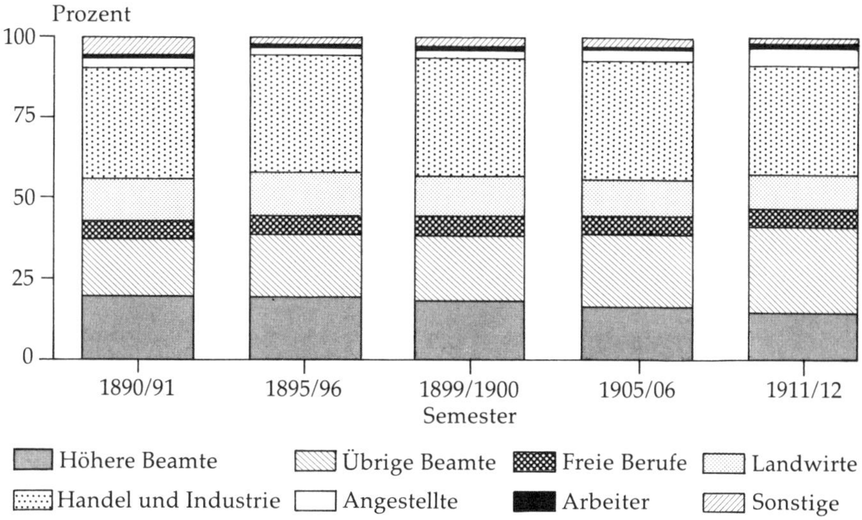

täre Ausbildung noch das Privileg der Söhne der Aristokratie, der höheren Beamtenschaft und der Freien Berufe gewesen, so veränderte sich dies seit der Reichsgründung und insbesondere seit der Jahrhundertwende. Im Zuge der Ausweitung des höheren Bildungssystems konnten die traditionellen Bildungseliten ihre ursprünglich weitgehende Selbstrekrutierung nicht in vollem Umfang aufrechterhalten, obschon die große Mehrzahl der Studenten auch weiterhin aus den Kreisen der höheren Beamtenschaft und den Bildungsberufen im engeren Sinne stammten, während Landwirtschaft, Industrie und Handel nach wie vor unterrepräsentiert blieben. Die soziale Diskriminierung gegenüber den unteren Mittelschichten und den Unterschichten blieb zwar weiterhin bestehen, aber doch nicht mehr in der ursprünglichen Rigidität. Nun wurde eine akademische Ausbildung für die Kinder der gehobenen Beamtenschaft und der Angestellten erreichbar, wenn auch in vergleichsweise bescheidenem Umfang. Vor allem der neue Mittelstand drängte in die Universitäten und mit einiger Verzögerung auch das Wirtschaftsbürgertum im engeren Sinne. Hingegen blieb der Anteil von Studenten aus den Unterschichten weiterhin äußerst gering. Allerdings eröffnete das Universitätssystem grundsätzlich die Chance für bemerkenswert raschen sozialen Aufstieg; es gab eine Reihe von Arbeitersöhnen, wie zum Beispiel den Historiker Dietrich Schäfer, unter den deutschen Professoren. Aber insgesamt wurde durch die Einbeziehung einer begrenzten Zahl von Angehörigen der unteren Mittelschichten die Statusschranke zwischen Gebildeten und Ungebildeten eher noch verschärft, in jedem Falle aber stabilisiert. Gerade die neu Hinzustoßenden pochten auf die Exklusivität ihres durch akademische Bildungspatente erworbenen gehobenen sozialen Status, und die pseudofeudalen Rituale des Verbindungswesens zielten in die gleiche Richtung. Dies gilt auch für die Professorenschaft als solche. Das mit der Zunahme der Studentenzahlen verbundene Wachstum des Lehrkörpers führte nicht, wie man annehmen könnte, zu einer Lockerung seiner hierarchischen Struktur, sondern eher zu einer Verhärtung, zumindest an der Spitze. Erst jetzt entwickelte sich unter der Professorenschaft ein ausgeprägtes Sonderbewußtsein; auch in politischer Hinsicht neigte diese stärker dem rechten Lager zu.

Mit der Zunahme der Zahl der Studierenden ging ein schrittweiser Ausbau der Universitäten und sonstigen Hochschulen einher. Nach und nach wurden immer neue Bereiche des gesellschaftlichen Lebens zum Gegenstand wissenschaftlicher Forschung, und dies erforderte ein steigendes Maß an Differenzierung in Forschung und Lehre. Dies fand seinen Niederschlag unter anderem in der Gründung und im stetigen Ausbau von Instituten, Forschungslaboratorien und Bibliotheken. Auch die Geisteswissenschaften und die Jurisprudenz wurden nun mit Seminaren und Instituten ausgestattet, die erstmals einen systematisch forschungsorientierten akademischen Unterricht ermöglichten. Der Betrieb dieser Forschungseinrichtungen aber war ohne ein zahlreiches wissenschaftliches Hilfspersonal, vor allem die Assistenten, nicht mehr länger denkbar. Gleichwohl wurde die Vorrangstellung der Ordinarien in Lehre und Forschung unverändert aufrechterhalten, ja deren Machtstellung innerhalb der akademischen Korporationen noch weiter gestärkt, da sie in der Regel allein über den Zugang zu den Produktionsmitteln der Forschung verfügten. Die Zeiten, in denen ein Justus von Liebig geklagt hatte, daß es in Preußen kein einziges chemisches Labor gebe, waren vorüber. In großem Stil fanden sich besonders die preußischen Staatsbehörden bereit, vergleichsweise aufwendige physikalische und chemische Institute zu gründen sowie in wachsender Zahl Universitätskliniken einzurichten oder auszubauen. Wissenschaft wurde, wie Adolf von Harnack 1905 es nannte, zunehmend zum »Großbetrieb«, jedoch ohne daß die Fakultäten selbst die Konsequenzen aus diesen Strukturänderungen zu ziehen willens waren. Ein immer größerer Teil der akademischen Lehre fiel nunmehr den Privatdozenten beziehungsweise den Extraordinarien zu, ohne daß deren Rechtsstellung nennenswert verbessert wurde. Es war vielfach der Staat, der in wohlverstandenem Eigeninteresse durch Errichtung zusätzlicher Lehrstühle oder außerordentlicher Professuren Abhilfe zu schaffen suchte.

Anfänglich war die Wissenschaftspolitik in Preußen und im Reich ganz auf die Universitäten ausgerichtet. Am bedeutsamsten war in diesem Zusammenhang die Gründung der Reichsuniversität Straßburg, durch die Elsaß-Lothringen auch geistig dem Reich wiedergewonnen werden sollte. Aber bald griff das Reich über die Grenzen des etablierten akademischen Systems hinaus in die Entwicklung der Wissenschaft ein. Schon 1874 hatte Theodor Mommsen die Devise ausgegeben, daß der Staat »[a]lle die wissenschaftlichen Aufgaben, welche die Kräfte des einzelnen Mannes und der lebensfähigen Association übersteigen«, auf sich nehmen müsse.[20] Gerade der preußische Staat, aber auch das Reich beherzigten diesen Grundsatz. Der Anfang zur Förderung der Wissenschaft durch das Reich wurde mit der Übernahme zahlreicher Institute beziehungsweise langfristiger wissenschaftlicher Unternehmungen wie der »Monumenta Germaniae Historica«, des Preußischen Archäologischen Instituts in Rom, des Preußischen Meteorologischen Instituts und einer ganzen Reihe weiterer Einrichtungen gemacht, die als den Interessen des Reiches förderlich gelten konnten, obschon dies, namentlich von seiten des Zentrums, als ein bedenklicher Eingriff in die föderative Struktur des Reiches angegriffen wurde. Dem folgte 1887 mit der Gründung der Physikalisch-Technischen Reichsanstalt die Errichtung eines ersten staatlichen Großforschungsinstituts.

Eine besondere Rolle wuchs in diesem Zusammenhang Friedrich Althoff zu, der seit seinem Eintritt in die Hochschulabteilung des preußischen Kultusministeriums 1882 maßgeblichen Einfluß auf die Hochschulpolitik Preußens gewann, zumal er es verstand, sich dafür des persönlichen Wohlwollens Wilhelms II. zu versichern. Unter seiner kundigen Leitung gelang es der Hochschulabteilung des preußischen Staates, in die Robe der Modernisierung zu schlüpfen und den Ausbau des preußischen Universitätssystems zielbewußt voranzutreiben, vielfach gegen den Willen der betreffenden Fakultäten, die die Zeichen der Zeit nicht zu lesen verstanden und zu einer korporativen Abkapselung gegenüber allen Neuerungen neigten. Dies galt vorwiegend für die Naturwissenschaften und die Medizin. Hier wurden seit der Jahrhundertwende auf staatliche Initiative hin zahlreiche neue Lehrstühle und Spezialdisziplinen, zum Beispiel für Kinderheilkunde, Hygiene und Augenheilkunde, ins Leben gerufen. Ebenso wurden für Emil von Behring, den Erfinder des Diphtherieserums, der 1901 den ersten Nobelpreis für Medizin erhielt, angemessene Arbeitsmöglichkeiten und ein Lehrstuhl an der Universität Marburg geschaffen, auch hier gegen den Willen der betreffenden Fakultät. Parallel dazu lief der Ausbau der naturwissenschaftlichen Forschungseinrichtungen zu immer stattlicheren Forschungsinstituten.

Vor allem aber betrieb Althoff eine höchst umsichtige Berufungspolitik, für die er sich von Fall zu Fall bei den großen Repräsentanten der einzelnen Disziplinen, namentlich bei Gustav von Schmoller, Adolf von Harnack, Theodor Mommsen und Felix Klein, den nötigen fachlichen Rat holte. Der patriarchalische und obrigkeitliche Stil des »Systems Althoff«, das nicht davor zurückschreckte, auch menschliche Schwächen der Professorenschaft auszunutzen und auszuspielen, wurde schon von den Zeitgenossen als äußerst irritierend empfunden. Max Weber gelangte zu dem harschen Urteil, daß es auf die jüngere Generation der Wissenschaftler korrumpierende Auswirkungen gehabt habe. Althoff hat jedoch viel dafür getan, das Wissenschaftssystem des Kaiserreiches auf ein bemerkenswert hohes Niveau zu heben und seine Leistungsfähigkeit erheblich zu steigern. Er hatte einen wesentlichen Anteil daran, wenn Adolf von Harnack im Jahr 1909 zu der Schlußfolgerung kommen konnte, »die heutige Organisation der Wissenschaft und des höheren Unterrichts in Preußen«, aufbauend auf den Gedanken und Grundsätzen Wilhelm von Humboldts, habe »unser Vaterland in seinem wissenschaftlichen Ansehen an die Spitze aller Kulturnationen gerückt«.[21]

Die Dynamik der wirtschaftlichen Entwicklung, die mit den epochemachenden Entdeckungen in den Naturwissenschaften eng verknüpft war, drängte freilich immer stärker über die Grenzen einer ausschließlich an die Universitäten und die Technischen Hochschulen gebundenen Wissenschaftsförderung hinaus. Angesichts der steigenden Lehrbelastung der Hochschulen wurde die Forderung immer lauter, daß im Zuge der sich rasant vollziehenden Wissenschaftsentwicklung die Gründung von großangelegten Forschungsinstituten erforderlich sei, deren Leiter von Lehraufgaben freigestellt werden müßten. Diese sollten sich vornehmlich der Grundlagenforschung beziehungsweise bestimmten anwendungsorientierten Gebieten der Naturwissenschaften zuwenden. Dabei spielte von Anbeginn das Interesse der Industrie eine große Rolle, denn deren wirtschaftliche Erfolge beruhten in immer höherem Maße auf der Umsetzung der naturwissenschaftlichen Forschungsergebnisse in die industrielle Praxis. Schon unmittelbar nach der Gründung der Physikalisch-Technischen Reichsanstalt war in den Kreisen der chemischen Industrie der Gedanke der Gründung einer Chemisch-Technischen Reichsanstalt aufgetaucht, den sich dann auch Emil Fischer, der Nestor der deutschen wissenschaftlichen Chemie, zu eigen machte. Dieses Projekt, das freilich über eine Anlaufphase nie hinausgekommen ist, gab den Anstoß zur Gründung der »Kaiser-Wilhelm-Gesellschaft zur Förderung der Wissenschaften«. Diese Gesellschaft war dazu bestimmt, als Träger für die Gründung und den laufenden Betrieb einer ganzen Reihe von naturwissenschaftlichen Forschungsinstituten zu dienen. Die Finanzierung der Kaiser-Wilhelm-Gesellschaft sollte in erster Linie durch Spenden der Industrie aufgebracht werden. Als Gegenleistung sollten die jeweils primär interessierten Industriellen in den Beiräten dieser Institute Sitz und Stimme erhalten. Andererseits sollten diese Institute der Preußischen Akademie angegliedert und ihre Leiter aus staatlichen Mitteln besoldet werden. Das in seiner Art revolutionäre Projekt einer Mischfinanzierung durch den Staat und die jeweils interessierten Wirtschaftskreise, das mit den Traditionen der preußisch-deutschen Hochschulpolitik eigentlich unvereinbar war, erwies sich jedoch als schwierig zu realisieren. Die Spenden der Industrie flossen keineswegs so reichlich, wie dies anfangs erwartet worden war. Hier herrschte vielmehr die Auffassung vor, daß die Finanzierung aller rein forschungsorientierten Wissenschaftsunternehmungen allein dem Staate obliege. In den Kreisen der Wissenschaft wurde die Beteiligung des Staates hingegen vor allem deshalb erstrebt, weil eine einseitige Abhängigkeit der Forschungsinstitute von den industriellen Interessenten vermieden werden sollte.

Wenn es ungeachtet der innenpolitisch bedingten Krise der Reichsfinanzen seit dem Scheitern der Reichsfinanzreform von 1909 im Jahr 1911 doch noch zur Gründung einer »Kaiser-Wilhelm-Gesellschaft zur Förderung der Wissenschaften« kam, so gab dabei den Ausschlag, daß sich Wilhelm II. persönlich für dieses Projekt interessierte. Die große Denkschrift Adolf von Harnacks aus dem Jahr 1909, in der er das Projekt der Gründung einer ganzen Reihe von Instituten unter dem gemeinsamen Dach einer Trägergesellschaft im einzelnen vorstellte, war denn auch in erster Linie auf die Mentalität des Monarchen berechnet. Harnack rückte das damals weit verbreitete Argument in den Mittelpunkt, daß die aktive Förderung der Wissenschaften für das Deutsche Reich ein Akt der »nationalen Selbstbehauptung« gegenüber der wachsenden wirtschaftlichen Machtstellung der anderen Industriestaaten sei.[22] Auch sonst spielte in der öffentlichen Debatte über eine verstärkte staatliche Förderung der anwendungsbezogenen Wissenschaften die Auffassung eine große Rolle, daß Deutschland ansonsten in der Gefahr stehe, gegenüber seinen wirtschaftlichen Rivalen zurückzufallen; die Rezession der Jahre 1907/08 gab solchen Ansichten zusätzliche Schubkraft. In diesem Zusammenhang tauchte nunmehr auch die These auf, daß man sich an der viel stärker auf die praktischen Bedürfnisse ausgerichteten Wissenschaftsorganisation in den Vereinigten Staaten, als, wie es Alois Riedler formulierte, »unseres mächtigsten künftigen Gegners«, zu orientieren habe.[23]

Wesentlich dank des persönlichen Einsatzes Wilhelms II. und aufgrund der freigebigen Verleihung von kaiserlichen Orden und Titeln aller Art an die Spender gelang es dann doch, die Mittel für die Gründung einer stattlichen Reihe von Kaiser-Wilhelm-Instituten aufzubringen. So entstanden auf dem Grund und Boden der ehemaligen kaiserlichen Domäne Berlin-Dahlem Institute für Chemie und physikalische Chemie, ein Institut für Kohlenforschung in Mülheim an der Ruhr, ein Institut für Biologie in Berlin, ein Institut für experimentelle Therapie sowie während des Ersten Weltkrieges Institute für Arbeitsphysiologie in Frankfurt am Main und für Eisenforschung in Düsseldorf. Im Grunde waren diese Großforschungseinrichtungen, wie man gesagt hat, eine gemeinsame Schöpfung von Wissenschaft und Großbourgeoisie; sie waren weniger Instrumente für die Entwicklung von neuen Industriezweigen, sondern dienten vielmehr der Sicherung des Besitzstandes der bestehenden industriellen Konzerne. Dennoch gingen davon erhebliche Impulse für die weitere Entwicklung der Forschung aus, zumal die Wissenschaftler es im großen und ganzen verstanden, nicht zuletzt dank der Beteiligung des Reiches, ihre Eigenständigkeit gegenüber der Industrie zu wahren. In der Folge kam es sogar zu Institutsgründungen, denen ein unmittelbarer Praxisbezug fehlte, beispielsweise zur Errichtung eines Deutschen Historischen Instituts, das sich vornehmlich der Durchführung von großen Quelleneditionen, etwa der Edition der »Germania Sacra« und der »Germania Profana«, widmen sollte; dieses Projekt konnte allerdings erst 1917, mitten im Ersten Weltkrieg, realisiert werden.

Die Kaiser-Wilhelm-Institute, deren Nachfolgeorganisationen heute die Institute der Max-Planck-Gesellschaft sind, bildeten gleichsam den Schlußstein eines differenzierten, ungemein leistungsfähigen Wissenschaftssystems, durch welches sich das Deutsche Reich auf wissenschaftlichem Gebiet eine Führungsposition in der westlichen Welt erwarb. Indirekt wurde dadurch der spektakuläre wirtschaftliche Aufstieg seit den späten achtziger Jahren des 19. Jahrhunderts befördert. Andererseits spiegelte sich in diesen Bestrebungen die imperialistische Gesinnung der Zeit, die auch die Wissenschaft als Kampfplatz betrachtete, auf dem das Ringen der Nationen um Weltgeltung ausgetragen wurde, und ebenso der Sieg eines von einem optimistischen Fortschrittsglauben getragenen, positivistischen Wissenschaftsbegriffs über die idealistische Tradition des Neuhumanismus.

Die »Entzauberung« der Welt durch Wissenschaft und die Entstehung von säkularisierten Pseudoreligionen

Max Weber hat die fortschreitende »Entzauberung« aller magischen und religiösen Weltbilder und den damit einhergehenden Siegeszug des Prinzips der formalen Rationalität als das Signum der Moderne beschrieben; die wichtigste Antriebskraft dieses Prozesses der Rationalisierung der Lebenswelt sei die moderne Wissenschaft, deren Ziel es sei, die Welt berechenbar und beherrschbar zu machen. Dies traf in besonderem Maße für die zweite Hälfte des 19. Jahrhunderts zu. Die großen Fortschritte der Naturwissenschaften und mit ihnen der modernen Medizin veränderten das Weltverständnis der Moderne tiefgreifend. In seiner Eröffnungsrede auf der Versammlung der deutschen Naturforscher und Ärzte in Innsbruck im Jahr 1869 bezeichnete es Hermann von Helmholtz als die eigentliche Aufgabe der Naturwissenschaften, »die vernunftlosen Mächte der Natur den sittlichen Zwecken der Menschheit dienstbar [zu] unterwerfen«.[1] Das entsprach dem Denken der Zeitgenossen, die den »Sieg« der Wissenschaft »über die Naturkräfte« ausschließlich als Ausdruck des Fortschritts der Menschheit zu Wohlstand und Glück ansahen. Nicht »Weltdeutung«, sondern »Weltbeherrschung« war das letzte, das eigentliche Ziel und die moderne Wissenschaft ein Mittel dazu. Es war eine zwar nicht notwendig utilitaristische, aber zumindest positivistische Weltsicht, die alle älteren, aus metaphysischen und theologischen Quellen fließenden Formen der Naturerkenntnis ein für alle Mal verdrängte.

Damit einher ging der Niedergang der alten metaphysischen philosophischen Systeme, namentlich der Philosophie Hegels, des letzten großen philosophischen Versuchs, die Wirklichkeit unter einem einzigen großen Gesichtspunkt, des »Fortschritts im Bewußtsein der Freiheit«, in ihrer Totalität zu deuten. Rudolf Haym brachte die Meinung der Zeitgenossen auf den Punkt, wenn er schrieb: »Dieses Eine große Haus hat nun fallirt, weil dieser ganze Geschäftszweig daniederliegt.

[...] Wir befinden uns augenblicklich in einem großen und fast allgemeinen Schiffbruch des Geistes und des Glaubens an den Geist überhaupt.« Die Technik und die materielle Welt regiere, allenfalls könne man die Geschichtswissenschaft »als ideenreiche Behandlung der Menschengeschichte« als berufenen Erben der Hegelschen Philosophie ansehen.[2] In der Tat war die Abwendung von der Hegelschen Philosophie seit 1860 allgemein; nur im Denken von Karl Marx fand sie eine Fortsetzung, obschon in einer Hegels Intentionen radikal entgegengesetzten Weise, in der des historischen Materialismus. Im bürgerlichen Denken des 19. und frühen 20. Jahrhunderts fand der Marxismus so gut wie keinen Widerhall. Nur wenige Denker, zum Beispiel Heinrich von Sybel oder Max Weber, setzten sich damit ernstlich auseinander; und die Zahl derer, die sich, wie Werner Sombart oder Robert Michels, als Sozialisten betrachteten, war in den Kreisen der akademischen Wissenschaft hauchdünn vertreten. Von der Arbeiterschaft wurde der Marxismus wenn überhaupt, dann nur in einer von Friedrich Engels nach Marx' Ableben sozialdarwinistisch umgedeuteten und derart dem Denken der Zeit angepaßten pseudo-naturwissenschaftlichen Version rezipiert und als eine mechanistische Theorie der geschichtlichen Entwicklung mißverstanden, die ohne alles Zutun der Arbeiterschaft zwangsläufig den Sieg des Sozialismus über den Kapitalismus bringen werde.

Spekulative Geschichtstheorien und metaphysische Systeme waren nicht mehr gefragt, es sei denn, sie kleideten sich in das Gewand einer Propädeutik der empirischen Wissenschaften. An ihre Stelle war ein vergleichsweise naiver Fortschrittsglaube getreten, der zwar eine säkularisierte Variante des christlichen Heilsdenkens darstellte, sich aber dessen nicht mehr bewußt war. Das Vertrauen auf den Fortschritt wurde durch die großen Erfolge, die die Naturwissenschaften und die Medizin in jenen Jahrzehnten vorweisen konnten, untermauert. Es erhielt eine äußerst effektive Abstützung durch Charles Darwins Lehre von dem »Ursprung der Arten«. Die Arten und mit ihnen der Mensch selbst seien, so lehrte Darwin entgegen der bisher unangefochtenen biblischen Schöpfungsgeschichte, nicht durch einen originären Schöpfungsakt entstanden, sondern durch einen naturgesetzlichen Ausleseprozeß, dem »Kampf ums Dasein«, in dem die kraft ihrer Erbanlagen überlegenen Arten schließlich triumphieren. Die Evolutionstheorie schien unwiderleglich zu beweisen, daß die naturgeschichtliche Entwicklung gesetzesmäßig zur Entfaltung immer differenzierterer Lebewesen tendiere und daß die Wirklichkeit durch und durch von objektiven Gesetzen beherrscht sei, die prinzipiell stets weiteren Fortschritt verbürgten.

Dem Triumph der naturwissenschaftlichen Denkweisen stand ein allgemeiner Rückgang des religiösen Denkens und besonders des Einflusses der christlichen Religion auf das zeitgenössische Denken gegenüber. Die Kirchen mußten es sich nunmehr gefallen lassen, daß das christliche Dogma der kritischen Untersuchung durch die Wissenschaft unterworfen wurde. Die biblische Überlieferung wurde jetzt mit den in der Altphilologie und in der Geschichtswissenschaft entwickelten textkritischen Methoden eindringlich analysiert und zunehmend ihres mythischen Charakters entkleidet; was zurückblieb, war eine bemerkenswert präzise Rekonstruktion der historischen Ereignisse, die zur Begründung des Christentums geführt hatten. Dies gab die Grundlage für eine neue, pragmatische Deutung der christlichen Lehre ab, die sich soweit wie möglich im Einklang mit der modernen Wissenschaft zu halten suchte. Die gleichwohl noch zurückbleibende Spannung zwischen der christlichen Überlieferung und den Auffassungen der modernen Wissenschaft wollte die protestantische Theologie, namentlich Albrecht Ritschl und seine Schule, durch eine Ethisierung der christlichen Lehre mildern. Adolf von Harnack hingegen bemühte sich darum, die christliche Lehre mit den individualistischen Einstellungen des zeitgenössischen Liberalismus zu versöhnen; er deutete die christliche Lehre als eine Heilsbotschaft, die zwar in einer historisch bedingten, insofern dem modernen Menschen nur mittelbar nachvollziehbaren Form überliefert sei, aber einen davon ablösbaren theologischen Kern besitze, nämlich die göttliche Wertschätzung jedes einzelnen Menschen und die daraus resultierende Ehrfurcht vor allem Menschlichen überhaupt.[3]

Diese vergleichsweise harmonistischen Deutungen des christlichen Dogmas machten es möglich, daß sich das Christentum in seiner protestantischen Variante auch im »Zeitalter der Naturwissenschaft« als ein fester Bestandteil des bürgerlichen Denkens behaupten konnte. Andererseits konnten die Traditionalisten innerhalb des Protestantismus weiterhin auf das überkommene enge Bündnis von »Thron und Altar« bauen, das den protestantischen Landeskirchen eine einflußreiche Stellung in Staat und Gesellschaft sicherte. Für die Bildungsschicht protestantischer Observanz behielt die christliche Lehre vorerst weiterhin große Anziehungskraft. Obwohl die Zugehörigkeit zum protestantischen Glauben in den Kreisen des Bildungsbürgertums vielfach zu einem Lippenbekenntnis herabsank, blieb die evangelische Kirche ein stabiles Glied der bestehenden gesellschaftlichen Ordnung, blieben die evangelischen Theologen eine wichtige Stimme im Konzert der meinungsführenden Eliten. Allerdings faßten seit 1890 auch innerhalb des Protestantismus reformistische Kräfte Fuß, die die Kirche aus dem konservativen Lager herausführen und zum Vorkämpfer für eine fortschrittliche Sozialordnung machen wollten. Ihr Einfluß auf die bürgerliche Öffentlichkeit war beachtlich. Vor allem die jüngere Christlich-soziale Bewegung unter der Führung Friedrich Naumanns konnte bei großen Teilen der Bildungsschicht, insbesondere der Akademikerschaft, bis in die Zeit des Ersten Weltkrieges hinein auf zuverlässige Unterstützung zählen.

Die Lage der katholischen Kirche war wesentlich ungünstiger. Mit der Verkündung des »Syllabus Errorum« vom Jahr 1864 und der Lehre von der Unfehlbarkeit des Papstes hatte sie sich in Gegensatz nicht nur zu der großen Mehrheit der bürgerlichen Schichten, sondern auch zu einem Teil der eigenen Anhänger gebracht, die sich dann als Altkatholiken von der römisch-katholischen Lehre abwandten, allerdings ohne auf Dauer eine eigenständige Gefolgschaft behaupten zu können. Der »Kulturkampf«, der von den Liberalen im Zeichen der Aufklärung und des Fortschritts geführt wurde, erreichte gerade das Gegenteil, nämlich eine Konsolidierung der Stellung der katholischen Kirche. Überdies zeigten die immer noch zahlreichen Massenprozessionen anläßlich kirchlicher Feiertage, sehr zum Ärger der Liberalen, daß die religiösen Bedürfnisse der breiten Masse weiterhin stark und die Einflüsse des Klerus auf die katholische Bevölkerung einstweilen ungebrochen waren. Auch unter katholischen Reformtheologen gab es Ansätze zu einer Historisierung der theologischen Lehre der Kirche, aber diese »zerbrachen an der Intoleranz der im traditionellen Selbstverständnis verunsicherten und gerade darum fundamentalistisch am Buchstaben der Dogmen festhaltenden Masse der Gläubigen«.[4] Die Kirchenleitung aber ergriff immer rigidere Maßnahmen gegen diese angeblich »modernistischen Irrlehren«, beispielsweise mit der Enzyklika »Pascendi« 1907 und dem Antimodernisteneid vom Jahr 1910. Andererseits bemühten sich weitsichtige Führer des politischen Katholizismus, unterstützt insbesondere von Teilen des niederen Klerus, durch Förderung der sozialen Aktivitäten der Kirche und den Aufbau einer eigenständigen Arbeiterbewegung die katholische Bevölkerung auch unter den Bedingungen der sich entfaltenden Industriegesellschaft an den Glauben zu binden – ein Bemühen, das freilich bei den konservativ gesinnten Kirchenoberen ein eher kritisches Echo fand. Aufgrund des orthodoxen Verhaltens der offiziellen Kirche erhielt die anfänglich noch ungebrochene Autorität des katholischen Klerus seit der Jahrhundertwende zunehmend Risse.

Entscheidend war freilich, daß die katholische Kirche, ungeachtet der flankierenden Unterstützung des Zentrums auf politischem Felde, die Auseinandersetzung in der Öffentlichkeit, die unter dem Zeichen von Fortschritt und Modernität geführt wurde, verlor. In den meinungsführenden Schichten des Kaiserreiches, zumal der Akademikerschaft, fanden die katholische Lehre und Kirche so gut wie keine Verteidiger; trotz der Bemühungen der Görres-Gesellschaft, die katholischen Intellektuellen zu sammeln und ihnen einen organisatorischen Rückhalt zu geben, blieben sie vor allem auf dem Gebiet der Wissenschaft und der Publizistik eine Minorität. Aus der Perspektive des Bürgertums gesehen verkörperte der Katholizismus die Kräfte der Vergangenheit und der Rückständigkeit, die es, wo immer möglich, zu bekämpfen gelte. Der politische Katholizismus wurde zurückgeworfen auf die Rolle eines Anwalts der Interessen der kleinbürgerlichen und bäuerlichen Schichten, soweit diese dem katholischen Glauben angehörten, die dem Trend zur Etablierung einer marktorientierten Industriegesellschaft entgegengesetzt waren; die Erhaltung der überkommenen, vorindustriellen Sozialordnung, nicht deren Modernisierung, war ihr Ziel. Erst mit der Gründung des »Volksvereins für das katholische Deutschland« begann der Katholizismus, verlorenes Terrain in der öffentlichen Meinung zurückzugewinnen.

Für die Bildungsschicht galt im übrigen das Diktum Goethes: »Wer Kunst und Wissenschaft besitzt, der hat auch Religion; wer jene beiden nicht besitzt, der habe Religion.« Mit anderen Worten: Man unterstützte die christlichen Kirchen, ohne die dogmatischen Postulate der christlichen Lehre für sich selbst als verbindlich zu erachten. Statt dessen wurde die moderne Wissenschaft bei großen Teilen der Bildungsschicht zu einem Substitut für religiöse Gesinnung. Dabei kam dem geschichtlichen Denken eine besondere Bedeutung zu. Ungeachtet des Trends zu positivistischen Denkformen behauptete die Geschichtswissenschaft auch nach der Reichsgründung ihre hegemoniale Stellung innerhalb des Spektrums der Geistes- und Sozialwissenschaften. Sie galt als die berufene Deuterin der geschichtlichen Entwicklung und der in ihr wirksamen großen geistigen Prinzipien, deren fortschreitende Entfaltung und immer reichere Ausbildung gleichsam mit einer inneren Logik in der bürgerlichen Gesellschaft und vor allem im nationalen Staat der Gegenwart, obwohl diese noch weiteren Fortschritts bedürftig waren, ihren Ausdruck gefunden zu haben schienen. Die Geschichte galt als die Stätte der fortschreitenden Verwirklichung der großen »sittlichen Mächte« der Menschheit (J. G. Droysen), die zwar in nuce bereits in den Anfängen der abendländischen Zivilisation angelegt waren, aber im Zuge der Entwicklung eine immer reichere Entfaltung und schließlich Verkörperung in den politischen und gesellschaftlichen Ordnungen fanden. Mochten auch die Meinungen darüber, was denn eigentlich der Sinn der Geschichte sei, je nach Standpunkt und Temperament des Historikers unterschiedlich ausfallen, die Zeitgenossen zweifelten dennoch nicht daran, daß diese einen Sinn in sich trage und es möglich sei, aus der Analyse der Vergangenheit zuverlässige Aussagen über die künftig zu erwartenden Entwicklungen zu gewinnen, ja mehr noch, daß man gut daran tue, die aus einer Analyse der Vergangenheit abzuleitenden Entwicklungstendenzen zum Maßstab des eigenen Handelns zu erheben und sich auf diese Weise mit dem geschichtlichen Prozeß gleichsam in eins zu setzen. Die Geschichte bot wenn nicht Geborgenheit und Sicherheit, so doch zumindest zuverlässige Orientierung über den künftigen Weg der bürgerlichen Gesellschaft. Dies begründete die enorme Popularität der Geschichtswissenschaft im späteren 19. Jahrhundert und ermöglichte die Ausbildung eines außerordentlich differenzierten und leistungsfähigen historischen Wissenschaftsbetriebs.

Zugleich veränderten sich die Inhalte und die erkenntnisleitenden Prinzipien der historischen Forschung. Der Nationalstaat stand auch fernerhin im Zentrum ihres Interesses, aber nun nicht länger als ein hehres Ideal, für dessen Verwirklichung man mit aller Kraft einzutreten habe, sondern als im Bismarckschen Reich wirklich gewachsene Idee, die man mit Leben erfüllen und zum Richtpunkt alles gesellschaftlichen Handelns machen müsse. Die Identifikation von Staat und Nation, wie sie für das Denken der Historiker der Zeit Bismarcks und Wilhelms II. typisch war, unter Abkehr von dem älteren Grundsatz der demokratisch verfaßten

Nation als der politischen Gemeinschaft der Bürger, fand ihren prononciertesten Niederschlag in den Schriften Heinrich von Treitschkes, insbesondere in den berühmten »Vorlesungen über Politik«, die er Anfang der neunziger Jahre vor einem großen öffentlichen Publikum an der Universität Berlin gehalten hat. Die Neorankeaner distanzierten sich von dem leidenschaftlichen Engagement der liberalen Historiker der Reichsgründungsepoche für einen liberalen Nationalstaat und suchten wieder an die Geschichtsschreibung Rankes anzuknüpfen, dem es um die Erfassung der objektiven Tendenzen des Staatslebens oberhalb aller Parteimeinungen gegangen war. »Das Reich mußte gegründet werden«, so meinte Max Lenz 1900 in einem Rückblick auf das 19. Jahrhundert, »ehe der Sinn für die Wirklichkeit, das rechte Augenmaß für die Realitäten auch der Vergangenheit gegenüber neu erwachen konnte [...]. Solange die Nation im Kampfe um ihre höchsten Güter stand, mußte die objektive Historie zurücktreten; als der Sieg erfochten war, kam sie von selbst hervor. Die Leidenschaften haben sich gelegt, und so können wir wieder Gerechtigkeit üben.«[5] Die Beschwörung des Postulats der historischen Objektivität diente den Neorankeanern in erster Linie als Legitimation für die uneingeschränkte Identifikation mit den bestehenden politischen und sozialen Verhältnissen im Deutschen Reich und ebenso mit der zeitgenössischen Idee vom angeblich protestantischen Wesen der deutschen Nation. Dementsprechend neigte die politische Geschichtsschreibung im Kaiserreich zu einer zunehmenden Verklärung des politischen und gesellschaftlichen Status quo. Den Endpunkt dieser Entwicklung markierte in gewissem Sinne Friedrich Meineckes 1907 erschienenes frühes Meisterwerk »Weltbürgertum und Nationalstaat«, welches das kosmopolitische Denken des deutschen Idealismus des 18. und frühen 19. Jahrhunderts mit der Idee des preußisch-deutschen Machtstaates zu versöhnen und gleichsam Weimar und Potsdam in eine harmonische Verbindung miteinander zu bringen bemüht war.

Gegenüber der Dominanz der an der Idee der Nation orientierten politischen Geschichtsschreibung im Kaiserreich hatten Außenseiter wie Karl Lamprecht innerhalb der akademischen Historiographie keine Chance, und dies, obschon dieser mit seiner Kulturgeschichtsschreibung in der breiteren Öffentlichkeit auf viel Zustimmung stieß. Lamprecht suchte erstmals naturwissenschaftliche Methoden, vorwiegend solche der Sozialpsychologie, auf die Geschichtsschreibung anzuwenden; seine Morphologie der Geschichte des deutschen Volkes stieß bei der historischen Zunft jedoch schon deshalb auf keinerlei Gegenliebe, weil man sie fälschlich für ein Derivat marxistischen Denkens hielt. Im übrigen bewegte sich Lamprechts Kulturgeschichte insofern auf einer schiefen Ebene, als darin die neoromantische Theorie von der fortschreitenden Entfaltung des Volksgeistes in der Geschichte und die Vorstellung einer naturgesetzlichen Sequenz von morphologischen Stufen gesellschaftlicher Organisation in ziemlich unverdaulicher Weise miteinander kombiniert waren.

Deshalb fand im Kaiserreich eine Herausforderung an die herkömmliche Geschichtsschreibung von seiten des neuen naturwissenschaftlichen Denkens eigentlich überhaupt nicht statt. Vielmehr erhielt die Geschichtswissenschaft von Anbeginn Sukkurs von seiten der neukantianischen Philosophie. Wilhelm Windelband postulierte einen grundsätzlichen Unterschied zwischen den idiographischen und den nomothetischen Wissenschaften; erstere seien auf die anschauliche Erfassung des einzelnen in der geschichtlichen Wirklichkeit gerichtet, letztere auf die Entdeckung und systematische Ordnung von Naturgesetzen. Damit erhielt der damals bestehende Gegensatz zwischen den »zwei Kulturen« der Naturwissenschaften und der Geisteswissenschaften gleichsam eine erkenntnistheoretische Absegnung. Noch einflußreicher war Heinrich Rickerts grundlegende Unterscheidung zwischen den Kulturwissenschaften und den Naturwissenschaften; nach Rickert beschäftigen sich erstere mit der Wirklichkeit unter dem Gesichtspunkt der Kulturbedeutung individuell verantworteten Handelns, während letztere die Wirklichkeit mit dem Ziel ihrer Beherrschbarkeit kraft der Erschließung der in ihr wirksamen Gesetzmäßigkeiten erforschen. Wilhelm Dilthey hingegen gründete die Eigenständigkeit der Geisteswissenschaften in seinem klassischen Werk »Der Aufbau der geschichtlichen Welt in den Geisteswissenschaften« auf das Prinzip der »inneren Erfahrung«, die jener der durch objektive Beobachtung gewonnenen »äußeren Erfahrung« gleichberechtigt, ja im Grunde überlegen sei; die Möglichkeit des »Erlebens«, genauer, des »Nacherlebens« vergangener oder gegenwärtiger geistiger Individualitäten sei nur den Geisteswissenschaften gegeben. Unter solchen Umständen fand die Geschichtswissenschaft wenig Anlaß, ihren Methodenkanon zu erweitern oder gar zu ändern; vielmehr wurde sie in ihrem Anspruch, die vornehmste Kulturwissenschaft zu sein, durch die zeitgenössische Erkenntnistheorie noch zusätzlich bestärkt. In einem wissenschaftlichen Expansionsprozeß ohnegleichen wurden nun immer weitere Dimensionen gesellschaftlicher Wirklichkeit zum Gegenstand historischer Analysen gemacht, mit dem Ziel, diese aus ihren jeweiligen Werthaltungen heraus zu verstehen und damit objektiv zu erfassen, gemäß dem berühmten Wort Leopold von Rankes, das »jede Epoche unmittelbar zu Gott« sei.

Schon Friedrich Nietzsche hatte in seiner unzeitgemäßen Betrachtung »Vom Nutzen und Nachteil der Historie für das Leben« gegen die im Zeichen des Fortschritts der Wissenschaft sich vollziehende totale Historisierung der Wirklichkeit Verwahrung eingelegt; doch dies war wirkungslos geblieben. Der Siegeszug des historischen Denkens brachte den Historismus als eine Weise des Denkens hervor, welche den eigenständigen Wert, zugleich aber die geschichtliche Bedingtheit aller Werthaltungen und gesellschaftlichen Zustände im stetigen Fluß des geschichtlichen Wandels postulierte. Andererseits betrachtete der Historismus die immanente Sinnhaftigkeit des geschichtlichen Prozesses als Voraussetzung aller Wirklichkeitserfahrung schlechthin. Damit aber ergab sich als Konsequenz die Auflösung der geschichtlichen Welt in eine unendliche Mannigfaltigkeit von »individuellen Totalitäten«, die jede für sich beanspruchen dürfen, ihren eigenen Sinn in sich selbst zu tragen. In seiner logischen Konsequenz führte der Historismus zur Relativierung aller objektiven Werte, nicht zuletzt auch der Postulate der christlichen Lehre, und zur Zersetzung aller herkömmlichen Weltanschauungen. Der Historismus wurde, wie Carlo Antoni gesagt hat, zur »letzten Religion« der Gebildeten.[6] Mit der Orientierungskraft des Historismus als Substitut der überkommenen religiösen Weltanschauungen war es nicht zum besten bestellt. Der konsequent zu Ende gedachte, vollendete Historismus mündete, so erkannte wohl als erster mit einiger Bestürzung der Theologe Ernst Troeltsch, mit innerer Zwangsläufigkeit in eine Krise des geschichtlichen Denkens, insofern als dieses sich als unfähig erwies, dem Menschen gültige Lebensorientierungen zu geben; statt dessen offerierte der Historismus eine prinzipiell unendliche Menge von gleichermaßen berechtigten möglichen Standpunkten in der historischen Erscheinungen Flucht und ließ den Beobachter dergestalt in grenzenloser Verwirrung zurück.

Das zeitgenössische Denken fochten dergleichen skeptische Erwägungen über die problematischen Aspekte einer historistischen Weltorientierung zunächst nicht an. Vielmehr standen auch die Staatswissenschaften und die Nationalökonomie in den ersten Jahrzehnten des Kaiserreiches weiterhin im Bannkreis des Historismus. Die Politikwissenschaft galt ohnehin als eine Disziplin, welche die Historiker gleichsam im Nebenberuf erledigten, es sei denn, es handelte sich um rein herrschaftstechnische Dinge wie Kameralistik und Finanzwissenschaft. Erst nach und nach entwickelte sich im Rahmen der Jurisprudenz eine eigenständige Staatslehre. Aber sie wurde ebenfalls zunächst in historischen Formen betrieben, wie beispielsweise Wilhelm Roschers »Politik« verdeutlichen mag. Auch liberale Rechtsdenker wie Rudolf von Gneist, der unter Berufung auf das englische Vorbild um die Stärkung der Selbstverwaltung bemüht war, gaben der Präsentation der Rechtssysteme in historischer Perspektive den Vorrang vor einer rechtsdogmatischen Darstellung. Im übrigen behauptete die historische Rechtsschule, die das Recht als Ausdruck des Volksgeistes und als einen unaufgebbaren Bestandteil der geschichtlichen Tradition des eigenen Volkes ansah, welches nicht nach Belieben durch »gesatztes Recht« ersetzt werden dürfe, innerhalb der Jurisprudenz des Kaiserreiches nach wie vor eine starke Stellung.

Jedoch wuchs der Rechtswissenschaft mit der Gründung des Deutschen Reiches die höchst praktische Aufgabe zu, ein einheitliches nationales Rechtssystem zu schaffen. Insbesondere im Zuge der Ausarbeitung des »Bürgerlichen Gesetzbuches«, die 1874 in Angriff genommen wurde, prallten die gegensätzlichen Auffassungen hart aufeinander. Unter dem maßgeblichen Einfluß Bernhard Windscheids erhielten die Entwürfe des »Bürgerlichen Gesetzbuches« eine vorwiegend römisch-rechtliche Ausrichtung, während Otto von Gierke mit seiner Forderung, daß das »Bürgerliche Gesetzbuch« in seiner Form volkstümlicher und in seinem

Inhalt »deutscher und sozialer« gestaltet werden müsse, am Ende nicht durchdrang.[7] Vielmehr setzte sich in der Rechtswissenschaft eine vorwiegend pragmatisch-positivistische Richtung, als deren führender Repräsentant Paul Laband gelten darf, als »herrschende Lehre« durch; diese war ganz auf die rechtliche Normierung der realen Machtverhältnisse in einem affirmativen Sinne ausgerichtet. Rudolf von Ihering bekannte in einem Brief an Bismarck, daß er in seinem Kampf gegen »die zur Zeit noch herrschende unfruchtbare Richtung innerhalb der Jurisprudenz [...], welcher über dem Blendwerk logischer Konsequenzen und abstrakter Prinzipien des Blicks für die realen Dinge verlustig gegangen« sei, »nur den Anregungen gefolgt« sei, die der große Meister der Realpolitik ihm gegeben habe.[8] Später prägte dann der allerdings durchaus liberal eingestellte Rechtslehrer Georg Jellinek in seiner »Allgemeinen Staatslehre« den Rechtssatz von der »Normativität des Faktischen« und bahnte damit den Weg für eine rein positivistische Rechtslehre, für die normative Grundsätze vorstaatlichen Charakters, wie etwa die Postulate des Naturrechts, nicht mehr existierten. Max Weber zog in seiner 1911 niedergeschriebenen »Rechtssoziologie« gleichsam die Summe aus diesen Entwicklungen; er sprach vom Siegeszug des rein formalen, jederzeit beliebig umzuschaffenden Rechts als eines irreversiblen Resultats des Prozesses der fortschreitenden formalen Rationalisierung aller sozialen Beziehungen in der modernen industriellen Gesellschaft.

Eine vergleichbare Entwicklung vollzog sich in der zeitgenössischen Nationalökonomie. In den ersten Jahrzehnten des Kaiserreiches behauptete die historische Nationalökonomie unter der Führerschaft Gustav von Schmollers eine unbestrittene Hegemonialstellung innerhalb der Disziplin, auch nachdem Karl Menger mit der Grenznutzenlehre den Grundstein für eine rein theoretische Nationalökonomie gelegt hatte. Die historische Nationalökonomie war darum bemüht, aus der Analyse der Vergangenheit nicht nur konkrete Einsichten in die Natur der wirtschaftlichen und sozialen Vorgänge zu gewinnen, sondern darüber hinaus richtungweisende praktische Ideale aus dem geschichtlichen Material abzuleiten; besonders für Gustav Schmoller war dabei das Vorbild der Wirtschafts- und Gesellschaftspolitik des preußischen Staates seit Friedrich dem Großen maßgeblich. Die historische Orientierung der Nationalökonomie verband sich allerdings mit einer den aktuellen gesellschaftspolitischen Problemen zugewandten praktischen Ausrichtung. 1872 gründete Schmoller den »Verein für Socialpolitik« als eine Vereinigung, die sich zum Ziel setzte, die staatliche Gesetzgebung in allen Fragen der Ökonomie und sozialen Gesetzgebung fachkundig zu beraten. Wegen seines Eintretens für eine aktive staatliche Sozialpolitik wurden die Mitglieder des »Vereins für Socialpolitik« zeitweise als »Kathedersozialisten«, welche angeblich der Sozialdemokratie die Wege bahnten, angefeindet, doch gewann dieser schon bald hohes Ansehen und beträchtlichen Einfluß. Dem »Verein für Socialpolitik« gehörte die große Mehrheit der Nationalökonomen des deutschsprachigen Raums an;

er wurde zu einer der bedeutendsten Forschungsorganisationen der Sozialwissenschaft im Kaiserreich, die neben primär historisch ausgerichteten Arbeiten zunehmend empirische Untersuchungen über die sozialen Verhältnisse im Kaiserreich durchführte. Dank der engen Verbindungen zur hohen Bürokratie, über die vor allem Schmoller selbst, aber auch zahlreiche andere Mitglieder des »Vereins für Socialpolitik« verfügten, war der Verein äußerst einflußreich und hat zur Durchsetzung einer aktiven staatlichen Sozialpolitik in hohem Maße beigetragen. Andererseits unterstützte die Führungsriege des »Vereins für Socialpolitik« die bürokratisch-autoritäre Regierungsweise im Kaiserreich. Im Gegensatz dazu formierte sich Mitte der neunziger Jahre im »Verein für Socialpolitik« eine jüngere Gruppe liberaler Nationalökonomen um die Brüder Max und Alfred Weber sowie um Gerhart von Schulze-Gävernitz, die sich der Unterstützung des führenden liberalen Nationalökonomen der Zeit, Lujo Brentano, erfreuten. Sie wandten sich mit Schärfe gegen die sozialkonservative Politik Gustav Schmollers, der die halbkonstitutionellen Verfassungsverhältnisse im Kaiserreich für ideal hielt, eben weil sie, wie Max Weber dies später polemisch formulieren sollte, eine nahezu uneingeschränkte, »kontrollfreie Beamtenherrschaft« gewährleisteten.

Erst nach der Jahrhundertwende entstand dann auch in Deutschland, im Vergleich mit den Vereinigten Staaten und Westeuropa mit einer gewissen Verspätung, eine Sozialwissenschaft im modernen Sinne. Freilich war es gerade Max Weber, der im Gegensatz zu einer rein empirisch ausgerichteten Sozialwissenschaft daran festhielt, daß die Sozialwissenschaft, obschon sie sich bei ihrer Arbeit gleichermaßen der Methoden empirischer Forschung wie theoretischer Analyse zu bedienen habe, ihrer eigentlichen Zielsetzung nach darauf gerichtet sein müsse, zu Aussagen über die »Kulturbedeutung« sozialer Phänomene vorzudringen. In ganz ähnlicher Weise verstanden auch Georg Simmel und Ferdinand Tönnies ihre Aufgabe als Sozialwissenschaftler beziehungsweise als Soziologen. Im Mittelpunkt ihrer Arbeiten stand die Untersuchung der modernen Industriegesellschaft und deren Auswirkungen auf die Lebensführung des einzelnen.

Dem unaufhaltsamen Vordringen der Methoden rationaler Wissenschaft in allen Lebensbereichen stand jedoch ein weit verbreitetes Unbehagen an der Entwicklung einer technokratischen, »entzauberten« Welt gegenüber. Unter diesen Umständen fand Friedrich Nietzsches radikale Herausforderung an die Moderne in großen Teilen der Bildungsschicht ein begeistertes Echo. Nietzsche bezog in seinen Schriften eine intellektuelle Gegenposition zum damaligen bürgerlichen Kulturverständnis, wie sie schwerlich entschiedener hätte ausfallen können. In schroffer Zurückweisung der Annahme der Zeitgenossen, daß der materielle Fortschritt mit einer stetigen Steigerung auch der ideellen Kultur verbunden sein werde, erklärte er den Fortschrittsglauben für vollkommen verfehlt und die Vorstellung, daß es im Zuge der Entfaltung der bürgerlichen Gesellschaft zu einer immer ausgeprägteren Humanisierung der Lebenswelt kommen werde, für gänzlich unbegründet. Vor allem unter dem verderblichen Einfluß des Christentums sei es vielmehr zu einer bedenklichen Nivellierung der abendländischen Kultur und zur Herrschaft der »Vielzuvielen« gekommen. Diesem Verfallsprozeß setzte Nietzsche das Programm eines individualistischen Aristokratismus entgegen, der den Sinn der Geschichte nicht in materiellem Fortschritt, sondern allein in ihren höchsten Exemplaren sah. Von diesen Prämissen aus entwickelte Nietzsche seine Theorie des »Willens zur Macht«. Einige wenige große Individuen seien dazu berufen, kraft einer von äußerster Selbstzucht und intellektueller Aufrichtigkeit geprägten persönlichen Lebensführung, verbunden mit der Loslösung von den herkömmlichen bürgerlichen und religiösen Tugenden und der Aufkündigung ihres Unterworfenseins unter einen Schöpfergott – »Gott ist tot« –, über sich selbst hinauszuwachsen und solchermaßen zu »Übermenschen« zu werden. In der »Züchtung« eines derart höherwertigen Menschentypus, nicht in der Herbeiführung des »Glücks der größten Zahl«, sah er die eigentliche Bestimmung der Menschheit.

Diese Botschaft wurde von den Zeitgenossen ganz überwiegend mit großer Zustimmung aufgenommen, obschon es von Anfang an sowohl im konservativ-kirchlichen als auch im liberalen Lager nicht an entschiedenen Gegenstimmen fehlte. Große Teile der bürgerlichen Intelligenz im Kaiserreich entdeckten in Nietzsches »Zarathustra« ihr persönliches Credo. In der Folge entwickelte sich ein regelrechter Nietzsche-Kult, der schon bald quasi-religiöse Züge annahm.[9] Allerdings erfolgte dies, gemessen am persönlichen Lebensweg des Philosophen, mit beträchtlicher zeitlicher Versetzung; eigentlich erst seit 1890, nach dem Ausbruch seiner unheilbaren Geisteskrankheit, setzte ein intensives Interesse an seinem Werk ein, das um die Jahrhundertwende einen Höhepunkt erreichte, aber bis in den Ersten Weltkrieg hinein anhielt. Dazu dürfte die sinnverfälschende posthume Edition von Nietzsches Schrift »Der Wille zur Macht« durch Elisabeth Förster-Nietzsche einiges beigetragen haben. Der Nietzsche-Kult der neunziger Jahre sowie die emotionale, sich zunehmend mit nationalistischen Elementen aufladende Begeisterung für Langbehns »Rembrandtdeutschen«, die sich mit noch größerer Schärfe, als Nietzsche dies je getan hat, gegen die moderne rationale Wissenschaft richtete, waren eine Reaktion auf das Vordringen eines flachen Fortschrittsdenkens vorwiegend materialistischen Zuschnitts, das sich bei der zeitgenössischen Naturwissenschaft eine Pseudolegitimation geborgt hatte.

Im Vordergrund der öffentlichen Debatten in den ersten Jahrzehnten nach der Reichsgründung hatte die Frage gestanden, ob es nicht an der Zeit sei, die überkommene christliche Lehre durch eine »wissenschaftliche Weltanschauung« zu ersetzen, welche den großartigen Fortschritten in den Naturwissenschaften Rechnung trage. Ludwig Büchner hatte bereits 1855 in einem berühmt-berüchtigten Buch »Kraft und Stoff« die Grundzüge einer materialistischen Naturphilosophie formuliert, die die christlichen Lehrmeinungen ebenso radikal in Zweifel zog wie den Idealismus des Bildungsbürgertums. Die Auseinandersetzung dieser neuen monistischen Naturphilosophie mit den hergebrachten metaphysischen Lehren und insbesondere den christlichen Kirchen drehte sich vor allem um Darwins Lehre von der Entstehung der Arten kraft eines natürlichen Evolutionsprozesses, in dem die jeweils dank ihrer Erbanlagen am besten angepaßten Arten überleben. Darwins Werk »Der Ursprung der Arten« wurde von Ernst Haeckel Anfang der sechziger Jahre in einer deutschen Übersetzung herausgebracht. Darüber hinaus präsentierte Haeckel dem Publikum die Darwinschen Theorien in zahlreichen populären Darstellungen, in einer darwinistische Ansichten teilweise radikalisierenden Interpretation, die nicht immer dessen persönliche Zustimmung fand. Daneben gab es eine ganze Reihe von zumeist populärwissenschaftlichen Autoren, die sich die darwinistische Weltanschauung, oder was darunter verstanden wurde, zu eigen machten und in zahlreichen, oft außerordentlich erfolgreichen Büchern verbreiteten. Am erfolgreichsten unter ihnen war, von Haeckel selbst abgesehen, der Journalist und »Sachbuchautor« Wilhelm Bölsche. Er verstand es, die darwinistische Lehre in einer emotional ansprechenden, die erotische Sphäre in den Mittelpunkt rückenden Form zu präsentieren, welche unter der Hand Elemente der romantischen Naturphilosophie in die Darstellung einfließen ließ, zumal die Vorstellung von der schöpferischen Kraft der Natur, die das Leben in seiner unendlichen Mannigfaltigkeit gemäß einem den Menschen unbekannten Weltplan aus sich heraustreten läßt.[10] Insbesondere von Haeckel wurde Darwins Evolutionstheorie in höchst polemischer Form gegen die christliche Lehre ausgespielt und als eine alternative, jedoch mit den Erkenntnissen der modernen Naturwissenschaft durchgängig übereinstimmende Weltdeutung vorgestellt. Dabei spielte die Entgegensetzung der These von der natürlichen Entstehung der Arten zur biblischen Schöpfungsgeschichte eine Schlüsselrolle. Noch war die Öffentlichkeit nicht darauf vorbereitet, die Lehre von der Entstehung der Welt durch einen göttlichen Schöpfungsakt gänzlich aufzugeben. Es kam im Februar 1883 darüber sogar zu einer Debatte im preußischen Abgeordnetenhaus, in welcher Adolf Stoecker eine leidenschaftliche Attacke gegen die darwinistische Lehre ritt und auch den Rektor der Universität Berlin, den bekannten Biologen Emil Du Bois-Reymond, der gerade eben Darwin aus Anlaß seines Todes als »Kopernikus des 19. Jahrhunderts« gerühmt hatte, in seiner beißenden Kritik nicht aussparte. Den Anlaß hatten mehrere Fälle gegeben, in denen von kirchlicher Seite sowie von der Elternschaft Anstoß daran genommen worden war, daß die darwinistische Lehre in öffentlichen Schulen in einem antichristlichen Sinne dargestellt würde. Rudolf Virchow distanzierte sich bei dieser Gelegenheit einmal mehr von Haeckels radikalen Auffassungen und erklärte, daß der Darwinismus mit Religion gar nichts zu tun habe; gleichzeitig jedoch machte er sich lustig über Stoeckers unzulängliche und uninformierte Ausführungen, die mit den Erkenntnissen der modernen Wissenschaft nicht in Übereinstimmung gebracht werden könnten. Allerdings verlor die ursprünglich so bitter umkämpfte Frage, ob man weiterhin an einen göttlichen

Schöpfungsakt glauben könne, mit der Zeit an Bedeutung. Dafür trat ein anderer Aspekt der darwinistischen Theorie um so stärker in den Vordergrund, nämlich die Theorie vom »Kampf ums Dasein« als Urgrund der Höherentwicklung der Arten und damit auch des Menschen.

Die Kritik von konservativer Seite, aber auch aus dem Lager der akademischen Naturwissenschaft als solcher, konnte freilich die weitere Ausbreitung eines populären Darwinismus nicht aufhalten. Sowohl in den bürgerlichen Schichten als auch bei der Arbeiterschaft fand diese so einleuchtende und suggestive materialistische Weltdeutung weithin Zustimmung.[11] Haeckel entwickelte auf der Grundlage des Darwinismus eine »monistische Philosophie«, welche die wesentliche Einheit der Menschennatur behauptete – in Entgegensetzung nicht nur zu der überkommenen christlichen Lehre, sondern auch zu dem in der Bildungsschicht verbreiteten idealistischen Denken, das die Eigenständigkeit der Sphäre des Geistes gegenüber der Sphäre der Natur betonte. Seine populäre Darstellung »Die Welträthsel«, die 1899 erstmals erschien, erreichte binnen sieben Jahren eine Auflage von 200000 Exemplaren. Darin gab sich Haeckel als Vorkämpfer der modernen Naturwissenschaften gegen das Dunkelmännertum der hergebrachten Wissenschaften, vor allem aber der Kirchen, der politischen Parteien und nicht zuletzt des Beamtentums: »Unsere heutige Bildung, als Ergebnis der mächtig vorgeschrittenen Wissenschaft, verlangt ihr gutes Recht auf allen Gebieten des öffentlichen und privaten Lebens; sie wünscht die Menschheit mittels der Vernunft auf jene höhere Stufe der Erkenntnis und damit zugleich auf jenen besseren Weg zum Glück erhoben zu sehen, welche wir unserer hoch entwickelten Naturwissenschaft verdanken.«[12] 1906 gründete Haeckel zusammen mit dem Chemiker und späteren Nobelpreisträger Wilhelm Ostwald den »Monistenbund«, der eine synkretistische Naturreligion propagierte, die in der Verehrung der Natur einen Ersatz für die überlieferten Offenbarungsreligionen anbot. Der Monistenbund kam freilich über eine begrenzte Anhängerschaft nicht hinaus, obschon die »monistischen Sonntagspredigten« Ostwalds erhebliches Aufsehen erregten. Daneben entstanden zahlreiche andere freireligiöse Vereinigungen, wie die »Gesellschaft für ethische Kultur« und schließlich, unmittelbar vor dem Ersten Weltkriege, die anthroposophische Bewegung Rudolf Steiners, die ebenfalls auf der Woge einer monistischen Naturverehrung schwammen.

Vergleichsweise größere Bedeutung sollte in der Folge ein in mancher Hinsicht illegitimer Ableger der Darwinschen Lehre gewinnen, nämlich der Sozialdarwinismus. Die Vorstellung, daß auch die menschliche Gesellschaft von dem Prinzip des »Kampfes ums Dasein« regiert werde und dieser grundsätzlich nicht auszuschalten sei, wurde in den unterschiedlichsten Kreisen der wilhelminischen Gesellschaft, aus höchst verschiedenen Motiven, aufgegriffen. Die Formel »Kampf ums Dasein« ließ sich gleichermaßen auf das Ringen der großen Mächte im Völkerleben, auf die Klassenkämpfe innerhalb des kapitalistischen Systems, auf den Konkurrenzkampf von Unternehmern innerhalb des Marktes oder auf die Auseinandersetzungen zwischen unterschiedlichen Ethnien anwenden. Man stößt demgemäß bei zahlreichen Politikern, Publizisten und Denkern der Zeit auf sozialdarwinistische Rhetorik in sehr unterschiedlichen Zusammenhängen und mit unterschiedlichen Zielsetzungen. Heinrich von Treitschke deutete die Mächterivalitäten innerhalb des sich abzeichnenden Weltstaatensystems als einen derartigen »Kampf ums Dasein«, in dem nur diejenigen Nationen überleben würden, die sich zu Weltmächten erweiterten. Max Weber beschrieb die angebliche Verdrängungskonkurrenz der polnischen Wanderarbeiter im deutschen Osten gegenüber der bodenständigen deutschen Landarbeiterschaft in sozialdarwinistischer Terminologie. Friedrich Naumann sprach in seinen, einen kraftvollen deutschen Imperialismus propagierenden Schriften immer wieder von einem Daseinskampf der Deutschen, der unbedingt gewonnen werden müsse, sofern Deutschland im nächsten Jahrhundert noch politisch mitzureden gedenke. Noch massiver stützte sich Friedrich von Bernhardi in seinem Buch »Deutschland und der nächste Krieg« auf sozialdarwinistische Argumente. Er plädierte für einen Präventivkrieg gegen Frankreich und Großbritannien als den angeblich letzten Ausweg, um die deutsche Kultur davor zu bewahren, im heraufziehenden Weltstaatensystem von den rivalisierenden Weltmächten erdrückt zu werden.[13] Auch die Industriellen fehlten nicht in diesem Reigen sozialdarwinistischer Positionen. Im Jahr 1900 veranstaltete Haeckel ein öffentliches Preisausschreiben für den besten Essay über die Frage, was man »aus den Prinzipien der Deszendenztheorie in bezug auf die innerpolitische Entwicklung und die Gesetzgebung der Staaten« lernen könne, für welches kein Geringerer als Friedrich Krupp den stattlichen Preis von 10.000 Mark gestiftet hatte. Das Preisausschreiben erbrachte freilich nicht ganz die von Haeckel erwarteten Ergebnisse, plädierten doch die Preisträger eher für eine Beschränkung des marktwirtschaftlichen Systems, da dieses die Arbeiter dem »Kampf ums Dasein« schutzlos ausliefere.[14]

Ungleich aggressiver als diese Formen einer Instrumentalisierung sozialdarwinistischer Argumente zu politischen Zwecken waren die biologistischen und rassistischen Varianten des Sozialdarwinismus, die seit Anfang der neunziger Jahre zunehmend an Einfluß gewannen. Otto Ammon und August Weismann gaben dem Sozialdarwinismus eine ausgesprochen biologistisch-rassistische Interpretation, wenn sie argumentierten, daß ausschließlich die Erbanlagen des Menschen über sein Schicksal entschieden, während die Umweltfaktoren kaum der Beachtung wert seien. Es komme, so meinten sie, daher alles darauf an, die Gesellschaft so zu gestalten, daß die Träger der »besten« Erbanlagen vor biologischer Zerstörung durch Vermischung mit Menschen niederer Qualität geschützt würden. Von hier aus war es nur ein kurzer Schritt zu eugenischen und rassistischen Umdeutungen der darwinistischen Lehre, die in der Forderung gipfelten, daß der Staat für den Schutz der »höheren« vor den »niederen Rassen« sorgen und jedenfalls nicht in den natürlichen Prozeß der Auslese eingreifen dürfe, der die stetige Eliminierung der Schwachen und Unfähigen bewirke. Alfred Ploetz vertrat 1895 in seinem Buch »Die Tüchtigkeit unserer Rasse und der Schutz der Schwachen« die Ansicht, daß die weiße Rasse bei fortschreitendem Schutz der Schwachen und Minderbefähigten durch den Staat unvermeidlich zum Niedergang verurteilt sei. Ungleich härter noch urteilte der saarländische Industriemanager Alexander Tille, daß die humanistische Tradition, die christliche Ethik, die Idee der sozialen Gleichheit, die Demokratie und der Sozialismus gleichermaßen Illusionen der Schwachen und Minderbefähigten seien; allerdings könne dadurch der Prozeß der natürlichen Auslese nicht wirklich aufgehalten werden.

Solche Auffassungen vertrugen sich nur zu gut mit dem vulgären Nietzscheanismus, der damals erhebliche Teile der deutschen Bildungsschichten erfaßt hatte, insbesondere mit der These, daß die christliche Ethik eigentlich nur Ausdruck des »Ressentiments« der Schwachen gegenüber den Herrschenden sei, und ebenso mit dem weithin in rein politischem Sinne mißverstandenen Postulat der künftigen Herrschaft des »Übermenschen« über die »Vielzuvielen«. Außerdem bestanden fließende Übergänge zu dem mystisch übersteigerten Nationalismus, der damals weite Teile der Bildungsschichten protestantischer Observanz erfaßt hatte. Insbesondere Houston Stewart Chamberlains »Die Grundlagen des 19. Jahrhunderts« aus dem Jahr 1899 schlug eine Brücke zwischen den sozialdarwinistischen Ideologien und einem mystischen Nationalismus, der an eine besondere Sendung der deutschen Nation glaubte. Die hier vorgetragene völkische Ideologie von der Berufung der germanischen Rasse zur Führung in der Welt war mit sozialdarwinistischen Argumenten ausstaffiert. Bei dem Hauptstrom des neuen irrationalistischen Nationalismus, wie ihn in erster Linie Paul Anton de Lagarde mit einer großen Zahl von ungewöhnlich erfolgreichen Schriften und Pamphleten repräsentierte, waren rassistische Argumentationen allerdings zunächst eher die Ausnahme. Lagarde griff vielmehr in die »Mottenkiste« der deutschen idealistischen Tradition und der Romantik, um die Versatzstücke eines »deutschen Glaubens« zusammenzubringen, der an die Stelle der angeblich innerlich überlebten Offenbarungsreligionen treten sollte. Einstweilen seien die außerkirchlichen religiösen Gemeinschaften den offiziell etablierten Kirchen vorzuziehen, aber das Ziel müsse es sein, eine einzige »nationale Religion« zu begründen, welche »alle Deutschen eint und bindet«.[15] Die nationalistische Lehre Lagardes war im Ansatz radikal anti-egalitär und anti-demokratisch; sie verurteilte den angeblich »redseligen und charakterlosen Parlamentarismus« ebenso wie die »Börsengeschäftchen« des kapitalistischen Systems. Die Idee der Nationalität sei eine Angelegenheit allein der geistigen Elite: »Die Nation besteht nicht aus der Masse, sondern aus der Aristokratie des Geistes: Die Nation lebt nicht von der Vergangenheit, sondern von der Zukunft.« Zugleich aber gab Lagarde dieser elitistischen Variante der nationalen Idee, die er scharf von den Ideen von 1789 unterschieden sehen wollte, eine religiöse Überhöhung: »Die Ziele der Nation werden ihr nicht von den Menschen gesteckt, sondern von dem Lenker aller Geschicke im Himmel, welcher die Nationen dahin stellt, wo sie stehn sollen, nicht damit sie glücklich seien, sondern damit sie seinen Heilsgedanken dienen.«[16]

Diese heute als unerträglich empfundene synkretistische Ideologie, die von Ressentiments gegen schlechthin alles das lebte, was für die Moderne stand, für die industrielle Gesellschaft mit ihren egalitären Auswirkungen, die erwerbsorientierte Gesinnung des Bürgertums, die Demokratie und das parlamentarische System mit seiner Vielfalt von angeblich rein demagogischen Parteien, ja selbst für den vermeintlich »entseelten« bürokratischen Anstaltsstaat, übte damals auf die Intellektuellen eine außerordentliche Anziehungskraft aus. Viele glaubten, hier die Ansätze für die Entwicklung einer neuen Gesellschaftsordnung zu finden, die die bislang bestehenden politischen Systeme transzendieren und die Herrschaft einer natürlichen Aristokratie des Geistes, wie sie unter anderem Friedrich Nietzsche zum Postulat erhoben hatte, auf Dauer stellen könne. Eugen Diederichs richtete 1913 in seinen Verlagsräumen eine nationale Weihestätte ein, die ausschließlich dem Gedenken Lagardes und seiner Schriften gewidmet war. Diese zu jeglicher rationalen Argumentation unfähige, vagabundierende Mystik des Nationalen trug dazu bei, daß sich die deutsche Bildungsschicht immer stärker von den politischen Realitäten entfernte und sich einer vagen, antiegalitären und antidemokratischen Ideologie vom »besonderen deutschen Weg« verschrieb, die bei Lage der Dinge den beharrenden Kräften in Staat und Gesellschaft in die Hände arbeitete und die Durchsetzung von verfassungspolitischen Reformen zu einer Unmöglichkeit machte.

Der Aufstieg der künstlerischen und literarischen Avantgarde und die Sprengung des bürgerlichen Kulturbegriffs (1905–1914)

Im letzten Jahrzehnt vor 1914 kam es auf breiter Front zum Aufstieg einer künstlerischen Avantgarde, die sich, ermutigt durch das Vorbild der Kunst Edvard Munchs und der kubistischen und fauvistischen Malerei in Frankreich, weit über die Grenzen des bisherigen künstlerischen Wollens hinauswagte, die von der inzwischen zur herrschenden Kunstrichtung aufgestiegenen Berliner Secession und ihren Dependancen in den anderen deutschen Kunstmetropolen markiert wurden. Es handelte sich um eine förmliche Revolte gegen den zaghaften Impressionismus, wie ihn vornehmlich die Mitglieder der Berliner Secession repräsentierten. Obschon das Gros der bürgerlichen Schichten ebenso wie die höfischen Kreise den eigentlich eher gemäßigten impressionistischen Stil der Secession noch wenige Jahre zuvor radikal abgelehnt hatten, war dieser in den meinungsbildenden Kreisen der Öffentlichkeit inzwischen zur dominanten modernen Kunstrichtung geworden. Gleichwohl glaubte eine neue Generation von Künstlern und Schriftstellern, in der impressionistischen Kunstübung der Secessionisten nunmehr das Spiegelbild der bürgerlichen Gesellschaft und der Herrschaft des Bürgertums zu erkennen.

Die künstlerische Avantgarde, für die bald die Bezeichnung des Expressionismus gebräuchlich wurde, obschon von einer auch nur annähernden Einheitlichkeit ihres Stilwollens nicht die Rede sein konnte, vollzog einen radikalen Bruch mit den bisherigen Anschauungen über die Funktion von Kunst und Kultur in der modernen Gesellschaft. Sie sah die Aufgabe der Kunst darin, »nicht mehr das Sichtbare wiederzugeben, sondern sichtbar zu machen« (Paul Klee).[1] Das Ziel des Kunstwerks war nicht länger, die Wirklichkeit, und geschehe dies in noch so verfremdeter Form, darzustellen und mit ästhetischen Mitteln zu deuten, sondern, nach einem Wort von Franz Marc, »ein unirdisches Sein zu zeigen, das hinter allem wohnt«.[2] Damit gewann die Kunst im Verständnis der Avantgarde eine ganz neue Funktion. Nicht die ästhetische Legitimierung vorfindlicher gesellschaftlicher Verhältnisse, wie in der aristokratischen Kultur des Barock, nicht die gefällige Ausstaffierung und Dekorierung der bürgerlichen Welt unter Rückgriff auf ein unerschöpfliches Reservoir von bewährten Stilformen vornehmlich der Antike und des Klassizismus, wie in der Gründerzeit, nicht die Erschließung einer neuen, unmittelbaren Art der Wahrnehmung der Wirklichkeit, wie dies der Impressionismus anstrebte, sollte Kunst leisten. Sie war vielmehr ein Schlüssel, der die Türen eines Weges öffnete, der in unbekannte, zauberhafte Gegenwelten hineinführte und damit die bestehende Welt entzauberte. Dies hieß zugleich, daß Kunst sich prinzipiell von jeglicher Instrumentalisierung zu kunstfremden Zwecken fernhalten müsse. Die Avantgarde beanspruchte, mit ihren künstlerischen Schöpfungen eine völlig neue Dimension der Wirklichkeit zu erschließen, die quer zu der als alltäglich, als häßlich oder gar als bedrückend empfundenen Realität der industriellen Gesellschaft stand und die sich den Tendenzen zur Uniformierung und Rationalisierung aller äußeren Lebensbeziehungen entgegenstellte, wie sie für die entstehende industrielle Zivilisation typisch waren. Diese neueren Kunstrichtungen des Expressionismus und des Futurismus, die bislang im deutschen Kunstbetrieb eine bloße Randexistenz geführt hatten, lösten sich radikal von den traditionellen Kunstvorstellungen bürgerlichen Zuschnitts. Die Künstler schufen eine rein ästhetische Wirklichkeit, die sich individueller Kreativität von höchster Sublimierung verdankte und gar nicht erst beanspruchte, in welcher Form auch immer, gesellschaftliche Realität abzubilden oder bestimmte Kulturwerte zu repräsentieren. Max Weber hat diese neue Zielsetzung künstlerischen Wirkens 1915 mit unübertrefflicher Prägnanz zum Ausdruck gebracht: »Die Kunst konstituiert sich nun als ein Kosmos immer bewußter erfaßter selbständiger Eigenwerte. Sie übernimmt die Funktion einer innerweltlichen Erlösung: vom Alltag und, vor allem, auch von dem zunehmenden Druck des theoretischen und praktischen Rationalismus.«[3]

Vorbereitet wurde der Sieg der Avantgarde durch den Jugendstil, der als Revolte einer jüngeren Generation gegen die überkommene, innerlich erschöpfte Kunsttradition begann. An die Stelle der beliebigen Verwendung historistischer Stilelemente für die unterschiedlichsten Zwecke setzte der Jugendstil den Versuch einer konsequent dekorativen Gestaltung seiner Objekte, die sich an einer der pflanzlichen Natur nachempfundenen Linienführung orientierte, jedoch sogleich zu einem eigenständigen Stilprinzip avancierte, welches sich von den ursprünglich der Natur entnommenen Vorbildern immer weiter entfernte und am Ende in Gestalt einer vollständig abstrakten Ornamentik von großem Reichtum verselbständigte. Seine größten Wirkungen hatte der Jugendstil auf die Architektur und auf das moderne Kunstgewerbe, aber er hinterließ tiefe Spuren auch in allen anderen Bereichen der bildenden Kunst, nicht zuletzt ob der Kühnheit, mit welcher er sich von der empirischen Realität seiner Objekte ablöste und zu reinen Phantasiegebilden unter Verwendung abstrakter ornamentaler Muster hinwandte.

Mit der 1896 in München von Georg Hirth gegründeten Zeitschrift »Jugend, Zeitschrift für Kunst und Leben« erlangte die deutsche Variante des Jugendstils zeitweilig ein Sprachrohr von großer Ausstrahlungskraft und beachtlicher Qualität, aber seine innovatorische Kraft erschöpfte sich binnen weniger Jahre. Die besten der Architekten, die sich dem Jugendstil angeschlossen und auf solche Weise den Ausbruch aus der Sterilität des historistischen Bauens gefunden hatten, wurden in der Folge zu Pionieren des funktionalen Bauens. Joseph Maria Olbrichs Neubau des Kaufhauses Tietz und insbesondere Peter Behrens' Verwaltungsgebäude der Firma Mannesmann in Düsseldorf, Walter Gropius' Faguswerk in Alfeld an der Leine und Hans Poelzigs Ausstellungshalle in Posen erwiesen sich als Marksteine der Entwicklung der modernen Architektur, die bis in die Gegenwart hinein nachwirken.

Diese neuen Tendenzen wurden im Kaiserreich vor allem vom »Deutschen Werkbund« aufgegriffen, der unter führender Beteiligung von Hermann Muthesius und Fritz Schumacher im Anschluß an die dritte Deutsche Kunstgewerbeausstellung in Dresden im Oktober 1907 in München gegründet wurde; ihm gehörten nahezu alle der damals führenden Architekten in Deutschland an, unter ihnen Peter Behrens, Henry van de Velde, Hans Poelzig und Walter Gropius. Seine Ziele waren hochgesteckt: Mittels »Durchgeistigung« und künstlerischer Gestaltung der handwerklichen und der industriellen Produktion sollte der gefährlich weite Spalt, der sich zwischen der bildenden Kunst und der modernen industriellen Welt geöffnet hatte, wieder geschlossen werden. Kunst sollte nicht nur den Luxusbedürfnissen der oberen Klassen dienen, sondern durch die »Veredelung der Arbeit« und ihrer Erzeugnisse die ganze Gesellschaft durchdringen und auch die Lebensverhältnisse der breiten Massen der Arbeiterschaft befriedigender gestalten. Fritz Schumacher gab diesen Idealen in folgender Weise Ausdruck: »Wir sehen die nächste Aufgabe, die Deutschland nach einem Jahrhundert der Technik und des Gedankens zu erfüllen hat, in der Wiedereroberung einer harmonischen Kultur.«[4] Damit verband sich die Erwartung, der deutschen Kunst die Führungsstellung in der westlichen Welt zu erringen, nicht zuletzt auch im Interesse der Stärkung der wirtschaftlichen Weltstellung des Deutschen Reiches.

Die wirklich dramatischen Neuerungen in der Literatur und der bildenden Kunst vollzogen sich freilich fernab der großen Welt in kleinen Künstler- und Intellektuellenzirkeln, denen zunächst alles andere am Herzen lag als eine Kunst, die sich an die breiten Massen richtete und deren Lebensführung auf ein höheres ästhetisches Niveau heben wollte. Ganz im Gegenteil, ihre künstlerischen und literarischen Bestrebungen richteten sich auf die Innenwelt des Individuums; sie erhofften sich davon eine Revolutionierung der Denkweisen und der Wahrnehmung von Wirklichkeit überhaupt. Um die sie umgebende Wirklichkeit kümmerten sich diese Künstler und Intellektuellen eigentlich herzlich wenig. Charakteristisch war für die künstlerische und literarische Avantgarde vielmehr der Rückzug aus der »Hektik und Unnatur der modernen Großstadt«, wie es Ernst Ludwig Kirchner genannt hat,[5] selbst dann, wenn diese in der Folge zum Gegenstand künstlerischer Gestaltungen gemacht wurde, in die selbstgewählte Einsamkeit oder doch wenigstens in eine Existenz abseits vom lärmenden Getriebe des großstädtischen Lebens.

1904 fanden sich in Dresden Ernst Ludwig Kirchner, Erich Heckel und Karl Schmidt-Rottluff zu einer neuen Gruppe zusammen, die mit Fritz Bleyl 1905 in einem ehemaligen Schusterladen in der Dresdener Friedrichstadt ein gemeinsames Atelier bezogen. Sie waren glühende Verehrer Nietzsches und sahen ihr eigenes Wollen in den Worten Zarathustras bestätigt: »Ich liebe die großen Verachtenden, weil es die großen Verehrenden sind und Pfeile der Sehnsucht nach einem anderen Ufer.«[6] Franz Marc beschrieb das Wirken dieser Gruppe, die sich den Namen »Die Brücke« gab, damals in eindrucksvoller Weise: »Es ist unmöglich, die letzten Werke dieser Wilden aus einer formalen Entwicklung und Umdeutung des Impressionismus heraus erklären zu wollen. Die schönsten prismatischen Farben und der berühmte Kubismus sind als Ziel dieser Wilden bedeutungslos geworden. Ihr Denken hat ein anderes Ziel: durch ihre Arbeit, ihrer Zeit Symbole zu schaffen, die auf die Altäre der kommenden geistigen Religionen gehören und hinter denen der technische Erzeuger verschwindet.«[7] Mit der kraftvollen, mit bewußt grobem Pinselstrich gemalten, oft geradezu plakatartigen Präsentation ihrer Objekte und der Verwendung der Farbe als eines expressiven Mittels von großer Kraft, unbekümmert um naturgemäße Richtigkeit, bahnten die Maler der »Brücke«, die schon bald Emil Nolde, Max Pechstein und wenig später Otto Mueller in ihren Kreis aufnahmen, den Weg für eine völlig freie, rein expressive Verwendung der Farbe.

In gleicher Richtung entwickelte sich die fast gleichzeitig in München entstandene »Neue Künstlervereinigung«, zu deren führenden Köpfen Wassily Kandinsky, Alexej von Jawlensky, Gabriele Münter und Franz Marc gehörten, konsequent weiter. »Farbe«, so formulierte Otto Fischer 1912 das Credo der »Neuen Künstlervereinigung«, »ist ein Mittel des Ausdrucks, das unmittelbar zur Seele spricht.«[8] Allerdings lösten sich Kandinsky und Marc sogleich wieder von der »Neuen Künstlervereinigung«, weil sie ihnen nicht radikal genug war, und gründeten eine eigenständige Vereinigung, die wenig später den Namen »Der Blaue Reiter« annahm. Ihre Devise war, daß die Erneuerung der Kunst »nicht formal sein« dürfe, »sondern eine Neugeburt im Denken« sein müsse.[9] Zu ihnen stieß dann neben Gabriele Münter wenig später der Rheinländer August Macke, dessen kraftvolle Farbkompositionen Franz Marc schon zuvor fasziniert hatten. In seinen Tierbildern, die schon bald eine immer abstraktere Struktur annahmen, bediente sich Marc mit großer Kühnheit der Farbe, in völliger Mißachtung der naturgegebenen Farbskalen. Kandinsky ging noch einen Schritt weiter: 1911 entstand die erste seiner rein abstrakten Bildkompositionen, die Form und Farbe als ästhetische Ausdrucksmittel einsetzten, ohne überhaupt noch ein konkretes Objekt vorgeben zu wollen. Die Berliner Secession, die bislang auch Künstlern der expressionistischen Richtung ihre Pforten geöffnet hatte, zerbrach unter dem Ansturm dieser neuen Kunstrichtungen, die mit Entschiedenheit die Moderne für sich besetzten. Die Zurückweisung der Werke einer ganzen Reihe von expressionistischen Künstlern durch die Secession führte zu einer ersten gemeinsamen »Ausstellung der Zurückgewiesenen der Secession« im Jahr 1910. Hinzu kam eine bittere Auseinandersetzung Emil Noldes mit Max Liebermann, der zum Ausschluß Noldes und zur Gründung der »Neuen Secession« in Berlin führte. Hier sammelten sich nun die Repräsentanten der Avantgarde, die über die von Liebermann und Corinth repräsentierte, dem Impressionismus weiterhin verpflichtete Kunstrichtung des Secessionismus hinausdrängten; dazu gehörten vor allem die Maler der »Brücke«, die inzwischen nach Berlin übergesiedelt waren und zu denen mit Max Beckmann eine Künstlerpersönlickeit von großer Kraft und Imagination hinzutrat. Auch im Rheinland hatte sich seit 1908 eine Gruppe von Künstlern gebildet, die der bisherigen konventionellen akademischen Malerei überdrüssig waren und die Licht und Farbe sonnendurchfluteter Landschaften als Chance für einen ästhetischen Neuanfang entdeckten, der ebenso über die in der Kunstakademie gepflegte Salonmalerei hinausführte wie über den behutsamen Impressionismus der Secession. Julius Bretz, Max Clarenbach, August Deusser, Alfred Rethel, Otto Rethel und Walter Ophey gründeten 1908 in Düsseldorf den »Sonderbund«; die Sonderbundausstellungen in Düsseldorf der Jahre 1909 bis 1911 stellen wichtige Stationen der Entwicklung der nachimpressionistischen Kunst in Deutschland dar. Auch hier waren es die Abwendung von der sterilen Ateliermalerei und die Entdeckung der Farbe als eines eigenständigen Ausdrucksmittels von unmittelbarer Kraft, die die

Künstler des »Sonderbundes« beflügelten, aus den bisherigen ästhetischen Traditionen auszubrechen. Walter Ophey berichtete 1910 von »drei überglücklichen Monaten« in Italien: »Die Bilder werden ganz hell, die Farben aufgesogen vom Licht, [der] Pinselstrich [...] breit.«[10] Freilich war die neue Richtung des »Sonderbundes« nicht nur in der breiteren Öffentlichkeit, sondern auch unter der Düsseldorfer Künstlerschaft höchst umstritten. Dies führte dazu, daß die Sonderbundausstellung von 1912 nicht in Düsseldorf, sondern in Köln stattfinden mußte, dessen Stadtverordnetenversammlung bereitwillig die neue städtische Ausstellungshalle zur Verfügung stellte.

Die Sonderbundausstellung von 1912 war von vornherein als eine kulturpolitische Demonstration gegen die deutschtümelnden Tendenzen in Teilen der deutschen Öffentlichkeit geplant. Hier wurde erstmals die zeitgenössische französische Kunst umfassend vorgestellt, unter besonderer Berücksichtigung der Fauves, daneben aber vor allem auch des Werkes von Vincent van Gogh und von Edvard Munch. Im Katalog wurden die Arbeiten der französischen Avantgarde ausdrücklich willkommen geheißen: »In den gegenwärtigen Zeitläufen, da enge Geister deutsche Kunst in enge Grenzen bannen möchten, ist es uns Bedürfnis und Freude, Frankreichs Künstler besonders herzlich willkommen zu heißen.«[11] Gegenüber der umfassenden Präsentation der ausländischen Moderne traten die Werke der zeitgenössischen deutschen Kunst zahlenmäßig eher zurück, aber insgesamt handelte es sich um eine eindrucksvolle Präsentation aller wesentlichen Richtungen der deutschen Avantgarde. In dem von der Galerie »Der Sturm« im Jahr 1913 ausgerichteten Ersten Deutschen Herbstsalon traten dann auch die Maler des »Blauen Reiters«, die in den Ausstellungen der »Neuen Secession« und des »Sonderbundes« eine vergleichsweise nachrangige Berücksichtigung gefunden hatten, mit einem eindrucksvollen Querschnitt ihrer Werke erstmals an die breitere Öffentlichkeit.

Die Reaktion der Kunstkritiker, insbesondere aber der Öffentlichkeit, auf die neuen expressionistischen Kunstrichtungen war zunächst überwiegend ablehnend, wenn nicht gar ausgesprochen feindlich. Die Sonderbundausstellung von 1912 hatte große Teile der Presse, insbesondere aber die konventionell orientierte Künstlerschaft, gegen sich. Und in den literarischen Zeitschriften fand die Avantgarde ebenfalls eine überaus kritische Aufnahme. Hans Rosenhagen, der führende Kunstkritiker der »Grenzboten«, weigerte sich 1910, den deutschen Expressionismus als eine eigenständige Entwicklung anzuerkennen, und warnte davor, auf diesem Weg weiterzugehen, da dieser Stil »in Deutschland niemals volkstümlich werden kann und darf, wenn anders das Volk nicht sein Eigenstes und Bestes aufgeben soll«.[12] »Die Neue Rundschau« meinte im selben Jahr, daß der Expressionismus mit seiner völligen Verlagerung der malerischen Kreativität in »die Phantasiebildung des Zerebrums« auf »die Verachtung der Malerei« hinauslaufe.[13] Noch ungleich schärfer attackierte Erich Vogeler die Kunst der »Neuen Secession« als »Aufstand der primitiven rohen Kunstinstinkte wider die Zivilisation«.[14] Nur die im März 1910 von Herwarth Walden gegründete Zeitschrift »Der Sturm, Wochenschrift für Kultur und die Künste« trat entschieden für die neueren Entwicklungen des Expressionismus, des Kubismus und des Futurismus ein. Das breite Publikum, keineswegs nur die Kreise der Neuen Rechten, lehnte die moderne Kunst weiterhin ab. Die Trägerschaft der Kunst der Moderne blieb auf schmale Gruppen der bürgerlichen Oberschichten und darüber hinaus der Intellektuellen beschränkt; sie konnte nicht – und wollte dies auch gar nicht – zur Kunst breiter Schichten, schon gar nicht zu einer Massenkultur werden.

Hingegen fand die künstlerische Avantgarde von Anfang an bedeutende Bündnispartner namentlich bei weitsichtigen Museumsdirektoren, wie Alfred Hagelstange in Köln, Karl Ernst Osthaus in Hagen und Ernst Gosebruch in Essen, ferner bei Verlegern wie Reinhard Piper und Herwarth Walden, die schon früh die Bedeutung dieser modernen Kunstrichtungen erkannten. Die Entstehung eines zunehmend lebendigeren Kunstmarktes machte die Künstler sehr viel unabhängiger von den traditionellen Auftraggebern, die anfänglich einen erheblichen Teil der künstlerischen Aufträge zu vergeben pflegten. Führende Industrielle entdeckten die Sammlung und Förderung zeitgenössischer Kunst als eine lohnende und mit der Zeit auch als eine einträgliche Aufgabe. Eine ganz neue Schicht von Mäzenen, die mit jener der ersten Hälfte des Jahrhunderts, bei welcher die Fürstenhöfe, der Staat und die Städte eine wesentliche Rolle gespielt hatten, nurmehr wenig gemein hatte, bildete sich heraus; sie investierte nicht selten erhebliche Teile ihres im Zuge der rapiden industriellen Entwicklung gewonnenen beziehungsweise vermehrten Reichtums in Werke zeitgenössischer Kunst, mochte diese der industriellen Welt auch noch so kritisch gegenüberstehen.

Diese Entwicklung besiegelte das Debakel der offiziösen Kunstpolitik im kaiserlichen Deutschland. Zwar darf man füglich davon ausgehen, daß Wilhelms II. emotionale Ausbrüche gegen die moderne Kunst von der großen Mehrheit der bürgerlichen Schichten geteilt wurden, also nicht bloß Ausdruck höfisch-aristokratischen Kunstwollens waren, sondern in vieler Hinsicht Anbiederungen an den Zeitgeist. Aber selbst in der engeren Umgebung des Kaisers suchte man mittlerweile die kaiserlichen Versuche, die staatlichen Museen am Ankauf von Werken der künstlerischen Moderne zu hindern, nach Möglichkeit zu unterlaufen, wie das Beispiel des Ankaufs von Slevogts 1912 entstandenem Gemälde »Francisco d'Andrade als Don Giovanni« lehren mag. Dem Kaiser wurde gleichsam unter Vorspiegelung falscher Tatsachen die Zustimmung zum Erwerb abgerungen. Als Wilhelm II. dann ein Jahr später einen Besuch in der Nationalgalerie ankündigte, wurde dieses Gemälde auf eine Anregung des Chefs des Preußischen Zivilkabinetts von Valentini hin erst aufgehängt, nachdem Wilhelm II. und sein Gefolge die betreffenden Räume bereits durchschritten hatten, freilich noch rechtzeitig genug, um es den Journalisten vorzuführen.[15]

Die offiziöse Kunstpolitik, zumal in Preußen, hatte ihren Niederschlag in zahlreichen öffentlichen Gebäuden und insbesondere in Denkmälern gefunden. Von diesen brachten die Denkmäler zu Ehren »Wilhelms des Großen«, die allerorten die deutsche Landschaft zu verschönern bestimmt waren, aber auch das Völkerschlachtdenkmal bei Leipzig, das monströse Monument an der Porta Westfalica oder das später zerstörte Denkmal am Deutschen Eck in Koblenz, dessen Wiedererrichtung im Zeichen historischer Nostalgie gegenwärtig erneut betrieben wird, wilhelminischen Größenwahn in besonderem Maße zum Ausdruck. All dies repräsentierte, um mit Eric J. Hobsbawm zu sprechen, »eine sterbende und nach 1918 endgültig tote Vergangenheit«.[16] Zugleich hat die amtliche Kunstpolitik auf lange Zeit hinaus erhebliche künstlerische Ressourcen gebunden und die kreativen Energien eines großen Teils der Künstlerschaft in eine abseitige Richtung gelenkt. Jedenfalls auf diesen Bereich traf Nietzsches bitteres Wort zu: »Die Deutschen, die Verzögerer par excellence, sind heute das zurückgebliebenste Kulturvolk Europas.«[17] Mit dem Durchbruch der Avantgarde im letzten Jahrzehnt vor 1914 hingegen gewann das Deutsche Reich den Anschluß an die internationale Kunstentwicklung; ja mehr noch, auf dem Gebiet der modernen Architektur gewann es sogar eine führende Stellung. Aber diese neue Kunst war nicht mehr bürgerlichen Charakters, jedenfalls nicht im Sinne der bürgerlichen Kultur des 19. Jahrhunderts.

Auch im Bereich der Literatur drängte eine neue Generation von Symbolisten und Expressionisten über die Grenzen des bürgerlichen Kunstbegriffs hinaus. Rainer Maria Rilke sprengte in seinem Tagebuchroman »Die Aufzeichnungen des Malte Laurids Brigge« das literarische Genre des Entwicklungsromans, das seit Goethe einen festen Platz in der deutschen Literatur hatte; an die Stelle einer realistischen Schilderung des biographischen Schicksals seines Helden tritt eine Serie von Selbstbekenntnissen, in denen die Wirklichkeit gleichsam nur als Reflex der persönlichen Lebenserfahrungen Maltes mitgeteilt wird, nicht mehr als Abfolge von erzählbaren Ereignissen. Rilke legt Malte denn auch die Worte in den Mund: »Daß man erzählte, wirklich erzählte, das muß vor meiner Zeit gewesen sein.«[18] Maltes Lebensweg ist geprägt durch die Suche nach einer neuen Weise der Wirklichkeitserfahrung, die mit dem Bemühen des Naturalismus um eine wahre Erfassung des Wirklichen nurmehr Äußerlichkeiten gemein hatte, nämlich die Erbärmlichkeit des Milieus, aus dem sich Malte herauszuwinden sucht. Ganz ähnlich führen Robert Musils »Die Verwirrungen des Zöglings Törless« äußerlich in die Ausweglosigkeit, innerlich aber erlaubt dies Törless, ein »zweites, geheimes, unbeachtetes Leben der Dinge« zu entdecken.[19] Noch ungleich radikaler forderte die expressionistische Avantgarde die vorfindliche bürgerlich-industrielle Wirklichkeit heraus; den, wie sie es nannte, Surrogaten des bürgerlichen Denkens suchte sie ein neues, unmittelbares, emotional erfahrenes und dann in künstlerische Gestaltungen gegossenes, innerliches Lebensgefühl entgegenzustellen. »Die Welt ist da. Es wäre sinnlos, sie zu wiederholen. Sie im letzten Zucken, im eigentlichen Kern aufzusuchen und neu zu schaffen, das ist die große Aufgabe der Kunst«, so brachte Kasimir Edschmid die Ziele der Expressionisten eindrucksvoll auf den Begriff.[20]

Die Entdeckung alternativer Wirklichkeiten, nicht die Reproduktion der realen Welt, wurde nun zum Programm. Dem entsprach, daß die Schriftsteller und Künstler in ihrer großen Mehrheit ein Refugium für ihr künstlerisches Wirken abseits der alltäglichen Wirklichkeit der industriellen Zivilisation suchten. Die Unvereinbarkeit von bürgerlicher Welt und Kunst war bereits ein Lieblingsthema Thomas Manns; die nachfolgende Generation brach die Brücken zwischen künstlerischer Existenz und der technischen Zivilisation vollends ab. Rainer Maria Rilke, Hugo von Hofmannsthal und Stefan George wählten bewußt das Refugium einer der alltäglichen Welt entrückten pseudoaristokratischen Existenz, um Freiheit für ihre künstlerische Produktion zu gewinnen. Doch dies war keineswegs gleichbedeutend mit einer Flucht in die Idylle, wie man meinen könnte. Vielmehr entdeckte die Literatur und nicht zuletzt auch die Lyrik die moderne Großstadt als ein bevorzugtes Sujet einer kritischen, gleichwohl konstruktiven Auseinandersetzung mit der Lebenswirklichkeit der industriellen Gesellschaft. Aber der Gegentrend überwog, nämlich die kritische Abwendung von der Großstadt und allem, wofür sie stand. Rilke beispielsweise fand in seinem »Stundenbuch« bitterste Worte über die moderne Großstadt: »Die großen Städte sind nicht wahr [...]. Nichts von dem weiten wirklichen Geschehen, das sich um Dich, Du Werdender, bewegt, geschieht in ihnen.«[21] Und doch war dies alles nur als kontrapunktische Analyse denkbar, die die Existenz eben dessen voraussetzte, was sie verdammte, wie Max Weber 1911 einmal gesagt hat. Weber hatte dabei vor allem die Lyrik Stefan Georges im Auge, die wohl den weitesten Punkt der Entfernung der sich selbst genügenden esoterischen Persönlichkeit von der Welt der städtischen Zivilisation markiert: »Ganz bestimmte formale Werte in unserer modernen künstlerischen Kultur« hätten, so meinte er, »nur durch die Existenz der modernen Großstadt geboren werden« können. Eine Lyrik wie jene Stefan Georges, »ein solches Maß von Besinnung auf die letzten, von diesem durch die Technik unseres Lebens erzeugten Taumel uneinnehmbaren Festungen rein künstlerischen Formgehalts« hätte »gar nicht errungen werden« können, »ohne daß der Lyriker die Eindrücke der modernen Großstadt, die ihn verschlingen und seine Seele zerrütten und parzellieren will, dennoch voll durch sich hat hindurchgehen lassen«.[22]

Insbesondere die zeitgenössische Lyrik betrachtete den Rückzug auf die Innerlichkeit der Persönlichkeit als letzte, unabweisbare Antwort auf die Herausforderungen der industriellen Zivilisation ihrer Gegenwart. Prophetische Schau, gültig allein für einen kleinen, auserwählten Kreis von Eleven, fernab der Alltäglichkeit der bürgerlichen Welt, war die persönliche Lösung Stefan Georges. Rainer Maria

Rilke hingegen sah den vorgegebenen Weg des Dichters in der Flucht »in die Schluchten seiner Seele, die, er sie gleich nie erforschen wird, ihm doch unaussprechlich nähergehen« als die ihn umgebende Welt.[23] Aber das Auseinandertreten von alltäglicher Wirklichkeit und den ästhetischen »Gegenwelten« von Kunst und Literatur war ein Grundzug der Epoche. Die Künstler und Schriftsteller aber beanspruchten gar nicht mehr Verbindlichkeit für jedermann, sondern eigentlich nur für jene, die sich innerlich zu diesen »Gegenwelten« bekannten oder als in die jeweiligen literarischen oder künstlerischen Zirkel »eingeweiht« gelten durften. Darin kam zum Ausdruck, daß der bislang herrschende, weithin akzeptierte bürgerliche Begriff der Kultur zerbrochen war. Zu eben dieser Schlußfolgerung kam im Jahr 1905 auch Max Weber: «›Kultur‹ ist ein vom Standpunkt des Menschen aus mit Sinn und Bedeutung bedachter endlicher Ausschnitt aus der sinnlosen Unendlichkeit des Weltgeschehens«, der im Grunde nur durch die subjektive Wertwahl der Persönlichkeit konstituiert werde.[24] Damit war das Paradigma des bürgerlichen Kulturverständnisses des 19. Jahrhunderts verlassen. Georg Simmel hat damals diesen Prozeß des Auseinandertretens der objektiven Kultur, die sich in Kunst, Sitte, Wissenschaft, Religion, Recht, Technik als verdinglichten Objektivierungen des Geistes niedergeschlagen hatte, und der Aneignung von Kultur durch rein subjektive Formen einer extrem individualistischen Lebensführung besonders in seinem Werk »Philosophie des Geldes« eindrucksvoll beschrieben und analysiert. Die auf solche Weise konstituierte »Innerlichkeit« des Individuums wurde zunehmend weniger von verbindlichen gesellschaftlichen Zielsetzungen bestimmt und ließ somit Freiräume entstehen, in die rastlose Unruhe, rastloses Drängen und am Ende ein inhaltsleerer Dezisionismus Einzug halten konnten.[25]

Damit ging die Ablösung der Avantgarde, wie sie sich im letzten Jahrzehnt des Kaiserreiches durchsetzte, von dem bürgerlich-liberalen Politikbegriff einher, wie er noch in den letzten Jahrzehnten des 19. Jahrhunderts für die gebildeten Schichten selbstverständliches Gemeingut gewesen ist. Bereits Thomas Mann betrachtete die zunehmende Entfremdung des Künstlers und Schriftstellers von der Politik als unwiderruflich: »Ja, ich bin Bürger«, so bekannte er in den »Betrachtungen eines Unpolitischen«, »und das ist in Deutschland ein Wort, dessen Sinn so wenig fremd ist dem Geiste und der Kunst wie der Würde, der Gediegenheit und dem Behagen [...]. Bin ich liberal, so bin ich es im Sinne der Liberalität und nicht des Liberalismus. Denn ich bin national, aber unpolitisch gesinnt, wie der Deutsche der bürgerlichen Kultur.«[26] Die traditionellen engen Verbindungen des bürgerlichen Kulturbegriffs sind hier aufgelöst zugunsten des Rückzugs von der Tagespolitik. Politik, insbesondere Parteipolitik, wurde nunmehr als Teil jenes funktionalistischen Gehäuses der modernen industriellen Zivilisation angesehen, aus dem die künstlerische Avantgarde auszubrechen suchte, indem sie auf die rückhaltlose Entfaltung der eigenen Individualität und deren expressive Verdinglichung im Kunstwerk setzte.

Nur eine Minderheit der Künstler und Schriftsteller, zu denen insbesondere Thomas Manns um wenige Jahre älterer Bruder Heinrich gehörte, plädierten für ein aktives Engagement des Künstlers im demokratischen Sinne; wo ansonsten politisches Engagement vorlag, erschöpfte es sich in rein theoretischer Negation der bestehenden Ordnung, nicht in konstruktiver Einwirkung auf die politischen Entscheidungen des Tages. Diese Entwicklung verhinderte zwar zunehmend eine Instrumentalisierung von Kunst und Literatur zugunsten der Interessen der herrschenden Eliten oder der politischen Parteien, doch leistete sie der Entstehung von weitgehend entpolitisierten Subsystemen innerhalb der wilhelminischen Gesellschaft Vorschub und trug damit indirekt zur Schwächung der reformwilligen Kräfte in der wilhelminischen Gesellschaft bei. In gleicher Richtung wirkte sich die zunehmende Professionalisierung des Kulturlebens aus, von der Musik bis hin zur bildenden Kunst und zum Museumswesen. Kultur wurde mehr und mehr zu einem Subsystem der modernen Gesellschaft, das von einer Klasse von professionellen Fachleuten gehandhabt und kontrolliert wurde, während der Einfluß des allgemeinen Publikums auf den Gang der Dinge immer stärker zurückging. Formal gesehen wurde dabei, im Rahmen eines zunehmend differenzierteren Kulturbetriebs, ein immer höheres künstlerisches beziehungsweise literarisches Niveau erreicht, besonders auf der Theaterbühne und im Konzertsaal.

Auch an der Entwicklung des Theaters lassen sich tiefgreifende Veränderungen im kulturellen System des Kaiserreiches nach der Jahrhundertwende ablesen. Am Deutschen Theater in Berlin löste 1905 Max Reinhardt Otto Brahm, den großen Wegbahner des Naturalismus, ab. Reinhardts Inszenierungsstil repräsentierte den Rückzug des Theaters in eine transpolitische Sphäre des Überirdischen, des Tragischen, des Unabänderlichen, die gleichwohl von großen Idealen bestimmt war. Er selbst erklärte dazu: »Was mir vorschwebt, ist ein Theater, das den Menschen wieder Freude gibt. Das sie aus der grauen Alltagsmisère über sich selbst hinausführt in eine heitere und reine Luft der Schönheit. Ich fühle es, wie es die Menschen satt haben, im Theater immer wieder das eigene Elend wiederzufinden.« Reinhardt wollte die »Erziehung zu unerbittlicher Wahrheit«, die dem modernen Theater charakteristisch sei, »auf anderes anwenden als auf Zustands- und Umweltschilderungen, über Armeleutegeruch und die Probleme der Gesellschaftskritik hinaus« und »denselben höchsten Grad von Wahrheit und Echtheit an das rein Menschliche wenden«.[27] Dies war eine eindeutige Abkehr vom naturalistischen, aber auch vom zeitkritischen Drama zugunsten der »Schau«. Im übrigen kam Reinhardt dem Trend zum Gesamtkunstwerk, wie er sich vor allem in Wagners Musikdramen abgezeichnet hatte, seinerseits entgegen, indem er seine Inszenierungen unter Einsatz eines überreichen Bühnenrequisits in zugleich glanzvoller wie pompöser Form darbot. Gleiches galt in gewissem Sinne auch von der Musik eines Richard Strauss und eines Gustav Mahler, während die zukunftweisende Zwölftonmusik Arnold Schönbergs oder Alban Bergs vom breiteren Publikum nicht angenommen wurde.

Daneben bemühte sich das expressionistische Theater um völlig neue Formen der Bühnenkunst, die sich vornehmlich symbolischer und zuweilen sogar rein visueller Stilmittel bediente, um ekstatische Bekenntnisse zu verdeutlichen, um auf diese Weise alternative Wirklichkeiten zur Darstellung zu bringen, die in krassem Kontrast zur alltäglichen Wirklichkeit standen. Nicht wenige der bedeutenden bildenden Künstler jener Epoche, wie Wassily Kandinsky, Oskar Kokoschka und Ernst Barlach, versuchten sich auch auf der Bühne. Kandinskys kühne Bühnenkomposition »Der gelbe Klang«, die er 1909 am Künstlertheater in München selbst zur Aufführung brachte, wollte Impressionen vermitteln, nicht bedeutungshaltige Ereignissequenzen in dramatisierter Form präsentieren. Das erklärte Ziel seiner Bemühungen galt der »geistigen Erneuerung der Kunst«, doch dies verband sich mit einer unverhohlenen Kritik an der überkommenen bürgerlichen Ordnung; deren Bestreben, alles exakt messen zu müssen, und deren Verlangen nach beständiger Kalkulation wurden gelegentlich bissig verspottet.[28] Kandinsky fühlte sich dabei als Parteigänger des Anarchismus, dem damals Oskar Panizza und Erich Mühsam in München mit theatralischen Mitteln eine Gefolgschaft unter den Intellektuellen zu verschaffen trachteten. Darin wurden sie freilich durch die Eingriffe der bayerischen Polizeibehörden vielfach behindert. Weit publikumswirksamer erwiesen sich die Stücke Frank Wedekinds, insbesondere seine Kindertragödie »Frühlingserwachen«, mit ihrer scharfen Kritik am Kommerzialismus der bürgerlichen Alltagswelt, oder die sozialkritischen Stücke Carl Sternheims. Die Experimente des expressionistischen Theaters, auch dort, wo ihm unmittelbarer Erfolg versagt blieb, wiesen in die Zukunft. Wichtiger und im Grunde entscheidend war, daß an die Stelle des klassischen bürgerlichen Bildungstheaters völlig neue Formen der Bühnenkunst getreten waren, sei es, daß diese, wie bei Max Reinhardt, dem Publikum das Gefühl einer neuen spirituellen Gemeinsamkeit zu vermitteln suchten, sei es, daß sie, wie bei den Expressionisten, die Doppelbödigkeit der überkommenen gesellschaftlichen Normen der bürgerlichen und mehr noch der höfisch-aristokratischen Gesellschaft rückhaltlos bloßlegen und entzaubern wollten.

Thomas Nipperdey hat im Aufstieg der künstlerischen Avantgarde während des letzten Jahrzehnts vor 1914 einen Beleg dafür sehen wollen, daß das Bürgertum in Deutschland den Weg zur Moderne gefunden habe: »Die moderne Kunst hat sich nicht trotz der Bürger, sondern mit ihnen durchgesetzt.«[29] Daran ist soviel richtig, daß die eigentliche Trägergruppe dieser neuen, sich mit verwirrender Vielfalt in äußerst unterschiedliche Richtungen entfaltenden Kunst, die Naturalismus und Impressionismus weit hinter sich ließ und ihre Aufgabe in der künstlerischen Gestaltung höchst individueller Lebenserfahrungen sah, »die Jugend der großen Bourgeoisie« war. Ansonsten aber wäre es verfehlt, eine innere Korrelation zwischen Kunst und Literatur der Avantgarde und bürgerlichen Lebensidealen anzunehmen. Das einzige, das von diesen Idealen in dem Begriff der Moderne, wie ihn die Avantgarde verstand, übriggeblieben war, war ein rückhaltloser Individualismus, verbunden mit der Infragestellung aller »objektiven Kulturwerte«, wie sie damals Heinrich Rickert als Widerlager einer Erkenntnistheorie der Kulturwissenschaften bemühte, obschon dieser Weg bereits seit Nietzsches Lehre von der »Umwertung aller Werte« versperrt war. Insofern ist es verfehlt, den Durchbruch der Moderne einfach als reifste Form des bürgerlichen Bewußtseins deuten zu wollen. Vielmehr signalisierte die ästhetische Revolution der Avantgarde im Deutschen Reich, die sich zudem mit einer beträchtlichen zeitlichen Verzögerung gegenüber Westeuropa vollzog, die Krise der bürgerlich-liberalen Gesellschaft des 19. Jahrhunderts.[30] Dies war nicht zuletzt in den großen gesellschaftlichen Umschichtungen begründet, die in den späten achtziger Jahren eingesetzt hatten und sich nach der Jahrhundertwende in den sozialen Verhältnissen des wilhelminischen Reiches zunehmend stärker auswirkten. Die ästhetische Revolution um die Wende vom 19. zum 20. Jahrhundert verband sich mit einer radikalen Infragestellung des Fortschrittsdenkens und der Wissenschaftsgläubigkeit des 19. Jahrhunderts. Sie fand ihre soziale Entsprechung in der Dekomposition des Bürgertums als einer einheitlichen Klasse mit einem eigenständigen Ethos und einem spezifischen Lebensstil. Niemand hat dies im Rückblick klarer beschrieben als Thomas Mann, der 1919, seinen Blick nachdenklich zurückwendend auf seine eigene Herkunft aus der hanseatischen Bürgerstadt Lübeck, meinte: »Ich empfinde sehr deutlich, daß eine im Laufe von Jahrhunderten erworbene Kultur der Lebensführung im Absterben begriffen ist.«[31]

Der Zerfall des Bürgertums in eine Vielzahl von sozialen Gruppen mit höchst unterschiedlichen Interessen und Wertorientierungen ging mit einer fortschreitenden inneren Aushöhlung des bürgerlichen Ethos einher. Die bürgerlichen Lebensideale verloren ihre bindende Kraft, und ihre regulierende Wirkung auf das Sozialverhalten des einzelnen war nurmehr äußerlicher Natur, und zwar als Folge der institutionellen Zwänge eines wirtschaftlichen Systems, das, wie Max Weber in seiner Studie über die »Protestantische Ethik und der Geist des Kapitalismus« argumentierte, sich den Erfordernissen der bürgerlichen Berufsidee zu unterwerfen hatte, ob der einzelne dies nun wollte oder nicht: »Der Puritaner wollte Berufsmensch sein, wir müssen es sein.«[32] Werner Sombart legte in seinem damals vielgelesenen Buch »Der Bourgeois« eher impressionistisch als mit stringenter Begrifflichkeit dar, daß mit der Entstehung des modernen »Wirtschaftsmenschen« eine bloß äußerliche Erhaltung der bürgerlichen Tugenden einhergehe.[33] Jedenfalls gehörte jene Form des bürgerlich-liberalen Kulturverständnisses, die zuversichtlich einen gesicherten Kanon »objektiver Kulturwerte« voraussetzen zu können glaubte, der Vergangenheit an. Die geistige Situation war geprägt durch eine Ausdifferenzierung der Kultur in immer vielfältigere Objektivationen des Geistes – in Kunst, Literatur, Wissenschaft, Religion, Ethik, Recht, Technik und anderes mehr – einerseits und immer subjektivere Formen der Aneignung kultureller Hervorbringungen andererseits. »Der Objektivierungsprozeß der Kulturinhalte«, so faßte Georg Simmel diesen Befund zusammen, »der, von der Spezialisation dieser getragen, zwischen dem Subjekt und seinen Geschöpfen eine immer wachsende Fremdheit stiftet«, führe zwangsläufig hinein in eine radikale Kultivierung der Individualität und in rein subjektive ästhetische beziehungsweise literarische Gestaltungen unterschiedlichster Art.[34] Damit ging jene Einheit des kulturellen Bewußtseins verloren, die noch in den Jahrzehnten nach der Reichsgründung der bürgerlich-liberalen Bewegung und ihrem politischen Wollen als geistiges Rückgrat gedient hatte.

Kultur und Wissenschaft im Ersten Weltkrieg

Das deutsche Kulturleben an der Schwelle des Ersten Weltkrieges

Im letzten Jahrzehnt vor 1914 stand die deutsche Wissenschaft auf dem Höhepunkt ihrer Weltgeltung. Der großzügige Ausbau der Naturwissenschaften an den Universitäten und Technischen Hochschulen sowie den Kaiser-Wilhelm-Instituten, die sich ausschließlich der Forschung widmeten, hatte Früchte getragen. Nicht nur in der Grundlagenforschung, sondern auch auf dem Gebiet der angewandten Forschung waren große Leistungen erbracht worden. Die Erfolge der deutschen Industrie auf den Weltmärkten, insbesondere auf den Sektoren der chemischen und der Elektroindustrie, verdankten sich gutenteils den Errungenschaften der Natur- und Ingenieurwissenschaften. Auch die deutsche Hochschulmedizin hatte große Fortschritte gemacht und sich auf vielen Gebieten, wie etwa der Besiegung der Diphtherie, internationales Ansehen erworben. Gleiches gilt durchaus für die Geistes- und Kulturwissenschaften. Die Geltung der Geisteswissenschaften, zumal der Geschichtswissenschaft, im westlichen Ausland, insbesondere den Vereinigten Staaten, war hoch. Die große Reputation des deutschen Hochschulsystems hatte eine beachtliche Zahl von Wissenschaftlern des Auslandes dazu veranlaßt, an deutschen Universitäten zu studieren; viele von ihnen befanden sich inzwischen in einflußreichen akademischen Positionen. Die Kontakte unter den führenden deutschen und ausländischen Wissenschaftlern waren vielgestaltig und eng; zahlreichen deutschen Wissenschaftlern war die Mitgliedschaft an ausländischen Forschungsinstitutionen oder Akademien angetragen worden. Manche deutsche Gelehrte, wie beispielsweise Karl Lamprecht, waren im Ausland sogar noch angesehener als zu Hause.

Innerhalb der deutschen Gesellschaft verfügte die Akademikerschaft über eine bemerkenswert unabhängige Stellung, abgesichert durch ihre korporativen Sonderrechte, die sie vor staatlicher Bevormundung schützten, obschon das Prinzip der Freiheit der Lehre nur innerhalb bestimmter Grenzen galt. Es ist nicht unberechtigt, die Professoren mit den Mandarinen des klassischen China zu vergleichen, weil sie einen beachtlichen informellen Einfluß nicht nur auf die Gesellschaft, sondern insbesondere auf die hohe Bürokratie ausübten, deren Mitglieder zumeist als Studenten in den Hörsälen und Seminaren der Hochschulen gesessen hatten. Zwar war die Akademikerschaft eine, im Vergleich mit den Verhältnissen in anderen Bereichen der deutschen Gesellschaft, offene Elite, die Aufsteiger zuließ und für die das Prinzip der Liberalität kein leeres Wort war; aber beharrende Tendenzen waren auf dem Vormarsch. Das Gros der Wissenschaftler, namentlich in den naturwissenschaftlichen Disziplinen und in der Medizin, aber auch in der

Jurisprudenz, war eher konservativ eingestellt. Sie identifizierten sich voll und ganz mit den bestehenden Verhältnissen, und auch in den Geschichts- und Sozialwissenschaften, die eher liberale Geister anzogen, waren entschieden progressiv eingestellte Gelehrte eine Minderheit.

Die akademische Wissenschaft beanspruchte weiterhin fast selbstverständlich für sich, daß sie dazu berufen sei, den Regierungsinstanzen in den großen politischen und gesellschaftspolitischen Fragen mit ihrem Rat zur Seite zu stehen, und dies wurde von seiten der Beamtenschaft und den Regierungen durchaus anerkannt, wenn auch je nach den Verhältnissen in unterschiedlichem Grade. Der Reichskanzler Theobald von Bethmann Hollweg beispielsweise hat wiederholt angesehene Wissenschaftler gerade wegen ihrer vorgeblichen Unparteilichkeit um öffentliche Schützenhilfe in umstrittenen Fragen seiner inneren Politik angegangen, so etwa bei der Heeresvorlage von 1913. Es entsprach dies der herrschenden halbkonstitutionellen Regierungsweise, die oberhalb der Parteien zu operieren bestrebt und bemüht war, den Sachverstand der Fachleute innerhalb wie außerhalb der Staatsbürokratie gegen die angebliche Demagogie der Parteien auszuspielen. Unter den obwaltenden Umständen konnten der »Verein für Socialpolitik« oder die »Gesellschaft für soziale Reform« durchaus davon ausgehen, daß ihre Vorschläge auf sozialpolitischem oder wirtschaftspolitischem Gebiete seitens der staatlichen Instanzen erhebliche Beachtung finden würden; das Problem war allerdings, daß die Wissenschaft angesichts der Richtungskämpfe im eigenen Lager immer weniger mit einer Stimme zu sprechen vermochte.

Ansonsten aber hatte sich die Wissenschaft zunehmend in einem elfenbeinernen Turm relativer Selbstgenügsamkeit zurückgezogen. Die Professoren waren, vom Staat vergleichsweise großzügig alimentiert und als Mitglieder einer weitgehend autonomen Korporation mit eigenständigen Ritualen, vor gesellschaftlichen Zwängen relativ gut abgesichert; das Vorrecht der Kooptation sicherte sie vor dem Eindringen von Außenseitern oder radikalen Neuerern. Dissidenten mit sozialistischen oder sonstigen abweichenden Auffassungen hatten keine Chance, in gehobene akademische Positionen aufzusteigen. Für die große Mehrzahl der Professoren, wie für die Intellektuellen überhaupt, galt Tagespolitik, und insbesondere Parteipolitik, als ein Geschäft, welches ihrer nicht würdig sei.[1] Nur eine Minderheit der Professoren waren aktive Mitglieder politischer Parteien. Hingegen gab es eine kleine, freilich ungemein einflußreiche Gruppe von Professoren, die auf publizistischem Feld Einfluß auf die Zeitläufte zu nehmen vermochte, wie der Osteuropahistoriker Otto Hoetzsch in der »Neuen Preußischen (Kreuz-)Zeitung«, der Militärhistoriker Hans Delbrück in den »Preußischen Jahrbüchern« oder der Soziologe Max Weber im »Archiv für Sozialwissenschaft und Sozialpolitik«. Die Professorenschaft identifizierte sich, mit verschwindend geringen Ausnahmen, nahezu uneingeschränkt mit dem nationalen Staat; in ihrer Eigenschaft als Staatsbeamte in herausgehobener Stellung wurde dies von ihnen auch erwartet.

Die »Entzauberung der Welt« durch die moderne Wissenschaft hatte im Gegenzug eine Fülle von pseudoreligiösen Bewegungen und sektiererischen Strömungen hervorgebracht, die das rationale Weltbild der Moderne in Frage stellten, ohne deswegen schon zu traditionellen religiösen Glaubenshaltungen zurückkehren zu wollen.[2] Der Nietzsche-Kult tat ein übriges, um dem rationalistischen Fortschrittsoptimismus der Zeit, von dem die Wissenschaft weithin getragen wurde, das Wasser abzugraben. Mit dem Vitalismus meldete sich eine neue philosophische Schule zu Wort, die das Erleben zum Schlüsselbegriff der Wirklichkeitserfahrung erhob und die Grundlagen des Neukantianismus und des neuhumanistischen Idealismus, die bislang weithin das Feld beherrscht hatten, in Zweifel zog.

Davon abgesehen hatte sich eine Schere zwischen der Wissenschaft und dem aktuellen kulturellen Leben geöffnet. Die künstlerischen und literarischen Eliten hatten sich seit längerem von der bürgerlichen Wissenschaft entfernt; ebenso war die radikale Kritik des »Rembrandt-Deutschen« Langbehn an der Wissenschaft vielerorts auf einen fruchtbaren Boden gefallen. Die Wissenschaft ihrerseits war weithin einem positivistischen Wissenschaftsbetrieb anheimgefallen, der zwar auf breiter Front beachtenswerte neue Erkenntnisse hervorbrachte, aber, von Ausnahmen abgesehen, große innovative Ideen nicht zum Zuge kommen ließ, wie dies damals unabhängig voneinander Ernst Troeltsch und Friedrich Meinecke beklagten. Die großen Neuerer, wie Sigmund Freud mit der Psychoanalyse oder Max Weber mit seiner neuen sozialwissenschaftlichen Methode, blieben innerhalb des akademischen Systems Außenseiter. Jedenfalls wurde die Entfaltung eines weitgespannten, differenzierten Kultur- und Wissenschaftssystems begleitet von der Entstehung zahlreicher kultureller Subsysteme, die sich zunehmend voneinander isoliert fortentwickelten und nicht mehr auf die Gesellschaft in ihrer Gesamtheit bezogen waren.

Schon seit geraumer Zeit hatte sich in den Bildungsschichten ein Unbehagen an der spätbürgerlichen Kultur ausgebreitet; der große Einfluß des Nietzscheanismus, mit seiner radikalen Infragestellung der Grundlagen der abendländischen Kultur und ihrer rationalistischen Grundlagen, war dafür ein deutliches Symptom, die Begeisterung für Tolstois Schriften ein anderes.[3] Georg Simmel sah die Signatur der Zeit in einem zunehmenden Auseinandertreten der objektiven Kultur, die in zahllosen Kunstwerken, Artefakten und kulturellen Institutionen eine Verdinglichung gefunden habe, und der subjektiven Kultur, also der schöpferischen Hervorbringung oder Aneignung kultureller Werte durch das Individuum. Letzteres sei gar nicht mehr in der Lage, mit der objektiven Kultur, die sich kraft der ihr innewohnenden Eigenlogik immer mehr ausbreite, innerlich mitzuhalten.[4] Vor allem aber sei die Einheit der Kultur verlorengegangen. An ihre Stelle sei eine »Massenhaftigkeit von Dingen« erwachsen, »deren jedes mit einem gewissen Recht Anspruch auf Kulturwert macht, und auch einen Wunsch, es so zu verwerten«, in den Individuen »anklingen« lasse.[5] Die moderne Kultur versinke in einer unübersehbaren Vielzahl prinzipiell beliebiger ästhetischer Gestaltungen. Gleichzeitig werde einer grenzenlosen Vielfalt ästhetisierender Lebensformen freie Bahn gegeben, der mehr und mehr eine echte geistige Grundlage abgehe.

In der Tat hatte die Zerklüftung des kulturellen Lebens im Kaiserreich in den letzten Jahren vor 1914 ein bedenkliches Maß angenommen. Die avantgardistischen Eliten hatten sich immer stärker der herrschenden bürgerlichen Kultur entfremdet, und diese befand sich ihrerseits in der Gefahr, der Stagnation, wenn nicht gar der Sterilität anheimzufallen. Die latente Distanz der kulturellen Eliten zu dem den Alltag bestimmenden industriellen System, dem man die Zerstörung der natürlichen Gemeinschaften zugunsten von ausschließlich über den Markt vermittelten Vergesellschaftungen und die Prämierung einer einseitig materialistischen Gesinnung vorwarf, tat ein übriges, um diesen Trend zu verstärken. Noch ausgeprägter war der Gegensatz der avantgardistischen Eliten zur offiziösen Kultur.[6] Die Versuche Wilhelms II., die Kunst von modernistischen Strömungen »rein zu erhalten«, waren zwar weitgehend erfolglos geblieben, aber die Konflikte zwischen den herrschenden Eliten und der Avantgarde dauerten fort. Noch im Jahr 1913 war Gerhart Hauptmanns aus Anlaß der Jahrhundertfeier der Völkerschlacht bei Leipzig verfaßtes patriotisches »Festspiel in deutschen Reimen« auf Veranlassung des Kronprinzen wieder vom Programm abgesetzt worden, weil es in einer Apotheose des Friedens endete und er deswegen des Pazifismus beschuldigt worden war.[7] Außerdem wurde die Avantgarde von den Vertretern einer »deutschen« Kunst angefeindet, welche die angebliche Überfremdung des Kunstbetriebs in Deutschland beklagten und sich lauthals gegen die übermäßige Berücksichtigung ausländischer, vornehmlich der französischen Kunst im Ausstellungsbetrieb des Kaiserreichs wandten. Namentlich die Vertreter der »Heimatkunst« wurden nicht müde, gegen die Avantgarde zu Felde zu ziehen. Aber auch im Lager der avantgardistischen Kunst selbst gab es immer neue Richtungskämpfe, und die Tendenzen zur Absonderung der sich erbittert befehdenden künstlerischen oder literarischen Zirkel von der Gesellschaft als solcher waren groß.

Der Ausbruch des Ersten Weltkrieges wurde in den Kreisen der Künstler und Schriftsteller und ebenso der akademisch Gebildeten, einschließlich der Professorenschaft, nahezu einhellig als Befreiung von der schier unerträglichen Spannung der Vorkriegsjahre empfunden. Der Krieg, so glaubte man weithin, eröffne die Aussicht auf die Überwindung der kulturellen Stagnation der Vorkriegsjahre. Nunmehr sei es möglich geworden, eine lebendige, von den breiten Schichten der Bevölkerung getragene, deutsche Kultur zu schaffen. Die Flutwelle nationaler Begeisterung, die in den ersten Augusttagen große Teile der Bevölkerung erfaßte, verfehlte nicht ihren Eindruck auf die kulturellen Eliten. Zwar war die Reichweite der Aufbruchstimmung des »August 1914« bei weitem nicht so groß, wie es damals schien; insbesondere auf dem flachen Lande war die Reaktion der Bevölkerung vielfach höchst verhalten, wenn nicht gar feindselig.[8] Die nationale Begeisterung war weithin verbunden mit Sorge und tiefen Ängsten, in einer im einzelnen nicht eindeutig nachweisbaren Form. Auch die Künstler haben dies registriert. Max Beckmanns Graphik »Die Kriegserklärung« zeigt eine Gruppe von Menschen, welche dicht zusammengedrängt mit teils angsterfülltem, teils tief nachdenklichem Gesichtsausdruck die schicksalsträchtige Kriegsbotschaft erfahren.[9] Es kann jedoch kein Zweifel darüber bestehen, daß die Aufbruchstimmung des August 1914 als subjektive Erfahrung nationaler Solidarität über alle Schichten der Bevölkerung hinweg einen tiefen Eindruck auf die damals dominante Generation der Intellektuellen und Künstler gemacht hat; es wäre unangebracht, sie als bloße Fiktion zu betrachten. Selbst ein so kritischer Denker wie Max Weber, der die Außenpolitik der Regierung Bethmann Hollweg damals aufs schärfste verurteilte, wurde von der Stimmung des »August 1914« mitgerissen: »Denn einerlei wie der Erfolg ist – dieser Krieg ist groß und wunderbar.«[10] Max Weber empfand tiefe Genugtuung über die Solidarität der Nation im Augenblick der äußeren Bedrohung.

Die nationale Begeisterung der Augusttage, die, wie es schien, von nahezu allen Schichten des Volkes geteilt wurde, bestärkte die kulturellen Eliten in ihrer Erwartung, daß unter dem Eindruck des Krieges, der zu gemeinsamem Handeln zwinge, jene einheitliche Nationalkultur von großer Vitalität, die in den Vorkriegsjahren abhanden gekommen zu sein schien, wiedergewonnen werden könne. Angesichts der großen nationalen Aufgaben, vor denen die Nation stehe, so war zu erwarten, eröffne sich die Chance, die große Kluft zwischen Staat und Kultur, die bisher Teile der künstlerischen Eliten in eine Abseitsstellung gedrängt habe, zu überbrücken und die erbitterten Richtungskämpfe im Lager der Künstler und Intellektuellen beizulegen. Die Staatsferne der künstlerischen und literarischen Eliten schien mit einem Male dahingeschwunden; die Schriftsteller und Künstler stellten sich, mit nur wenigen Ausnahmen, ebenso hinter die Politik der Regierung Bethmann Hollweg wie die übergroße Mehrheit der Bevölkerung.

Schon vor 1914 hatten die kulturtragenden Eliten mit der Möglichkeit eines großen europäischen Krieges gerechnet und einen solchen nicht selten sogar herbeigewünscht. Dabei spielte die Annahme, daß über kurz oder lang ohnehin ein großer europäischer Krieg kommen werde, eine nicht unerhebliche Rolle.[11] Zwar war die Zahl jener, die offen auf einen Krieg hinarbeiteten, noch gering, aber nicht ohne Einfluß, gerade auch auf die Bildungsschichten. Friedrich von Bernhardi hatte 1912 argumentiert, daß das Deutsche Reich die Initiative ergreifen und seinerseits einen Präventivkrieg führen müsse, um sich die Weltmachtstellung zu erkämpfen, die ihm seine europäischen Rivalen bisher verwehrt hätten, nicht zuletzt, um die Weltgeltung der deutschen Kultur auch in dem bevorstehenden Zeitalter der Weltreiche zu behaupten.[12] Andere wiederum wünschten sich einen Krieg geradezu herbei, weil er die erstarrte gesellschaftliche Ordnung zerbrechen und das kulturelle Leben aus der Sterilität herausführen werde, der dieses in den letzten

Jahrzehnten anheimgefallen sei. Der Schriftsteller Ernst Toller hatte schon anläßlich der zweiten Marokko-Krise, die Europa dicht an den Rand eines europäischen Krieges herangeführt hatte, im November 1911 den Ausbruch des Krieges zwischen Frankreich und dem Deutschen Reich herbeigewünscht: »Wir Jungen wünschen den Krieg herbei«, als Erlösung von einer Gesellschaft der kulturellen Beliebigkeit.[13] In ganz demselben Sinne schrieb damals Walter Alfred Heymel in der Zeitschrift »Der Sturm«: »Es fehlt uns vielen Dienst und Ziel und Zwang [...] wir sehnen uns, wir schreien nach dem Kriege.«[14] Vergleichbare Ansichten waren in den Kreisen der Künstlerschaft und der Schriftsteller, mit Variationen im einzelnen, weit verbreitet. Auch Robert Musil hieß damals einen Krieg als Befreiung von tendenziell tödlicher Langeweile und sterilem Materialismus willkommen.[15] Georg Heyms bekanntes Gedicht »Der Krieg« war hingegen düster und fatalistisch gestimmt; es beschrieb den Krieg nicht als Befreiung, sondern als übermächtige personifizierte Gewalt, die gleich einem Feuerbrand unwiderstehlich um sich greift und Furcht, Lähmung, Ströme von Blut und »Wüsteneien« hinter sich zurückläßt.[16]

Zwar war der Einfluß des italienischen Futurismus, der damals den Krieg als Heilsbringer und Zerstörer der überkommenen, erstarrten Kultur enthusiastisch propagierte, in Deutschland vergleichsweise gering; nur die Zeitschrift »Der Sturm« widmete ihm einige Beachtung.[17] Aber dem Argument, daß ein großer europäischer Krieg helfen könne, die sterile Ödheit des herrschenden Kulturlebens und die individualistische Beliebigkeit künstlerischer und literarischer Gestaltungen zu überwinden, begegnen wir gleichwohl vielerorts. Der Georgianer Friedrich Gundolf beispielsweise beschwor die verjüngende Kraft des Krieges in pathetischer Sprache: »Der allgemeine duldende Frieden ist ein müdes greisenideal. Wo jugend, wandlung, schöpfung möglich und nötig ist, da ist krieg nötig: er ist eine menschliche grundform, wie das wandern, die liebe, das beten und das dichten: er kann durch keine zivilisation überflüssig werden.«[18] Die Disposition zur Hinnahme des Krieges als eines Durchbruchs zu einer neuen, besseren Weltordnung und einer vitalen, ursprünglicheren Kultur war stark genug, um in den Kreisen der Intelligenz und des kulturellen Lebens die Widerstände gegen eine Politik nachhaltig zu schwächen, welche immer stärker auf einen großen europäischen Krieg zutrieb, ohne ihn deshalb schon konkret anzustreben.

Im Gegensatz zu landläufigen Erwartungen gab es kaum entschieden pazifistische Strömungen unter den Künstlern und Schriftstellern. Und auch hier mischten sich fatalistische Stimmungen ein, die den Krieg zwar scharf ablehnten, aber als ein übermenschliches Fatum verstanden und bisweilen sogar als Zuchtrute, die über die Menschheit kommen müsse, um den Weg für eine neue, ursprünglichere Kultur frei zu machen. Stefan George, der gewiß kein Kriegstreiber war, schrieb 1913, daß ein Krieg kommen werde, der die verfallende Zivilisation von ihren tiefen Verfehlungen befreien und die Bahn für eine Erneuerung der Kultur frei machen werde: »Zehntausende müssen in dem heiligen Krieg sterben.«[19] Zahlreiche Künstler beschrieben den Krieg als ein Geschehen von ursprünglicher Gewalt, dem der Mensch wehrlos ausgeliefert ist. Nahezu alle namhaften Maler der Jahrzehnte vor 1914, von Stuck (1894) und Böcklin (1896) bis hin zu Klinger (1911), Klee und Kandinsky, hatten sich diesem Thema zugewandt und den Krieg in allegorischer Form als eine Urgewalt beschrieben, der zu widerstehen aussichtslos schien.[20] Von Begeisterung für den Krieg war gewiß nicht die Rede, auch wenn man etwa bei Klinger eine ästhetische Überhöhung des Sujets ausmachen kann; hingegen atmeten diese Darstellungen durchweg eine fatalistische Grundstimmung, die kaum geeignet war, aktiven Widerstand gegen eine kriegerische Politik zu wecken.

Eine Sonderstellung nimmt in diesem Zusammenhang das Werk Ludwig Meidners ein, der stärker als andere deutsche Künstler vom italienischen Futurismus beeinflußt war. Das expressionistische Werk Ludwig Meidners behandelte in einer reichen Folge von Gemälden, Graphiken und Zeichnungen immer wieder ein und dieselbe Thematik, nämlich den Einbruch übermenschlicher, zuweilen kosmischer Gewalten in die Menschenwelt, die den einzelnen in extremer Panik und Verzweiflung zurücklassen. Seine bedrückenden Schilderungen grenzenloser Gewalt, Zerstörung, Krieg und kosmischer Katastrophen, die sich zu apokalyptischen Visionen steigern, antizipierten in gewisser Weise den kommenden Weltkrieg, obschon jeder direkte Bezug zu dem konkreten politischen Geschehen fehlte. Hier wurde die Ausweglosigkeit menschlicher Existenz gegenüber Krieg und Kriegsgeschehen, die späterhin die expressionistische Kunst und Literatur immer wieder beschäftigen sollte, vorweggenommen.

Dies alles zeigt, daß die Aufbruchstimmung des August 1914 keineswegs aus heiterem Himmel gekommen ist, obschon dies damals weithin so wahrgenommen wurde.[21] Sie war vielmehr in der mentalen Disposition der kulturellen Eliten vor dem Kriege bereits angelegt. Allein, die nationale Begeisterung vornehmlich der städtischen Eliten im August 1914 übertraf alle Erwartungen und weckte die höchsten Hoffnungen. Karl Alexander von Müller beschrieb den Kriegsausbruch als einen Akt der Erlösung, in der sich »[...] nach der Ziellosigkeit der vergangenen Jahre die Schwelle einer neuen Zeit enthülle«.[22]

Die geistige Mobilmachung der akademischen Eliten

Die Aufbruchstimmung des August 1914 erfaßte die Akademikerschaft in voller Breite. Mit nur geringen Ausnahmen, die anfänglich gar nicht in den Blick gerieten, fühlten sich die Professoren dazu aufgerufen, die Kriegsanstrengungen der Nation mit geistigen Waffen zu unterstützen und der deutschen Kriegspolitik eine zusätzliche moralische Legitimation zu verschaffen.[1] Die Parole lautete: »Mobilmachung der geistigen Kräfte der Kultur für Nation und Staat«. Von Anfang an wurde der Krieg auch als Verteidigungskrieg der deutschen Kultur gegen die westliche Zivilisation gedeutet. Der Nationalökonom Gerhart von Schultze-Gävernitz beispielsweise argumentierte: »Hinter dem Kampf der Waffen wird ein *Kampf der Ideen* geführt.«[2] Er war sich dabei im klaren, daß es mit der moralischen Position des Deutschen Reiches nicht zum Besten stand: »In dem Kampf der Geister aber sind wir Deutschen die Schwächeren«, so meinte er, wenn es nicht gelinge, die deutsche Position vor der Welt überzeugend zur Geltung zu bringen. Dieser Krieg gelte dem Ziel, »der deutschen Freiheit zum Durchbruch« zu verhelfen.[3]

Die Historiker hatten lange dem Staat und seiner Machtpolitik den Vorrang vor den Belangen der Kultur gegeben; sie fanden es jetzt schwierig, den Krieg als Verteidigung der deutschen Kultur zu deuten. Die Politik des Deutschen Reiches bei Kriegsausbruch war primär von machtpolitischen Erwägungen bestimmt worden, während die Westmächte von Anfang an darauf verweisen konnten, daß sie für die Freiheit der kleinen Nationen und die Erhaltung der europäischen Kultur zu den Waffen gegriffen hatten. Friedrich Meinecke, Herausgeber der »Historischen Zeitschrift« und als solcher ein – allerdings gemäßigter – Repräsentant der herkömmlichen politischen Historiographie, griff diese Frage bereits Anfang August 1914 auf: »Der Staat – oder wie man im modernen Leben sagen muß: der Inbegriff der Staatsbedürfnisse und der politischen Nationalinstinkte zusammengenommen – ist mächtiger als die Kultur.« Er plädierte jedoch gerade jetzt für »eine von Kultur erfüllte und veredelte Politik«, seien doch Kultur und Politik wechselseitig aufeinander angewiesen.[4] »Während unmittelbar und greifbar in diesen gewaltigen Tagen unsere Kultur ganz in den Dienst des Staates gepreßt wird, dient im Reiche des Unsichtbaren heute unser Staat, unsere Machtpolitik, unser Krieg den höchsten Gütern unserer nationalen Kultur [...] Alle diejenigen unter uns, die von einer Kultur ohne Staat träumten, werden jetzt erwachen im Angesicht der Gefahr, der ihr droht.«[5]

Dies stellte nicht eben eine günstige Ausgangsposition für die Verteidigung der deutschen Kriegführung unter kulturellen Gesichtspunkten dar. Meinecke suchte dieses Dilemma zu lösen, indem er die deutsche Kriegspolitik in die Traditionen der deutschen Geschichte seit den Befreiungskriegen der Napoleonischen Ära einordnete, welch letzteren eine kulturelle und moralische Legitimation nicht gut bestritten werden konnte. In seiner Abhandlung »Die deutsche Erhebung von 1914«, die bereits im Titel die Erinnerung an 1812/13 beschwor, suchte er dem Ersten Weltkrieg gleichsam eine historische Weihe zu geben, indem er den Aufbruch vom August 1914 als letzten einer Folge großer nationaler Erhebungen deutete, die die Begründung und Behauptung eines eigenständigen machtvollen Nationalstaates zum Ziel hatten, die Befreiungskriege von 1812/13, die deutsche Revolution von 1848/49 und den deutsch-französischen Krieg vom Jahr 1870. Die deutsche Erhebung von 1812 wäre ohne den deutschen Idealismus, der die »Entfaltung des reinen Menschentums von unvergleichlicher Größe« gebracht habe, nicht denkbar gewesen und die Revolution von 1848/49 nichts ohne das Engagement der Repräsentanten der deutschen Nationalkultur. Meinecke räumte ein, daß der Sieg über Frankreich 1870 und die Gründung des Deutschen Reiches ohne Bismarck nicht hätte erreicht werden können; aber daraus folgerte er für den gegebenen Augenblick: »Jetzt [...] ist vom Kaiser und Reichskanzler bis zum Arbeiter herunter unausgesprochen der eine Gedanke in uns lebendig: da wir keinen Bismarck unter uns haben, so muß jeder von uns ein Stück Bismarck sein.«[6] Dies alles klang ein wenig gequält, ebenso wie die Schlußfolgerung, daß es jetzt darauf ankomme, uns »die Harmonie von Menschentum und Volkstum [...] wieder[zu]gewinnen, die unsere erste Erhebung so herrlich machte«.[7] Allerdings war Meineckes Bemühen um eine idealistische Überhöhung des Kriegsgeschehens unter Heranziehung gerade auch der jüngeren deutschen Nationalgeschichte verbunden mit der Warnung vor geistiger Überheblichkeit gegenüber den Kulturen der westlichen Völker und vor allem engstirnigen Nationalismus.

Aber eben dies geschah. Im Zuge der Entwicklung wurden nicht nur die Historiker, die für nationale Parolen besonders empfänglich waren, sondern die Repräsentanten der deutschen Wissenschaft und der deutschen Kultur in ihrer großen Mehrheit in den Sog der nationalistischen Tageskämpfe hineingezogen. Dabei spielte eine Rolle, daß führende Vertreter der englischen und der französischen Wissenschaft bereits im August 1914 mit öffentlichen Erklärungen hervorgetreten waren, in der sie ihre deutschen Kollegen aufgefordert hatten, sich von den deutschen Greueltaten gegen die friedliche Zivilbevölkerung in Belgien und die Zerstörung unersetzlicher Kulturdenkmäler, unter anderem der Bibliothek von Löwen und der Kathedrale von Reims, zu distanzieren und sich, eingedenk der ehrwürdigen Traditionen des deutschen Geisteslebens, öffentlich gegen den preußischen Militarismus und Imperialismus zu erklären, der in der Brutalität der Methoden der deutschen Kriegführung seinen Niederschlag gefunden habe.[8] Es ist hinzuzufügen, daß dergleichen Beschuldigungen in vielfach grotesk vergröberten Formen auch die alliierte Kriegspropaganda bestimmten. Dies veranlaßte eine Gruppe von führenden Persönlichkeiten, unter anderen der Reeder Albert Ballin, der Naturphilosoph und Monist Ernst Haeckel und die Historiker Karl Lamprecht und Erich Marcks, an die deutschen Führungsschichten zu appellieren, sich in jeder nur denkbaren Form an die Öffentlichkeit des Auslandes zu wenden und diesen unglaublichen »Entstellungen, Verleumdungen und Unwahrheiten« entgegenzutreten.[9] Das Resultat war eine Flut von öffentlichen Erklärungen an die Adresse des Auslandes. Der bedeutendste von diesen war der »Aufruf an die Kulturwelt« vom 4. Oktober 1914, welcher von dreiundneunzig prominenten Vertretern des deutschen Geisteslebens und der deutschen Kultur unterzeichnet war.[10] Dazu gehörten insbesondere die Schriftsteller Richard Dehmel und Gerhart Hauptmann, die Maler Max Klinger, Max Liebermann, Hans Thoma und Wilhelm Trübner, der Komponist Engelbert Humperdinck, der berühmte Theaterregisseur Max Reinhardt und eine erlesene Zahl von prominenten Wissenschaftlern, unter ihnen der Biologe Ernst Haeckel, der Mathematiker Felix Klein, der Physiker Phillip Lenard, die Theologen Adolf von Harnack und Reinhold Seeberg, die Nationalökonomen Lujo Brentano und Gustav Schmoller, der Altphilologe Ulrich von Wilamowitz-Moellendorff, die Philosophen Wilhelm Windelband und Wilhelm Wundt sowie die Historiker Karl Lamprecht, Eduard Meyer, Friedrich Meinecke und Martin Spahn, wahrlich eine eindrucksvolle Liste großer Namen.[11]

Insgesamt wird man sagen können, daß die westlichen Appelle an die deutsche kulturtragende Elite das Gegenteil dessen bewirkten, was sie bezweckt hatten; sie identifizierte sich daraufhin in aller Form mit der bestehenden deutschen Staatsordnung einschließlich der privilegierten Stellung des Militärs und mit der Politik der deutschen Staatsführung. Dabei gingen die Verfasser des Aufrufs höchst unkritisch zu Werke; die öffentlichen Erklärungen der deutschen Regierung wurden unbesehen als reine Wahrheit übernommen. Es ging noch an, daß jegliche Schuld des Deutschen Reiches am Krieg rundweg verneint wurde; weder die Regierung noch Wilhelm II. hätten den Krieg gewollt und ihr Äußerstes getan, um dessen Ausbruch abzuwenden. Ärger war, wie radikal die Tatsache abgestritten wurde, daß es bei dem Durchmarsch der deutschen Truppen durch Belgien zu Übergriffen und unangemessenen Gewaltakten gegen angebliche Franktireurs gekommen war; heute wissen wir, daß solche Übergriffe tatsächlich in immerhin erheblichem Umfang vorgekommen sind, vornehmlich weil die militärische Führung nach dem Vorgang von 1871 sehr beunruhigt war, daß der deutsche Vormarsch durch Franktireurs abgebremst werden könne und deshalb bei der Bekämpfung von Guerilla-Aktionen äußerste Härte angeordnet hatte. Auch die Truppen waren von einer regelrechten »Franktireurs-Psychose« erfaßt. Es kam hinzu, daß an den Operationen vielfach unerfahrene Reserveverbände beteiligt waren, die voller Panik unbedeutende Zwischenfälle oder gar vereinzeltes »friendly fire« mit umfänglichen Sanktionen beantworteten.[12] Am schlimmsten war die Erschießung von sechshundert Zivilisten in Dinant am 23. August, als Antwort auf angebliche, nie nachgewiesene Guerilla-Aktionen gegen die deutschen Truppen.

Es versteht sich, daß die unbesehene Ableugnung aller dieser Vorgänge seitens der Unterzeichner, obschon sie in gewissen Grenzen als verständlich hätte aufgefaßt werden können, bei ihren Kollegen in England und Frankreich auf völliges Unverständnis stieß. Gleiches gilt für die ehrlich gemeinte, aber in der Form ungemein brüskierende Feststellung, daß man sich »in der Liebe zur Kunst« von niemandem übertreffen lasse, aber es dennoch entschieden ablehne, »die Erhaltung eines Kunstwerkes mit einer deutschen Niederlage zu erkaufen«. Wichtiger war, daß sich die Dreiundneunzig in aller Form mit dem deutschen Militarismus identifizierten; ohne ihn, so hieß es, wäre »die deutsche Kultur längst vom Erdboden getilgt«. Der Aufruf endete mit einem pathetischen Bekenntnis: »Glaubt, daß wir diesen Kampf zu Ende kämpfen werden als ein Kulturvolk, dem das Vermächtnis eines Goethe, eines Beethoven, eines Kant ebenso heilig ist wie sein Herd und seine Scholle.«[13]

Der »Aufruf der Dreiundneunzig« war allerdings durchaus nicht so repräsentativ für die Meinungen der deutschen kulturellen Eliten, wie er vorgab. Es schlossen sich daran nicht unerhebliche Auseinandersetzungen darüber an, wie weit dieser für die Auffassungen der deutschen Wissenschaft repräsentativ sei; unter anderem stellte sich heraus, daß Max Planck seine Zustimmung zur Aufnahme in die Liste der Unterzeichner ohne Kenntnis des genauen Wortlauts der Erklärung gegeben hatte, was er später bedauerte.[14] Im Grundtenor entsprach der »Aufruf der Dreiundneunzig« jedoch der Auffassung der großen Mehrheit der deutschen kulturellen Elite. Dies wird erhärtet durch die wenig später folgenden diversen öffentlichen Erklärungen deutscher Hochschullehrer, von denen die »Erklärung der Hochschullehrer des Deutschen Reiches« vom 16. Oktober 1914 am wichtigsten war. Hier wurde einmal mehr festgestellt, daß die deutsche Wissenschaft sich nicht vom deutschen Heer trennen lasse: »Unser Glaube ist«, so hieß es dort, »daß für die ganze Kultur Europas das Heil an dem Siege hängt, den der deutsche ›Militarismus‹ erkämpfen wird.«[15]

Bereits in diesen Aufrufen und den sie begleitenden zahlreichen Flugblättern und Artikeln war nahezu das ganze Arsenal der Argumente enthalten, welches die Historiker und Staatswissenschaftler zur Verteidigung der deutschen Sache vorzubringen wußten. Diese wurden in der Folge in einer Flut von Broschüren, Zeitschriftenartikeln und Buchpublikationen vorgetragen und immer breiter ausgewalzt. Otto Hintze verteidigte in einem Artikel, der den bezeichnenden Titel »Unser Militarismus« trug, die herausgehobene Stellung der militärischen Instanzen im deutschen politischen System mit dem Hinweis darauf, daß die geographische Mittellage des Deutschen Reiches in Europa und die beständige potentielle Bedrohung desselben durch eine Mehrzahl europäischer Großmächte dies erforderlich mache, ein Argument, das späterhin in zahlreichen Variationen immer wiederkehren sollte.[16] Gleichermaßen wurde die halbkonstitutionelle Verfassung des Deutschen Reiches unter anderem mit eben dem Argument verteidigt, daß dieses, anders als England und die Vereinigten Staaten, ein großes schlagkräftiges Heer unterhalten müsse und daß es angesichts seiner bedrohten Lage »einer straffen monarchischen Führung, einer straffen Disziplin auch im bürgerlichen Leben, einer peinlichen Genauigkeit des öffentlichen Dienstes bedürfe [...]«, obschon, wie hinzugefügt wurde, die persönlichen Freiheitsrechte des Individuums vollauf gewahrt seien.[17] Letzteres aber sei bei den gegnerischen Nationen in Wahrheit keineswegs gewährleistet. Im Gegenteil, Frankreich verspreche den Völkern zwar die demokratische Freiheit, praktiziere aber tatsächlich ein unduldsames Jakobinertum. In Rußland bestehe ein geisttötender, grausamer und tückischer Despotismus. In England aber herrsche »der reine materielle Egoismus«. Das alles wurde im Namen des Prinzips wissenschaftlicher Objektivität verkündet. Das Schlußlicht dieser merkwürdigen Kampagne bildete im Dezember 1914 eine Erklärung von sechsundzwanzig deutschen Hochschullehrern, unter anderen Friedrich Meinecke, Erich Marcks, Hermann Oncken und Dietrich Schäfer, die als eine Antwort auf das Kriegsmanifest zahlreicher englischer Akademiker in der »Times« vom 21. Oktober 1914 gedacht war; hier wurde die deutsche Kriegspolitik unter Hinweis auf die bedrängte Lage des Reiches gerechtfertigt.[18]

Dies alles gab Anlaß zur Entstehung einer ungeheuren Flut von Reden, Flugschriften und Veröffentlichungen, die sämtlich ein und demselben Thema gewidmet waren, nämlich der Rechtfertigung der deutschen Kriegspolitik aus unterschiedlichen fachwissenschaftlichen Perspektiven. Hervorzuheben wäre die zweifach aufgelegte Publikation »Deutschland und der Weltkrieg«, die eine umfassende Verteidigung der deutschen Position mit historiographischen, staatsrechtlichen, strategischen und ökonomischen Argumenten enthielt und an der eine große Zahl bekannter deutscher Hochschullehrer mitgewirkt hatte.[19] Darin wurde einmal mehr die angeblich von langer Hand betriebene alliierte Politik der »Einkreisung« gebrandmarkt, der deutsche Einmarsch in Belgien gerechtfertigt, die deutsche militaristische Ordnung als Folge der geopolitischen Lage des Reiches in der Mitte Europas für unabweisbar erklärt und die halbkonstitutionelle Verfassung des Deutschen Reiches als den deutschen Verhältnissen allein angepaßt und jenen in den parlamentarischen Monarchien des Westens überlegen geschildert. Dies war der Grundtenor zahlreicher Äußerungen. »[...] nur eine sehr starke und fest in sich beruhende Monarchie«, so argumentierte beispielsweise Friedrich Meinecke an anderer Stelle, »gibt uns die Bürgschaft straffer Zusammenfassung der Machtmittel, deren wir in unserer immer und ewig gefährdeten Lage bedürfen. [...] Parlamentarische Ministerien haben nun einmal nicht die Stabilität und Kontinuität, die den Regierungen des monarchischen Konstitutionalismus eigen ist. Und auf keinem Gebiete der Politik ist Stabilität und ruhige Festigkeit und Freiheit von störenden Nebeneinflüssen so dringend erforderlich wie auf dem der auswärtigen Politik [...].«[20] Der Jurist Erich Jung pries die Vorzüge der deutschen Beamtenherrschaft gegenüber der Willkür eines materialistischen Egoismus, wie sie namentlich unter den Bedingungen des englischen Parlamentarismus bestehe, und zitierte zu diesem Behufe einen holländischen Kollegen: »Preußen-Deutschland ist heute fast noch der einzige Staat, der von der englischen Krankheit frei geblieben ist; es herrschen dort noch Ordnung und Freiheit, Gemeinsinn und Volkskraft.«[21] Parlamentarismus sei »der organisierte Dilletantismus«, der die Herrschaft der Fachleute unbedingt vorzuziehen sei.[22] Obschon Ernst Troeltsch den Internationalismus der europäischen Kultur gegenüber extremen nationalistischen Deutschtümeleien verteidigte, schwenkte auch er behutsam auf die Linie ein, daß der Erste Weltkrieg auch für die Erhaltung der Kultur geführt werde; der Fortbestand der europäischen Kultur werde wesentlich vom Sieg der Mittelmächte abhängig sein.[23] Insbesondere von den rechtseingestellten Historikern wie Dietrich Schäfer und Georg von Below wurde die deutsche Nationalgeschichte rückhaltlos in den Dienst der Propagierung der deutschen Sache gestellt. Auch Eduard Meyer, ein international angesehener Althistoriker, beteiligte sich nach Kräften an der Verteidigung des deutschen Standpunkts, obschon er einige Zweifel hegte, ob es denn mit den öffentlichen Erklärungen der deutschen Regierung wirklich immer seine Richtigkeit habe. Gleichfalls brandmarkte Erich Marcks in seinem Beitrag »Die Machtpolitik Englands« die Vergangenheit Großbritanniens als »eine Geschichte von Eroberungskriegen, von Angriffskriegen, die sein Wachstum in die Welt hinein zu decken und jeden europäischen Nebenbuhler niederzuwerfen hatten«; immer schon sei diese »eine Geschichte von Kriegen, [...] von aggressiver Weltpolitik, immer und überall gewesen«.[24] Karl Hampe hingegen rechtfertigte in einer weit zurückgreifenden Analyse der belgischen Geschichte den deutschen Überfall auf Belgien mit dem Hinweis, daß dieses immer schon ein künstliches Staatsgebilde und ein Einfallstor Frankreichs und Englands gewesen sei.

Diese Tendenzen kulminierten im Frühjahr 1915 mit der Propagierung der »Ideen von 1914«, mit denen die nationale Aufbruchstimmung des August 1914 auf Dauer gestellt werden sollte; es galt, diese hinüberzuführen auch in eine Zeit, in der »das Wunder des August 1914 sich langsam aufzehrte«, wie dies Karl Alexander von Müller im Rückblick beschrieb.[25] Zugleich ging es darum, in Abwehr der Kriegspropaganda der Alliierten, ein politisches Alternativprogramm zur westlichen Idee einer demokratisch verfaßten Gesellschaft zu formulieren.[26] Das Stichwort für die »Ideen von 1914« lieferte der Nationalökonom Johann Plenge in einer Vortragsreihe über »Der Krieg und die Volkswirtschaft«, die im Herbst 1914 an der Universität Münster gehalten und anschließend veröffentlicht worden war.[27] Hier zeichnete Plenge ein breites Panorama der Auswirkungen des Krieges auf die Volkswirtschaft und auf das internationale Handels- und Wirtschaftssystem; vor diesem Hintergrund entwickelte er die These, daß die Kriegsanstrengungen zu einem »gewaltigen Sieg über den wirtschaftlichen Eigennutz des Einzelnen zugunsten der Hingabe an das Vaterland« geführt hätten; es sei dies »ein Sieg der Pflicht und der sozialen Gesinnung«.[28] Von dieser vagen Prämisse ausgehend, folgerte Plenge, daß die deutsche Volkswirtschaft der Zukunft eine solche der planmäßigen Organisation sein müsse. Organisation sei jedoch »Sozialismus«. »Der wirkliche Zukunftsstaat aber ist geboren als der gesteigerte deutsche Nationalstaat, der die Klasseninteressen durch das im Kampf bewährte Einheitsbewußtsein nicht beseitigt, wie sollte das möglich sein, aber durch eine höhere Idee überwindet, und der durch seinen sittlich gesteigerten Gehalt die Gewähr gibt, daß er auch der starke Träger einer neuen Humanität sein wird [...].«[29] Die Aufbruchstimmung des August 1914, welche die Gemeinsamkeit aller Deutschen jenseits aller Klassengegensätze und Interessenkonflikte demonstriert hatte, sollte gleichsam den Ansatzpunkt für die Schaffung einer neuen Sozialordnung abgeben, in der Wirtschaft und Staat eng miteinander verbunden und vom Gemeinschaftssinn der Bürger, gleichviel welcher sozialen Schicht diese angehörten, durchdrungen und auf eine höhere ethische Ebene gehoben würden. Der Grundzug der neuen Staatsordnung werde die planmäßige Organisation des Wirtschaftslebens und ebenso aller anderen Lebensbereiche sein, bei freiwilliger Unterordnung aller individuellen Interessen unter jene des Ganzen. Plenge berauschte sich geradezu an der Idee der überlegenen Organisationskraft der Deutschen: »Wir sind in unserem innersten Kern ein Volk von Baumeistern. In unserer deutschen Seele liegt nicht nur die Freude zur geduldigen, uneigennützigen Hingebung an die besonderen Aufgaben, die uns gestellt sind, und zur Versenkung: wir haben konstruktive Kraft. Konstrukteure von Maschinen und Gedankensystemen. Baumeister von Domen in Stein und Musik. Organisation von Armeen und Arbeiterbataillonen. Das ist deutsche Leistung. Wir waren ein Volk der Dichter und Denker. Wir sind ein Volk der neuen Arbeitspraxis geworden: praktisch dichten und denken heißt: organisieren.«[30] Mit dieser »neuen Idee von 1914«, nämlich »die Volksgenossenschaft des nationalen Sozialismus«,[31] werde Deutschland auf eine neue Stufe der gesellschaftlichen Entwicklung gehoben. Die »deutschen Ideen von 1914« und »die neue Form unseres wirtschaftlich-politischen Lebens« sollten darüber hinaus auch zur Grundlage der gesellschaftlichen Neuordnung Europas nach dem Krieg gemacht werden; das Deutsche Reich werde, so meinte Plenge, das geistige Zentrum Europas sein.[32]

Angestoßen durch die sofort einsetzende Kritik, unter anderem der »Frankfurter Zeitung«, die sogleich den autoritären Kern der »Ideen von 1914« bloßlegte,[33] ergriff Plenge gleichsam die Flucht nach vorn. Er stilisierte seine Vorschläge nun zu einem förmlichen Kontrastprogramm zu den Ideen der Französischen Revolution von 1789; letztere seien im Grunde nur Händlerideale gewesen, mit dem Zweck, bestimmten Individuen Vorteile zu verschaffen. Die deutsche Revolution von 1914 sei ganz im Gegenteil »die Revolution des Aufbaus und des Zusammenschlusses aller staatlichen Kräfte im 20. Jahrhundert, gegenüber der Revolution der zerstörenden Befreiung im 18. Jahrhundert«.[34] Plenge beanspruchte demgemäß für die »Ideen von 1914«, daß diese eine neue, welthistorische Formation darstellten, der die Zukunft gehöre. »In uns ist das 20. Jahrhundert. Wie der Krieg auch endet, wir sind das vorbildliche Volk. Unsere Ideen werden die Lebensziele der Menschheit bestimmen.«[35]

Diese hochtrabenden, zugleich aber in ihrer konkreten Aussage höchst vagen Intellektuellenideen fanden in den gebildeten Schichten einen wohl vorbereiteten Nährboden vor. Der Wunsch, die Gemeinschaftserfahrung des »August 1914« zur Grundlage einer dauerhaften Ordnung zu machen, war weit verbreitet. Schon im November 1914 hatte Georg Simmel, der den Krieg wie viele andere als eine Art von Befreiung aus dem Nihilismus empfand, in den die deutsche Kultur vor dem Kriege verstrickt worden sei, in einer Universitätsrede in Straßburg über

»Deutschlands innere Wandlung« gemeint, daß der Krieg »die Vollendung von 1870« bringen müsse; damals hätten die Deutschen die äußere Einheit errungen, jetzt gelte es, diese auch innerlich zu vollziehen. Dies erfordere die Abkehr von der materialistischen Gesinnung der Vorkriegsjahre und die Schaffung eines neuen Menschen, der von Idealen und echten Gesinnungen angetrieben werde, nicht von materieller Gewinnsucht oder von einer veräußerlichten »Ästhetik der Lebensgestaltung«.[36] In den letzten Jahrzehnten habe der »Mammonismus«, mit anderen Worten die »Anbetung des Geldes und des Geldwertes der Dinge, ganz gelöst vom dem eigentlich Praktischen und dem persönlich Begehrlichen«,[37] überhandgenommen; jetzt komme es darauf an, eine neue Ordnung der Opferbereitschaft zu schaffen, die »keine Ausbalanzierung von Opfer und Gewinn, kein Wenn und Aber, keinen Kompromiß, keinen Gesichtspunkt der Quantität mehr kennt«.[38] Unter diesem Gesichtspunkt sprach Georg Simmel dem nationalen Aufbruch vom August 1914 die Qualität einer historischen Wende zu, aus der ein von Grund auf erneuertes Deutschland hervorgehen werde.

Solche Gedanken fanden in der Folge breiten Anklang gerade in den Kreisen der Intellektuellen, durchaus auch über Deutschland und Österreich-Ungarn hinaus. So wurde das Programm der »deutschen Ideen von 1914« unter anderen von dem schwedischen Sozialwissenschaftler Rudolf Kjellén aufgegriffen.[39] Kjellén gab den »Ideen von 1914« allerdings eine vorwiegend politische Stoßrichtung, nämlich eines Pronunciamentos gegen die Ideen von 1789 und für eine straffe, autoritäre staatliche Ordnung, im Gegensatz zum System der parlamentarischen Regierung in seinen verschiedenen Spielarten. Er sah den Kern der »Ideen von 1914« in dem Grundsatz der »Ordnung«, im Gegensatz zu der angeblich zu Zügellosigkeit entarteten Freiheit von 1789, im Grundsatz der »Gerechtigkeit«, statt des abstrakten und zu sozialem Unfrieden führenden Prinzips der »Gleichheit«, wie dies die Französische Revolution proklamiert habe, und schließlich des Postulats der »Pflicht«, welcher den Menschen- und Bürgerrechten diametral entgegenstehe, die den willkürlichen subjektiven Ansprüchen des Individuums zum Schaden der Gesamtheit freie Bahn gewährten. Kjelléns Argumentation kulminierte in der Parole, daß die Gegenwart eine »Umkehr« von den Idealen der Französischen Revolution hin zu den »Ideen von 1914« bitterlich brauche und sehnlichst erwarte, »eine Umkehr von den Ideen von 1789 zu dem neuen Stern von 1914, dem kalten, aber hellen Stern der Pflicht, der Ordnung, der Gerechtigkeit«.[40]

Diese Hilfestellung von neutraler Seite wurde von der großen Mehrheit der deutschen Intellektuellen als willkommene Bestätigung ihrer eigenen Auffassungen begeistert aufgenommen. Von nun an war kein Halten mehr; dieses ebenso diffuse wie emotionale Programm, das sich ausdrücklich auf den Geist des »4. August« als seiner Geburtsstunde berief,[41] wurde allseits aufgegriffen, freilich zugleich in seinem Gehalt politisch abgefälscht. Das Plädoyer für die Überwindung oder doch zumindest die Aufhebung der Klassengegensätze durch eine neu zu schaffende Volksgemeinschaft trat in den Hintergrund zugunsten der Forderung nach einer planmäßigen Lenkung der Volkswirtschaft durch eine, der subjektiven Überzeugung der betreffenden Autoren nach, aufgeklärte Beamtenelite. Die Idee der vom Staat zu übenden »Gerechtigkeit« gegenüber allen Sozialschichten wurde umgedeutet zugunsten eines patriarchalischen Gesellschaftsmodells, in der vornehmlich die Beamtenschaft unter Berufung auf die nationale Idee das Sagen haben sollte. Johann Plenge selbst verwahrte sich vergeblich gegen diese sich ausbreitenden autoritären Umdeutungen der »Ideen von 1914«. Tatsächlich war hier ein unkritischer, wenig reflektierter Nationalismus am Werk, welcher der halbkonstitutionellen Verfassungsordnung des Deutschen Reiches in der Belagerungssituation des Krieges eine geschichtsphilosophische Legitimation zu geben suchte. Er blieb nicht auf die Bildungsschichten im engeren Sinne beschränkt, sondern erreichte auch Anhänger der Sozialdemokratie wie Conrad Hänisch, die hier eine Chance für die Legitimierung eines nationalen Sozialismus witterten, der die Emanzipation der Sozialdemokratie innerhalb des bestehenden politischen Systems zu befördern versprach.

Max Weber gehört zu jener kleinen Minderheit von Denkern, die schon damals die Hohlheit dieser Intellektuellenideologie durchschauten. »[...] hinter den sogenannten ›deutschen Ideen von 1914‹, hinter dem, was die Literaten euphemistisch den ›Sozialismus der Zukunft‹ nennen, hinter dem Schlagwort von der ›Organisation‹, der ›Genossenschaftswirtschaft‹« verberge sich in Wahrheit der »nüchterne Tatbestand der universellen Bürokratisierung«; dies aber sei mit den nationalen Interessen Deutschlands keinesfalls verträglich.[42] Tatsächlich wirkte sich die emotionale Verklärung der halbkonstitutionellen Verfassungsordnung des Deutschen Reiches, mit einem starken Einschlag von kontrollfreier Beamtenherrschaft, wie sie in den »Ideen von 1914« zum Ausdruck kam, zuungunsten jeglicher Reformpolitik im Kaiserreich aus, mit bedenklichen Auswirkungen auf die inneren Verhältnisse. Sie gaben vielmehr den Anstoß zur Entstehung der Ideologie einer besonderen »deutschen Freiheit«, die dem westeuropäischen Parlamentarismus diametral entgegenstehe.[43] Sie sei, kraft einer Kombination von freiheitlich-liberalen und autoritär-bürokratischen Elementen, angeblich weit besser dazu in der Lage, die Probleme des 20. Jahrhunderts zu lösen als die westlichen Systeme. Auch Thomas Mann machte sich zum Sprecher dieser Tendenzen. »[...] unser soziales Kaisertum«, so schrieb er in seinen »Gedanken im Kriege«, sei »eine zukünftigere Staatsform [...] als irgendein Advokaten-Parlamentarismus, der, wenn er in Feierstimmung gerät, immer noch das Stroh von 1789 drischt.«[44]

Aber damit nicht genug. Die Versuche, die Verfassungsordnung des Deutschen Reiches und seine politische Kultur gegenüber der Kritik des Auslandes zu verteidigen und als die moralisch überlegenere darzustellen, trieben in der Folge noch weit groteskere Blüten. Sie fanden ihre krasseste Ausprägung in Werner Sombarts im Jahr 1915 erschienenem Buch »Händler und Helden«.[45] Die englische Gesellschaft sei durchgängig von niedrigen Krämeridealen beherrscht und ansonsten allenfalls auf Komfort und Sport ausgerichtet; alle höheren Ideale seien ihr zugunsten eines flachen Utilitarismus abhanden gekommen, dessen Hohlheit freilich durch hochmoralischen »cant« verschleiert werde. Die deutsche Nation hingegen repräsentiere die Kulturideale des faustischen Menschentums, welches nicht auf Gewinn und bequemen Genuß, sondern auf große, außeralltägliche Ideale ausgerichtet und zu uneigennütziger Opferbereitschaft fähig sei. Sombart brachte diese angeblich fundamentalen Unterschiede auf die Formel vom unversöhnlichen Gegensatz von Händlergesinnung und Heldentum: »Händler und Held: sie bilden die beiden großen Gegensätze, bilden gleichsam die beiden Pole aller menschlichen Orientierung auf Erden.«[46] Während die englische Gesellschaft, nicht zuletzt infolge der dortigen parlamentarischen Regierungsform, die die niedrigen und egoistischen Bestrebungen der Individuen ungehemmt zum Zuge kommen lasse, eine lange Periode des geistigen und moralischen Niedergangs hinter sich habe, habe die deutsche Gesellschaft die heldischen Qualitäten, die sie in ihrer Vergangenheit so oft unter Beweis gestellt habe, noch keineswegs eingebüßt, und dies nicht zuletzt dank der hier bestehenden politischen Verhältnisse, durch die der Alleinherrschaft der Krämergesinnung Zügel angelegt worden seien. Eben dies sei in diesem Krieg mit überwältigender Kraft unter Beweis gestellt worden.

Dieser Krieg, so folgerte Sombart, werde geführt, damit die Kulturideale des faustischen Menschentums nicht von englischem Krämergeist erstickt würden: »Der Krieg, der die Vollendung der heldischen Weltanschauung bildet, ist notwendig, damit diese heldische Anschauung selber nicht den Mächten des Bösen, nicht dem kriechenden Händlergeiste zum Raube fällt.«[47] Das Deutsche Reich wurde hier zum letzten Bollwerk gegen die Krämerideale einer ungebremst kapitalistischen, die Staatsautorität zugunsten der Idee ungehemmter Gewinnsucht auflösenden, Gesellschaftsordnung erhoben und den deutschen Kriegsanstrengungen in grotesker Überzeichnung der Verhältnisse die Qualität einer Kulturmission von weltgeschichtlichem Rang zugesprochen. Es überrascht nicht, daß viele der Fachkollegen Sombarts diese Übersteigerungen nicht akzeptabel fanden.[48] Aber im Grundsatz bewegte sich ihr Denken auf der gleichen Linie, nämlich der Überzeugung, daß dieser Krieg nicht zuletzt um der Verteidigung der deutschen beziehungsweise mitteleuropäischen Kultur gegenüber der westlichen materialistischen und formalistischen Zivilisation willen geführt werde und daß die politische Ordnung des Deutschen Reiches den Bedürfnissen der deutschen Kultur in optimaler Weise entspreche.

Auch die Philosophen traten dieser Deutung des Ersten Weltkrieges, als eines Kampfes zur Verteidigung der Besonderheiten der deutschen Kultur, bei. Max Scheler bezeichnete 1915 die »Überwindung des individualistischen Rationalismus der Aufklärung« als eine der großen Aufgaben des Krieges. »Die erste fundamentalste Vorbedingung für alles tiefere Verständnis geistiger Kulturwerte von

Recht und Staat, Poesie und Religion« sei »die Wiederauffindung des Begriffs des ›objektiven Geistes‹«, anstelle des relativistischen Subjektivismus, wie ihn der angelsächsische Utilitarismus vertrete.[49] Um die Idee der kulturellen Vorherrschaft Deutschlands in Mitteleuropa zu legitimieren, berief sich Scheler auf die großen Traditionen des deutschen Geisteslebens, unter Inanspruchnahme von Goethe, Schiller, Schopenhauer und namentlich von Nietzsche. Dies konnte bei Lage der Dinge nur als Unterstützung der zeitgenössischen imperialistischen Bestrebungen der deutschen Politik, insbesondere der freilich vagen Pläne der Begründung eines deutschgeführten »Mitteleuropa« verstanden werden.[50] Scheler skizzierte als Zukunftsideal die Begründung eines »solidarischen Kontinentaleuropa unter Deutschlands militärischer Führung gegen den Osten, eines Europa, das die geistige Führung der Welt dauernd behält und die edlen, denkwürdigen Traditionen der alten Mittelmeerkultur weiterführend, eine neue und größere Kultur des germanischen und romanischen Geistes schafft: militärisch gegründet auf ein machtvolles Deutschland-Österreich«.[51] Die Legitimierung der deutschen Kriegsanstrengungen unter dem Gesichtspunkt, daß der Krieg der Verteidigung der deutschen Kultur gegen die gleichmacherischen und trivialisierenden Tendenzen der französischen »Raison« und des angelsächsischen Utilitarismus gelte, geriet auf solche Weise unversehens zu einem Pronunciamento deutscher Weltpolitik.[52]

Die Künstler und Schriftsteller in den ersten Kriegsjahren

Ebenso wurden die Künstler und Schriftsteller von der nationalen Aufbruchstimmung des August 1914 in ihrer großen Mehrheit mitgerissen, obschon hier nationalistische Motive eine geringere Rolle spielten als bei der Akademikerschaft. Das sogenannte Augusterlebnis blieb auch bei ihnen nicht ohne Wirkung, und daran knüpfte sich sogleich die Hoffnung, daß dies den Ansatzpunkt für eine grundlegende Erneuerung des literarischen und künstlerischen Lebens in Deutschland abgeben könnte. Die Jüngeren meldeten sich meist sofort freiwillig zum Wehrdienst, aus Gründen nationaler Solidarität, aber auch, weil sie mit dabeisein wollten. Richard Dehmel stellte sich auf der Rückreise von einem Ferienaufenthalt in der Schweiz sogleich als Kriegsfreiwilliger und wurde, ungeachtet seines vergleichsweise hohen Alters – er war bereits einundfünfzig Jahre alt – und fehlender Wehrdienstausbildung, als Rekrut angenommen. Möglich war dies nur dank der Intervention des Reichstagsabgeordneten Ernst Bassermann, der gegenüber den Militärbehörden geltend machte, daß dies angesichts der großen Popularität, die der Dichter im Lande genieße, günstige Wirkungen auf die Stimmung des Volkes haben werde.[1] Als Dehmel dann, nach Absolvierung seiner militärischen Grundausbildung in Harburg, Anfang Oktober 1914 mit seiner Einheit an die Front entsandt wurde, nutzte er dies zu einer Art persönlichen Triumphzug, der ihn auf dem Weg zu seinem Gestellungsort durch mehrere deutsche Städte führte, wo er enthusiastisch gefeiert wurde.[2] Selbst Hermann Hesse, der wenig später zu einem entschiedenen Gegner des Krieges werden sollte, meldete sich, obschon er sich dem leicht hätte entziehen können, von seinem Wohnort in der Schweiz aus freiwillig zur Armee, wurde aber zu seinem Glück nicht akzeptiert. Andere, wie Franz Marc und August Macke, wurden sofort eingezogen und kamen unverzüglich zum Kriegseinsatz im Westen. Franz Marc erwies sich als fähiger und allseits beliebter Offizier, der auf seine Aufgabe stolz war und der daran auch nicht irre wurde, als sich in seiner unmittelbaren Umgebung die Gefallenen mehrten. Beide bezahlten ihren Kriegsenthusiasmus mit ihrem Leben: August Macke fiel bereits im Oktober 1914 und Franz Marc im Sommer 1916 vor Verdun. Max Slevogt geriet im August 1914 in einen wahren Kriegstaumel und setzte alle Hebel in Bewegung, um als Kriegsmaler an die Front, ins unmittelbare Kriegsgetümmel, zu gelangen, weil er die Kämpfe unbedingt aus eigenem Erleben kennenlernen wollte; im Oktober 1914 wurde er schließlich an die Westfront geschickt, um freilich, unter dem Eindruck der tatsächlichen Verhältnisse, bereits Anfang November 1914 dem Kriegsdienst wieder den Rücken zu kehren. Max Beckmann, der den Krieg als »großartige Katastrophe« empfand,[3] meldete sich ebenfalls freiwillig. Er schrieb am 15. August 1914 an seinen Verleger August Piper: »Ich bin Lan[d]sturm mit Waffe und erwarte täglich eingezogen zu werden. Sie können sich natürlich denken [,] wie mich die Sache interessirt.«[4] Er wurde zunächst in Ostpreußen und späterhin in Belgien im Sanitätsdienst eingesetzt, zeitweilig dicht hinter der Front, von der er freilich gleichwohl einen unmittelbaren Eindruck gewann, der auf sein späteres Werk tief eingewirkt hat. Otto Dix kam im Herbst 1915 erstmals an der Westfront zum Einsatz und diente dann bis zum Sommer 1918 als Führer einer Maschinengewehreinheit unter den schwierigsten Umständen.

Viele der Künstler, die sich anfänglich freiwillig zum Wehrdienst gemeldet hatten, waren schon bald tief desillusioniert; der militärische Drill und die Kleinkariertheit des alltäglichen Dienstes paßten so gar nicht zu den Idealen, die sie mit dem »heiligen Kriege« verbunden hatten. Nicht wenige unter ihnen erwiesen sich außerstande, die nervlichen Anspannungen des Krieges und die Erfahrungen äußersten Schreckens mental zu ertragen und wurden in der Folge entweder aus dem Wehrdienst entlassen oder in der Etappe eingesetzt. Wieder andere wurden dank der Bemühungen einflußreicher Persönlichkeiten ihres Bekanntenkreises vom Frontdienst freigestellt, damit ihr Leben nicht aufs Spiel gesetzt würde, wie beispielsweise Schmidt-Rottluff, der im Hauptquartier Oberost im Osten beschäftigt war und mit dem Kriegsgeschehen auf diese Weise nur indirekt in Berührung kam, oder Hugo von Hofmannsthal, der von der österreichischen Armeeführung in die Propagandaabteilung des Heeres versetzt wurde und Schreibtischarbeiten verrichten mußte. Ernst Ludwig Kirchners Selbstbildnis als Soldat mit abgehackter Hand ist ein eindrucksvolles Dokument der subjektiven Erfahrungen jener Gruppe von

Künstlern, die den Wehrdienst und seine Begleiterscheinungen als Erfahrung erlitten, die ihre künstlerische Kreativität lähmte und ihre Persönlichkeit verkrüppelte.[5]

Nur eine Minderheit stand dem Krieg von Anfang an entschieden ablehnend gegenüber. Dies gilt unter den bildenden Künstlern in ausgeprägter Weise für Ludwig Meidner, der das Kriegsgeschehen als apokalyptische Katastrophe empfand, die er bislang als Vision wahrgenommen und in vielfältigen Formen künstlerisch gestaltet hatte und die nun zur Wirklichkeit geworden war. Meidner berichtete im Rückblick auf seine innere Verfassung in den ersten Kriegstagen: »Indessen saß ich geduckt und verkrampft, und die Zähne verbissen, über meinem Zeichenbrett und es schossen nur wiehernde Fratzen aus meinem Stift, und zerstampfte Leiber rannen wie Satans Speichel aus meinen Fingern.«[6] Seine ausdrucksstarken Zeichnungen behandelten in immer neuen Variationen das namenlose Leiden der dem Kriegsgeschehen hilflos ausgelieferten Menschen und das Massensterben auf den Schlachtfeldern; viele seiner Werke erschienen in Franz Pfemferts »Die Aktion«, die zu den wenigen Zeitschriften gehört, die den Zensurbehörden zum Trotz unbeirrt an ihrem pazifistischen Kurs festhielten, obschon sie ihn nicht offen zur Schau tragen durften. Als Meidner 1916 eingezogen wurde, möglicherweise, weil seine Antikriegsarbeiten in der »Aktion« das Mißfallen der Militärbehörden gefunden hatten, verlegte er sich dann auf literarische Arbeiten, mit denen er ebenfalls gegen den Krieg zu wirken suchte.[7] Nur wenige andere Künstler setzten sich von Anbeginn mit solcher Radikalität aktiv gegen den Krieg ein. Zumeist suchten sie der unmittelbaren Kriegswirklichkeit zu entfliehen und diese nach Möglichkeit nicht zu thematisieren. Paul Klee behandelte den Krieg anfänglich in einer ganzen Reihe von Kompositionen, die vorwiegend expressionistische Stilmittel einsetzten, aber dann immer stärker zur Abstraktion übergingen; sie fingen die Brutalität des Kriegsgeschehens deutlich ein. Klee meinte gelegentlich, daß seine Kunst, je schrecklicher die Wirklichkeit sei, desto abstrakter werden müsse.[8]

Dennoch wird man festhalten müssen, daß die Künstler und Schriftsteller in ihrer übergroßen Mehrheit den Ersten Weltkrieg eher begrüßt haben, weil er das Ende der Sterilität der Vorkriegsjahre zu bringen schien. Dieses Motiv ist mit nur geringen Variationen nahezu überall nachzuweisen. Es findet sich damals selbst bei René Schickele, der späterhin mit seinen »Weißen Blättern« zu einem entschiedenen Pazifisten werden sollte.[9] In besonders suggestiver Form hat Thomas Mann in seinen »Gedanken zum Kriege« vom Frühjahr 1915 die positive Einstellung der überwiegenden Mehrheit der Künstler und Schriftsteller zum Krieg zum Ausdruck gebracht: »Wie hätte der Künstler, der Soldat im Künstler nicht Gott loben sollen für den Zusammenbruch einer Friedenswelt, die er so satt, so überaus satt hatte! Krieg! Es war Reinigung, Befreiung, was wir empfanden, und eine ungeheure Hoffnung.«[10] Der Krieg versprach, eine tiefgreifende Erneuerung aller künstlerischen und literarischen Bestrebungen zu bringen und zugleich die Aussicht, den tiefen Graben, welcher die esoterischen Bestrebungen der literarischen und künstlerischen Eliten vom Empfinden der breiten Volksmassen trennte, wieder zu schließen. An die Stelle der grenzenlosen Fülle von ästhetischen Produkten, die in bloße Beliebigkeit ausgeartet seien, und dem Überhandnehmen von manieristischen Selbststilisierungen, wie sie die literarische und künstlerische Lebenswelt vor 1914 beherrscht hätten, werde nun, wie sich dies beispielsweise Georg Simmel erhoffte, eine neue ursprünglichere und stärker in der Gesamtheit des Volkes verwurzelte Kunst treten.[11]

Weiterhin erwartete man vom Krieg eine Zurückdrängung des Einflusses des Auslands auf die künstlerische Produktion in Deutschland oder, anders gesagt, eine »deutschere«, eine »deutsche« Kunst. Auch die Avantgarde machte hierin keine Ausnahme. Julius Hart, der ehemalige Vorkämpfer des Naturalismus, zum Beispiel meinte damals: »Auch heute, während die Stürme der Schlachten uns noch umbrausen, sagt man es überall wieder: Dieser Krieg führt für unsere Dichtung eine völlige Umwälzung herauf, eine Reformation an Haupt und Gliedern. Aufatmend fühlen wir den blutigen Ernst dieser Tage auch als ein reinigendes Bad unseres Geistes und unserer Seele, und mit einem freudigen Aufleuchten der Augen hören wir es, daß dieser Kriegsgeist mit einem Schlage die ganze Poesie der Mode, der Perversitäten und Dekadenzen, der wildgewordenen Erotiken und des snobistischen Übermenschentums, der formalistischen und technischen Leere wegfegen wird. Endlich werden wir uns wirklich frei machen von der Nachäffung eines Auslandsgeistes, [...]. Unser Heil im deutschen Kunstideal allein erblicken. [...] Kunst und Volk gingen unberührt nebeneinander her. Der ganze Gegensatz zwischen dem, was in der Seele des Volkes lebte und sich bewegte, riß vor uns auf in der Stunde, da der Waffenruf durch das Land ging. Hier nun ein Volk der Kraft. Ganz voller Spannungen und Energien.«[12]

Zunächst einmal kam es freilich nicht zu einer Erneuerung, sondern eher zu einem Absturz der künstlerischen und literarischen Bemühungen in einem emotionalen Nationalismus ohne jede Grenze. In den ersten Wochen und Monaten des Krieges entstand eine gewaltige Zahl von Kriegsgedichten, die von den Zeitungen und Zeitschriften zumeist begierig aufgenommen wurden; diese suchten damit der emotionalen Kriegsbegeisterung in den gebildeten Schichten Rechnung zu tragen. Es war dies gleichsam eine »poetische Mobilmachung«.[13] Die übergroße Mehrzahl dieser häufig ziemlich trivialen, den Krieg zumeist in allegorischer Sprache verherrlichenden, Gedichte stammte von literarischen Amateuren; aber auch die bekannten Dichter entzogen sich nicht. Von Anbeginn dabei war Richard Dehmel; in geradezu ekstatischer Sprache hieß er in den »Münchener Kriegsblättern« den Krieg willkommen, auch hier mit dem Argument, daß die faule Ungewißheit der Vorkriegsjahre schlimmer gewesen sei als der Krieg selbst:[14]

»Sei gesegnet, ernste Stunde,
die uns endlich stählern eint;
Frieden war in aller Munde,
Argwohn lähmte Freund wie Feind –
Jetzt kommt der Krieg,
Der ehrliche Krieg«

Und er agitierte förmlich für das Volk der Deutschen in Waffen:

»Gläubig greifen wir zum Wehre
für den Geist in unserm Blut;
Volk, tritt ein für seine Ehre,
Mensch, dein Glück heißt Opfermut –
dann kommt der Sieg,
der herrliche Sieg!«

Und wer geglaubt haben könnte, daß dies allein im Überschwang idealistischer Gefühle geschehen sei, ohne daß sich Dehmel über die Schrecken des Krieges im klaren gewesen sei, der wird sogleich in einem Gedicht, das die unbedingte Pflichterfüllung im Angesicht des Todes verherrlicht, eines Besseren belehrt:

»Und ob jeder Schritt über Fleischfetzen steigt,
Kartätschen und Stacheldraht:
die befohlene Linie wird erreicht –
schwatzt nicht von Heldentat!
wir tun unsre Pflicht, das genügt.«

Ein kaum weniger trivialer Nationalismus fand sich in Ernst Lissauers damals viel zitiertem »Haßgesang gegen England«, welcher den allgemein verbreiteten Haß auf das »perfide Albion« in eine extreme literarische Form goß:

»Wir haben alle nur einen Haß [...]
Wir haben alle nur einen Feind
England!«[15]

Aber auch Dichter von Rang, wie Gerhart Hauptmann, der im Grunde eine unpolitische Natur war, wurden von der Aufbruchstimmung des »August 1914« hinweggerissen. Hauptmann, der nur wenig zuvor noch wegen seines Bekenntnisses zum Frieden angegriffen worden war, ließ sich von der hektischen Kriegsbegeisterung der ersten Kriegsmonate anstecken. Mit einem Gedicht »O mein Vaterland«, das einem pathetischen Aufruf zu den Waffen gleichkam, akklamierte er nun der Solidarität der Nation einschließlich der Sozialdemokratie im Augenblick des Kriegsausbruchs. Das Bild des Schnitters, das als Sinnbild des Krieges geläufig war, deutete er im Sinne erbarmungslosen Tötens; am siegreichen Ende des Ringens aber werde ein »neuer deutscher Völkermai« stehen. Noch chauvinistischer gab sich Hauptmann in seinem bekanntem »Reiterlied«, das die drei Hauptgegner des Deutschen Reiches als Rotte von Räubern personifizierte, deren finstere Absichten an »Gott, Kaiser und [dem] deutsche[n] Heer« zerschellen würden.[16] Es überrascht nicht, Gerhart Hauptmann auch unter den Unterzeichnern des »Aufrufs der Dreiundneunzig« zu finden, die die deutschen Kriegsanstrengungen gegenüber der Kritik des Auslandes kritiklos verteidigte. Romain Rollands Appell, er, Gerhart Hauptmann, möge gegen die unsäglichen Übergriffe der deutschen Armeen in Belgien öffentlich protestieren und sich an die Spitze einer Phalanx von Schriftstellern und Künstlern stellen, die den Wahnsinn des nationalistischen Furors in den kriegführenden Staaten entgegentreten sollten, lief unter den obwaltenden Umständen völlig ins Leere.

Gerhart Hauptmann stand mit dieser Haltung keineswegs allein. Die Beispiele für das nationalistische Kriegsengagement deutscher Dichter und Schriftsteller in der Anlaufphase des Krieges ließen sich nahezu beliebig vermehren. Bemerkenswert freilich war, daß selbst Rainer Maria Rilke, der eigentlich fernab der politischen Welt stand, von dem Kriegsenthusiasmus des August 1914 erfaßt wurde. Dieser war erst am 19. Juli 1914 von Paris, wo er zu der Zeit lebte, für wenige Wochen, wie er damals es vorhatte, zurückgekehrt. Er schrieb Anfang August 1914 in wenigen Tagen seine »Fünf Gesänge« nieder und trug sie in einen Gedichtband ein, den er zufällig bei sich trug; dieser enthielt Hölderlins späte Hymnen, die offenbar eine Anregung zur Abfassung dieser Kriegsgesänge abgegeben haben.[17] Die »Fünf Gesänge« stellten eine Eloge auf die Urgewalt des Kriegsgottes dar, nicht unähnlich der Behandlung dieses Themas durch Klinger oder Heym:

»Zum ersten Male seh ich dich auferstehn
hörengesagter fernster unglaublicher Kriegsgott«[18]

Für Rilke schien der Krieg einen überraschenden Ausweg aus der Sinnentleertheit des alltäglichen Daseins zu eröffnen und ebenso eine neue Orientierung zu sein, von persönlichen Krisen und innerer Leere geprägtes, eigenes Leben zu bringen – deshalb die überraschende Verherrlichung des Krieges als einer »elementaren, mythischen Macht«,[19] übrigens ganz ohne dabei irgendwelche nationalistischen oder xenophoben Töne anzuschlagen:

»Endlich ein Gott. Da wir den friedlichen oft
nicht mehr ergriffen, ergreift uns plötzlich der
Schlacht-Gott, schleudert den Brand: und über dem

Herzen voll Heimat
schreit, den er donnernd bewohnt, sein rötlicher
Himmel«

Hier findet sich keine Beschönigung, keine Verniedlichung und auch keine Heroisierung des Geschehens. Im Gegenteil: Die Gesänge handeln von Schmerz und Leid und ihrer läuternden Wirkung auf den Menschen; dennoch bejahen sie den Krieg und, mehr noch, die Gemeinsamkeit, die durch »herrlich gefühlte [...] Gefahr« und Leiden und Tod begründet wird. Die Empfindung, daß durch den Krieg gleichsam eine neue Epoche menschlichen Daseins eingeleitet werde und das Kriegsgeschehen, allen Schreckens und Leids ungeachtet, freudig begrüßt werden müsse, hat allerdings nicht lange vorgehalten. Schon wenig später kam Rilke zu der desillusionierenden Erkenntnis, daß der »Kriegsgott« in Wahrheit ein Monstrum mit einem »alles verschlingenden Leib« gewesen sei oder gar nur eine »böse Ausdunstung aus dem Menschensumpf«.[20] Späterhin hat sich Rilke ganz zurückgezogen; der Krieg war für ihn »ein böser, bedrückender Traum«, den er zu verscheuchen suchte. Dennoch konnte er einer Einberufung zum Wehrdienst auf die Dauer nicht entgehen; einflußreiche Freunde erreichten es freilich dann, daß er 1916 zur historischen Abteilung des k. und k. Kriegsarchivs in Wien abkommandiert und schließlich ein Jahr später nach München entlassen wurde.

Auch Stefan George und seine »Gefolgschaft« gerieten, ungeachtet ihrer esoterischen Abgesondertheit von der Alltäglichkeit des Daseins, in den Strudel nationalistischer Kriegsbegeisterung. Auch sie begrüßten anfänglich den Krieg als eine Art von Gottesgericht, das die Strafe für die Degeneration der Kultur in materialistischer Genußsucht und Gesinnungslosigkeit darstelle. Der Georgianer Karl Wolfskehl etwa meinte, der Krieg habe »hereinbrechen müssen für Deutschland und die Welt europäischer Menschheit um dieser Menschheit willen. Wir haben ihn nicht gewollt, aber er ist von Gott.«[21] Stefan George selbst hielt sich allerdings von allzu eilfertiger Identifikation mit den Kriegsleidenschaften fern, obschon er von seinen Jüngern, insbesondere von Gundolf, bedrängt wurde, eben dies zu tun, weil sonst sein Ansehen unübersehbaren Schaden nehmen könne. Er sei berufen, gerade in diesen Zeitläuften sein prophetisches Wort erklingen zu lassen. Dazu war George jedoch nicht bereit. In seinem Gedicht »Der Krieg« hieß es:

»Am streit, wie ihr ihn fühlt nehm ich nicht teil.«

Er sah im Krieg in erster Linie ein Bußgericht für die Verfehlungen der Menschheit in den vorangegangenen Jahrzehnten, die, wie er meinte, zu einem gigantischen Kulturverfall geführt hatten:

»Angehäufte frevel
von allen zwang und glück genannt. verhehlter Abfall
von Mensch zu Larve heißen buße...«

Unter diesem überindividuellen Gesichtspunkt erschienen ihm die Schrecken des Krieges gleichsam noch gering gegenüber den Kosten des »abendländischen Verfalls«, des Niedergangs menschlichen Daseins zum »Vegetieren von Insektenlarven«,[22] der sich in den letzten Jahrzehnten vor dem Kriege vollzogen habe:

»Was ist IHM [dem »Seher«, George selbst]
mord von
hunderttausenden
Vorm mord am Leben selbst? Er kann nicht schwärmen
von heimischer tugend und von welscher tücke.«

Dennoch war diese scheinbar zynische, apokalyptische Sicht der Dinge nicht frei von Erwägungen nationaler Art. So spielte George auf die Rettung Ostpreußens durch Hindenburg und Ludendorff in der Schlacht von Tannenberg an, allerdings ohne diese ausdrücklich zu nennen, und solidarisierte sich in symbolischer Form mit dem Abwehrkampf des deutschen Heeres:

»o land
Zu schön als dass es fremder tritt verheere«

Und er beschrieb, freilich ohne Nennung eines Namens, die überraschende Reaktivierung Hindenburgs, der als pensionierter General ein beschauliches Leben in einem »farblosen vororthaus der fahlsten unserer städte«, das heißt Hannover, geführt hatte, als große Tat; diese hat bekanntlich den Einsatz Ludendorffs, der zwar tatkräftig, aber noch nicht ranghoch genug war, um das Kommando im Osten in eigenem Namen zu führen, überhaupt erst ermöglicht. Es ist dies ein frühes, überraschendes literarisches Beispiel des Hindenburg-Mythos. Der Krieg, so ließ George im übrigen düster durchblicken, werde dem »Land, dem viel verheissung noch innewohnt« dank seiner reinigenden Kraft vielleicht »zum weitren male die erlösung« bringen.[23] Diese sybillinische Haltung, die den Krieg aus großer Distanz zum täglichen Geschehen an den Fronten nur unter dem Gesichtspunkt sah, ob das blutige Geschehen, im Sinne Nietzsches, zu einem neuen Menschentum, zu einer neuen Kultur führen werde, darf gleichwohl als bedeutsames Element einer in den kulturellen Eliten verbreiteten Grundstimmung gelten.

Die Schüler Stefan Georges verhielten sich im übrigen hinsichtlich der nationalistischen Strömungen des Tages keineswegs so abstinent wie der große Meister. Im Gegenteil, sie sahen es als die Aufgabe der Dichter an, durch ihr Wort und ihr

Werk der Versöhnung von Volk und Geist, die in den Augusttagen 1914 Wirklichkeit geworden zu sein schien, Dauer zu verleihen. Friedrich Gundolf schrieb am 11. Oktober 1914 in der »Frankfurter Zeitung«: »Das Jahr 1870 hat uns die Tat geschenkt, aber den alten Zwiespalt zwischen Wort und Tat nicht aufgehoben [...]. Deutscher Geist und deutsches Reich waren nicht ein und dasselbe. Mit der Sehnsucht, daß dieser Zwiespalt für immer, nicht nur für heut und morgen ende, daß der Traum von der Volkwerdung des deutschen Geistes und der Geistwerdung des deutschen Volkes sich ganz erfülle, mit der Hoffnung auf einen unverlierbaren Sieg sind wir in den gegenwärtigen Kampf eingetreten. Ihn zu erringen genügt die stumme Tat unserer Streiter, ihn zu bewahren bedarf es aller Kräfte, aus denen Tat und Werk und Wort sich nährt.«[24] Gundolf sah es als die Aufgabe des Schwertes an, sich »vor der gestrigen Kulturwelt« zu rechtfertigen; die künftige Kulturwelt solle »ein neues Reich der europäischen Werte« sein und von dem »deutschen Geist« bestimmt werden.[25] Dazu sei es vor allem auch deshalb berufen, weil es ein junges, unverbrauchtes Volk sei, das allein noch dazu imstande sei, eine neue Epoche der europäischen Kultur hervorzubringen: »Deutschland allein ist noch nicht fertig [...]. Daraus erwächst jetzt unserem Volk, als dem einzigen, das bei unverbrauchter, ungestalter Fülle zugleich im Kerne plastische Kraft, das mit einem Wort noch Jugend hat, das Recht und die Pflicht zur Wiedergeburt Europas.«[26] Also geriet die Kulturkritik der Georgianer und die Deutung des Krieges als Läuterung zu einem Kulturimperialismus von grandiosem Zuschnitt.

Ganz ähnlich schrieb wenig später Ernst Bertram in einer Abhandlung »Wie deuten wir uns?«, die der Selbstbestimmung des deutschen Wesens in Abwehr der Kritik des Auslands galt: »Unser Volk weiß: dieser Krieg kann und darf und wird kein ungeheures Umsonst sein.« Die Deutschen seien das einzige Volk, daß im tiefen Sinne »ein reiches Erbe« und »Verheißung« künftigen geistigen Reichtums zugleich besitze. »In dieser Wende der Geschichte [...], in diesem großen Augenblick sind wir die Nation, mit deren Dasein das Beste der Humanität (im Sinne des 18. Jahrhunderts), das Edelste an lebendigen Möglichkeiten des Geistes und mehr als des Geistes bleibt oder dahin geht.«[27] Hier wurden im wesentlichen zwei Ziele angesprochen, die, wie sich zeigen läßt, für die große Mehrheit der Schriftsteller verbindlich war, nämlich zum einen die Zusammenführung von Kultur und Nationalleben, in endlicher Überwindung des bitteren Wortes von Nietzsche von der »Exstirpation des deutschen Geistes zugunsten des Deutschen Reiches«,[28] und zum anderen die Formulierung einer deutschen Kulturmission, die über die defensive Beschwörung der großen Traditionen der deutschen Geistesgeschichte hinauswies und als wirksames Gegengewicht zur westlichen Philosophie der Aufklärung und der Menschenrechte tauglich erschien.

Mit der inhaltlichen Füllung der Idee der deutschen Kultur, die, wie man argumentierte, in ihrem Wesen mit den Grundsätzen der westlichen Zivilisation unvereinbar sei, suchten die Georgianer ihren eigenen Beitrag zur moralischen Kriegführung zu leisten. Dieses Thema fand sich freilich auch anderswo in vielerlei Variationen. Rudolf Borchardt brachte die Dinge am 5. Dezember 1914 in einer öffentlichen Rede auf die ebenso griffige, wie im Grunde triviale Formel: »Kultur ist ein rein deutscher Begriff und in keine europäische oder amerikanische Sprache übersetzbar. So wahr Gott lebt, muß unser Sieg der Macht dieser ›civilisation‹, oder ›European civilisation‹ ein Ende machen [...]. Wir flehen um Sieg dessen, was wir Kultur nennen und was wir nicht alleine zu besitzen, wohl aber alleine in der Welt zu konzipieren und zu postulieren glauben, über eine uns wesensfremde Gesittung, an die wir nur mit unseren schlechtesten Instinkten, mit unseren Überläufern, Kompromißlern, freien Geistern und anderen Hochvornehmtuern gefesselt waren [...].«[29]

Es blieb dann Thomas Mann überlassen, dieses Thema in Auseinandersetzung mit Romain Rolland und vor allem seinem Bruder Heinrich breit auszuspinnen und dem Krieg vollends den Sinn eines Kulturkrieges zuzuschreiben, welcher der Verteidigung der deutschen Kultur gegenüber der angelsächsischen materialistischen Zivilisation und dem französischen Egalitarismus gelte.[30] Bereits in seinem Essay »Gedanken im Kriege« brachte er Kultur und Zivilisation in einen unversöhnlichen Gegensatz zueinander und meinte, daß allein die Deutschen dazu berufen seien, die Kultur zu repräsentieren, ja mehr noch, daß, genau besehen, Kultur und Deutschtum miteinander identisch seien. Damit nahm Thomas Mann ein Topos der deutschen Geistesgeschichte wieder auf, das bis in das späte 18. Jahrhundert zurückreicht, gab ihm aber eine unübersehbar polemische Bedeutung, die er dann dazu benutzte, die halbkonstitutionelle Staatsordnung des Deutschen Reiches gegen die Kritik der »Zivilisationsliteraten« innerhalb wie außerhalb Deutschlands abzuschirmen. Es ist dies das zentrale Thema seiner »Betrachtungen eines Unpolitischen«, an denen er, angestoßen durch die scharfe Kritik Romain Rollands, vor allem aber seines Bruders Heinrich, an seinen den Krieg nicht allein rechtfertigenden, sondern beschönigenden und idealisierenden Kriegsschriften, im September 1915 zu arbeiten begann.[31] Schon damals ging er von der Prämisse aus, »daß dieser Krieg im wesentlichen einen neuen Ausbruch, den großartigsten vielleicht, den letzten, wie einige glauben, des uralten deutschen Kampfes gegen den Geist des Westens [...] bedeutet«.[32] Diese Grundauffassung zu erhärten, war ihm jahrelange mühsame Arbeit an diesem Werk wert, welches, wie er späterhin bezeugte, »nach meinem besten Wissen und Gewissen, die geistigen Grundlagen dessen« bot, was er »als Künstler zu geben hatte«.[33]

Dieses Panorama literarischer Stellungnahmen zum Krieg war keineswegs nur den nationalistischen Empfindungen des Augenblicks entsprungen, obschon dies gewiß eine wesentliche Rolle gespielt hat, sondern in der geistigen Situation der Zeit begründet. Die radikale Kulturkritik Nietzsches hatte die Schriftsteller und die Künstler aufgerüttelt und sie zunehmend der bürgerlich-kapitalistischen Welt, in der und von der sie lebten, entfremdet und zugleich auch den liberalen politischen Traditionen der bürgerlichen Kultur. Dies gilt durchaus auch für Thomas Mann, obschon er selbst aus einem ausgeprägt bürgerlichen Elternhaus stammte und seinen frühen Ruf als großer Schriftsteller den Buddenbrooks verdankte, die eine meisterhafte biographische Studie eben dieses Bürgertums an der Schwelle seines Niedergangs darstellte. Dies galt freilich weit mehr noch für die verschiedenen Gruppen und Richtungen der künstlerischen Avantgarde, die zwar aus ihrer relativen gesellschaftlichen Isolierung eine Ideologie gemacht hatten, aber gleichwohl darunter litten. Relative Politikferne konnte sich so mit einem unreflektierten Nationalismus verbinden, um so mehr, als der Krieg die Aussicht zu eröffnen schien, daß nun die erstarrte Kultur der Vorkriegszeit zerbrochen und der Weg frei sei für den Aufbau einer neuen, ursprünglicheren, vitaleren Kultur.

Es war nicht zuletzt ein vitalistisches Lebensgefühl, verbunden mit einem vagen Nietzscheanismus, welches alle rationalen Bindungen abzuschütteln suchte, welches die Schriftsteller antrieb, den Krieg willkommen zu heißen. Der junge, wenig später gefallene August Stramm war mit seinen ausdrucksstarken expressionistischen Gedichten dem Lebensgefühl der Zeit sehr nahe. Sie zeichneten in einer ungewöhnlich intensiven Sprache mit wenigen suggestiven Worten eindrucksvolle Bilder von Leben und Tod in der Situation des Kampfes, in einer gleichsam objektiven Ästhetisierung des Schreckens und des Todes, als einer höheren, unmittelbareren Realität, die sich nur in Grenzsituationen des Lebens offenbart. Ein eindrucksvolles Beispiel bildet sein Gedicht »Sturmangriff« vom Februar 1915:

»Aus allen Winkeln gellen Fürchte Wollen
Kreisch
Peitscht
das Leben
Vor
Sich
Her
Den keuchen Tod
Die Himmel fetzen.
Blinde schlächtert wildum das Entsetzen«.[34]

Der Krieg eröffnete den Zugang zu einer intensiveren Realität des Seins, und diese besaß, ungeachtet des Schreckens, ihre eigene Schönheit.[35]

Die wenigen Mahner in der Wüste, wie Heinrich Mann, der die Veröffentlichung seiner Romantrilogie über das Kaiserreich in einer Zeitung abbrechen mußte, oder Hermann Hesse, der für Augenmaß und Vernunft plädierte, fanden so gut wie kein Gehör. Gleiches galt von der von Wilhelm Herzog herausgebrachten Wochenschrift »Das Forum«, welche schon bald der Zensur zum Opfer fiel,[36] oder der bereits erwähnten Zeitschrift »Die Aktion«, die gegenüber den Behörden etwas glücklicher taktierte und sich daher trotz wiederholter Verbote halten konnte. Erst späterhin formierte sich dann im Umkreis der Dadaisten eine entschiedene Opposition gegen den Krieg, die von der neutralen Schweiz aus ungehindert operieren konnte und erhebliche Ausstrahlung entfaltete.

In der bildenden Kunst lassen sich vergleichbare Entwicklungen beobachten. Auch hier wurde die Aufbruchstimmung des August 1914 vielfach als Chance gesehen, die Zersplitterung der künstlerischen Richtungen zu überwinden und zu einer in den breiten Schichten des Volkes verwurzelten Kunst zurückzufinden, die nicht mehr in gleichem Maße wie bisher von ausländischen Vorbildern abhängig sei. Karl Scheffler, der Herausgeber der Kunstzeitschrift »Kunst und Künstler«, die vor allem die modernen Richtungen protegiert hatte, erwartete von dem Krieg, den er begeistert begrüßte, eine Wiederannäherung der sich bisher erbittert befehdenden Schulen und Richtungen: »Wir brauchen endlich wieder eine einheitliche Kunst, nicht viele, einander bekämpfende Kunstrichtungen.«[37] Die akademische Kunst möge lernen, »wie man die Kunst zu einer Seelenschrift macht«, die Sezessionisten die »große Einfalt, die reife Einfachheit«.[38] Er selbst sah die zukünftige Aufgabe der deutschen Künstlerschaft in einer Weiterentwicklung des Impressionismus, der, wie er meinte, zum »Kulturschicksal für alle Völker arischer Herkunft« zu werden sich anschicke.[39] Darüber hinaus werde »alle Narrheit der letzten Zeit, alle aus der Langeweile heraus geborene Ideologie des Expressionismus, des Kubismus und des Futurismus« verschwinden.[40] Scheffler sah darin eine wesentliche Voraussetzung für die von ihm als Folge des Krieges erwartete künftige Vorrangstellung Deutschlands auf künstlerischem Gebiet. Bereits in der ersten Kriegsausgabe von »Kunst und Künstler« hatte er es als seine Überzeugung verkündet, »daß mit dem Sieg Deutschlands über seine Gegner, mit der endgültigen Befestigung seiner gewaltigen nationalen und imperialistisch-weltwirtschaftlichen Macht und mit der Herrschaft eines neuen Kulturzustands die Führung im Künstlerischen auch an Deutschland übergehen wird«.[41] Auch in Kreisen der Künstler selbst waren dergleichen Auffassungen verbreitet, Lovis Corinth beispielsweise meinte damals: »Wir wollen der Welt zeigen, daß heute deutsche Kunst an der Spitze der Welt marschiert. Fort mit der gallisch-slawischen Nachäfferei unserer letzten Malereiperiode! Der ›fürchterliche Ernst‹, von dem ich so oft [...], als jene falsche Kunst noch grassierte, sprach, daß er uns nötig sei – jetzt wollen wir ihn pflegen, auf daß wir das fremde Joch abschütteln und eine eigene deutsche Kunst diktieren.«[42] In der Tat kam es in der Folge zunächst zu einer Wiederannäherung der künstlerischen Richtungen, einschließlich eines Teils der zahlreichen expressionistischen Gruppierungen, deren Eigenständigkeit unter den Bedingungen des Krieges rückläufig war.

Vor dem Krieg hatten sich die avantgardistischen Kunstrichtungen sämtlich in relativer Staatsferne befunden; die offizielle Kunstpolitik hatte ihre Gunstbeweise ganz überwiegend der akademischen Kunstrichtung zukommen lassen. Selbst die

Sezessionisten, die in den Augen der Avantgarde die überlebte bürgerliche Kultur repräsentierten, galten in den höfischen Kreisen nach wie vor nicht als respektabel. Dies änderte sich nach Kriegsausbruch grundlegend. In mancher Hinsicht nahmen die Künstler und ihre Mäzene ebenso wie die Kunstkritiker die Dinge selbst in die Hand; auch sie reihten sich nun in den Strom nationaler Begeisterung ein, der die Bildungsschichten und die Intelligenz erfaßt hatte, und dies ließ sie hinfort als gesellschaftlich akzeptiert erscheinen.

Das gilt in besonderem Maße für die Sezessionisten, die in dieser Hinsicht keine weite Wegstrecke zu gehen hatten. Max Liebermann, ihr bedeutendster Repräsentant, war ohnehin längst in den Wilhelminischen Salons zu Hause. Er war mit einer Tochter des Münchener Historienmalers von Kaulbach verheiratet, und Kurt Riezler, der damals als enger Mitarbeiter des Reichskanzlers Bethmann Hollweg tätig war, war sein Schwiegersohn. Es überrascht nicht, daß er zu den Unterzeichnern des »Aufrufs der Dreiundneunzig« gehörte und Mitglied der »Deutschen Gesellschaft von 1914« war. Liebermann und zahlreiche andere Sezessionisten stellten ihren künstlerischen Namen von Anbeginn in den Dienst der Propagierung der deutschen Kriegsanstrengungen. Als Forum dafür bot sich vor allem die von dem Kunsthändler und Mäzen Paul Cassirer eigens zu diesem Zweck neugegründete Zeitschrift »Kriegszeit« dar, die sich in besonderem Maße Themen des Krieges zuwandte. Cassirer selbst, obschon in politischen Dingen eher gemäßigt und entschieden liberal eingestellt, sah eine würdige Aufgabe darin, die Energien der Künstler zu bündeln und auf die großen nationalen Sujets des Tages hinzulenken.[43]

Auf dem Titelblatt der ersten Nummer der »Kriegszeit« vom 31. August 1914 erschien eine Lithographie Liebermanns, die die berühmte Rede Wilhelms II. aus Anlaß der Verkündung des Kriegszustands zum Gegenstand hatte. Sie stellte die dichtgedrängte Menschenmenge vor dem königlichen Schloß »Unter den Linden« dar und trug, in Liebermanns eigener Handschrift, die Beschriftung: »Ich kenne keine Parteien mehr, ich kenne nur noch Deutsche.« Es war dies ein Pronunciamento, das besonders auffällig war, da Liebermann bisher ein eher gespanntes Verhältnis zu Wilhelm II. gehabt hatte, der Jahre zuvor von ihm gesagt haben soll, er vergifte die Seele der deutschen Nation.[44] Der programmatische Charakter dieser Präsentation wurde zusätzlich unterstrichen dadurch, daß in derselben Ausgabe der Kunstkritiker Julius Meier-Graefe die Parole ausgab: »[...] Einheit gab uns der Krieg. Alle Parteien gehen mit zum Ziel. Die Kunst folge.«[45] Die folgende Ausgabe der »Kriegszeit« brachte wiederum an prominenter Stelle eine Lithographie Liebermanns, welche einen galoppierenden Offizier mit gezogenem Säbel darstellt, der seiner Truppe zum Angriff voranreitet, mit der Unterschrift »Jetzt wollen wir sie dreschen«, ebenfalls ein Zitat aus kaiserlichem Munde. Eine eindeutiger den Krieg stützende künstlerische Aussage wäre schwerlich denkbar gewesen. Die »Kriegszeit« wollte das Sprachrohr der deutschen Künstlerschaft sein, um zu dem gemeinsamen Ziel eines deutschen Sieges beizutragen. Anfänglich waren zahlreiche Künstler dazu bereit, daran mitzuwirken, unter ihnen nicht nur Impressionisten wie Otto Hettner, August Gaul, Max Slevogt und Lovis Corinth, sondern auch Expressionisten wie Käthe Kollwitz und Ernst Barlach. Sie alle lieferten in den folgenden Monaten Lithographien oder Zeichnungen für Cassirers »Kriegszeit«, die sich auf den Krieg bezogen: Szenen aus dem Kriegsgeschehen, die anfänglich freilich rein fiktiver Natur waren, Porträts von hohen Offizieren und Staatsmännern,[46] Darstellungen aus dem Leben der »Heimatfront«; dazu vielfach allegorische Darstellungen von Kriegsereignissen oder Kriegskonstellationen. Allerdings ebbte die anfänglich in der »Kriegszeit« vorherrschende Stimmung der Kriegsbejahung, die auch in den literarischen Beiträgen, so unter anderem von Richard Dehmel und Gerhart Hauptmann, zum Ausdruck kam, schon bald ab. Der bisweilen forsche Patriotismus der Anfangszeit wich nachdenklichen Aussagen; Tod, Leiden und Trauer rückten immer stärker in den Mittelpunkt, und die Schilderung von Kriegsszenen wurde drastischer und realistischer. Allerdings enthielt sich die »Kriegszeit« auch in der Folge aller Darstellungen mit pazifistischer Tendenz; die fatalistische Hinnahme des Geschehens als eines Unabänderlichen wurde mehr und mehr die Grundtendenz der Zeitschrift.

Im Frühjahr 1916 wurde Paul Cassirer im Alter von fünfundvierzig Jahren zum Wehrdienst eingezogen, allerdings bereits nach wenigen Wochen wieder entlassen. Diese Erfahrung mag den Prozeß der Ernüchterung über die Sinnhaftigkeit des Krieges beschleunigt haben; jedenfalls beschloß Cassirer, nunmehr die »Kriegszeit« durch eine neue Zeitschrift, den »Bildermann«, abzulösen, die eine andere Ausrichtung erhalten sollte; als ihr Herausgeber wurde mit Leo Kestenberg ein eher zum Pazifismus neigender Musiker und Musikkritiker berufen. Dieser neue Kurs wurde allerdings auch durch die Haltung des Publikums nahegelegt, welches nicht mehr nur Kriegsbilder sehen wollte; vielmehr war gerade durch die Schrecken des Krieges eine »Sehnsucht nach Schönheit und Innerlichkeit in allen gewachsen«.[47] Dies signalisierte einen grundlegenden Wandel in der Einstellung nicht nur der kunstinteressierten Öffentlichkeit, sondern auch der Künstlerschaft zum Krieg und zum Kriegsgeschehen, das im Zuge der großen Abwehrschlachten und den blutigen Zermürbungskämpfen vor Verdun immer schrecklichere Formen angenommen hatte.

Die anderen Kunstzeitschriften machten die gleiche Veränderung durch, obschon sie weiterhin an dem offiziellen Kurs der Unterstützung des Krieges festhielten. »Kunst und Künstler« hatte sich anfänglich unter Schefflers Redaktion nachdrücklich darum bemüht, die Thematik des Krieges in den Mittelpunkt zu stellen. Seine Hoffnung, daß es eine ganz neue Art von Kriegsmalerei geben werde, die an die Stelle der klassischen Schlachtenmalerei und ebenso der seit Dürer vertrauten allegorischen Darstellungen des Krieges treten werde, erfüllte sich aber nur zu einem geringen Teil, und die Zeitschrift mußte, um die ihr angesonnene kriegsunterstützende Funktion zu erfüllen, großenteils auf historische Darstellungen des Krieges zurückgreifen, beispielsweise Menzels Holzschnitte zu Kuglers »Geschichte Friedrichs des Großen«.[48] Immerhin gelang es, hin und wieder authentische Berichte von Künstlern von der Front, die mit Zeichnungen illustriert waren, zu bringen, so unter anderem eine Zeichnung von Max Beckmann aus Anlaß der Erstürmung von Lüttich, die einen den Angriff befehlenden Offizier zeigt und durch eine bemerkenswerte Aggressivität hervorsticht, wie sie später bei Beckmann nicht mehr vorkommen sollte. Von Liebermann finden sich hier nur Zeichnungen hoher Militärs. Insgesamt blieb die künstlerische Produktion hinter Schefflers Erwartung, daß die gegenwärtige Kunst ein ebenso eindrucksvolles Œuvre über den Ersten Weltkrieg hervorbringen werde, wie dies für den Krieg von 1870/71 der Fall gewesen sei, weit zurück.

Auch die Zeitschrift »Die Kunst« hatte anfangs ein leidenschaftliches Plädoyer für eine neue Kriegskunst gehalten, welche dem zeitgenössischen Bild des Krieges gerecht würde: »Die Männer der 42 Zentimeter-Haubitze fordern auch geistig ein anderes Format als die, die mit der Lanze oder der Pike ins Feld zogen. Diese neue Kunst selbst wird befriedigend erst sein, wenn sie etwas von dieser zwingenden 42 Zentimeter-Wucht in sich haben wird. Ob unsere Künstler imstande sein werden, dieses Heldentum unserer Zeit so innerlich groß zur Darstellung zu bringen? Eine bange Frage, eine Schicksalsfrage an die deutsche Kunst.«[49] Diese vagen Alliterationen an den italienischen Futurismus, mit seiner Begeisterung für Maschinen, Stahl, Schnelligkeit, Gewalt und Krieg, fanden im deutschen Bereich freilich keine nennenswerte Nachfolge. Die offizielle akademische Kunst erwies sich schon gar nicht in der Lage, diesen Postulaten zu entsprechen. Arthur Kampf, der 1915 als Nachfolger Anton von Werners zum Direktor der Hochschule für die Bildenden Künste berufen wurde, wurde noch im gleichen Jahr als offizieller Kriegsmaler zum Besuch an die Westfront eingeladen. Seine Werke kamen jedoch über das Niveau eines vergröberten Menzel nicht hinaus; immerhin wurde sein Bild »Wir treten zum Beten«, mit der Parole »Gott mit uns«, damals in weiteren Kreisen bekannt und viel reproduziert. Über eine besinnlich-sentimentale Unterstützung der Kriegsanstrengungen ging dies alles nicht hinaus. In der Zeitschrift »Kunst« nahmen Kriegsthemata anfangs ebenfalls eine beherrschende Stellung ein, wenn auch nicht mit der gleichen volkspädagogischen Zielsetzung, die Cassirer mit der »Kriegszeit« verfolgt hatte. Allerdings ersetzten historische Zitationen dort vielfach aktuelle Kriegsbilder beziehungsweise Kriegsgraphiken. Aber seit 1915 wurde das Publikum es allmählich leid, ständig mit Kriegskunst konfrontiert zu werden, deren Tenor, nämlich der Heroisierung des Krieges und, zunehmend stärker, Appellen zur Pflichterfüllung und zum »Durchhalten«, immer weniger mit ihrem eigenen Empfinden harmonierte.[50]

Die gleiche Tendenz stellte sich bei dem damals revolutionären Medium des Films ein, dessen Bedeutung als Propaganda-Instrument die Militärbehörden schon früh erkannt hatten. Auch hier war bereits seit dem Sommer 1915 niemand mehr mit den anfänglich populären Kriegsfilmen, die durchweg aufgrund völlig fiktiven Bildmaterials erstellt worden waren, in die Kinos zu locken, und Unterhaltungsfilme traten zunehmend an deren Stelle. Ebenso vermochten die Kriegswochenschauen nur ein weitgehend fiktives Bild des tatsächlichen Geschehens auf den Schlachtfeldern zu vermitteln, welches die Vorstellungskraft des Beobachters überstieg. Die Härte der Kriegswirklichkeit hatte die Filmemacher eingeholt.[51] Die nationale Euphorie des August 1914 war endgültig verflogen; eine ausgesprochene Ablehnung des Krieges gab es gleichwohl einstweilen nur in Ansätzen, zumal die Zensur dergleichen von vornherein unterdrückte.

Die Einstellung der bildenden Künstler zum Krieg hatte sich, zunächst unmerklich, später immer deutlicher in ihrem Charakter verändert. Anfang des Krieges waren die Maler und Bildhauer von der Aufbruchstimmung des August 1914, wie bereits dargelegt, nicht unberührt geblieben. Der Krieg ermögliche, so meinte man auch in den Kreisen der bildenden Künstler, die Überwindung der kulturellen Stagnation der Vorkriegsjahre und der Beliebigkeit eines ästhetisierenden Individualismus, dem eine Verankerung in echten Lebensidealen fehle. Franz Marc beispielsweise philosophierte in seinen Schriften aus der Kriegszeit in nietzscheanischer Manier über eine neue europäische Kultur, die aus dem »völkergemeinschaftlichen Blutopfer« dieses Krieges hervorgehen werde. »Die Welt [...] will rein werden, sie will den Krieg.«[52] »[...] in diesem Kriege kämpfen nicht, wie es in den Zeitungen steht und wie es die Herr[e]n Politiker sagen, die Zentralmächte gegen einen äußeren Feind, auch nicht eine Rasse gegen die andre, sondern dieser Großkrieg ist ein europäischer Bürgerkrieg, ein Krieg gegen den inneren, unsichtbaren Feind des europäischen Geistes.«[53] Marc glaubte allen Ernstes, daß durch den Krieg, der alles Alte, Überlebte, Erstarrte hinwegräumen werde, die europäische Kultur dem Nietzscheschen Ideal des Übermenschen wieder nähergebracht werden könnte. Noch 1916 findet sich von ihm eine Lithographie »Die Versöhnung«, die das Wunschbild der Versöhnung der Menschheit mit sich selbst und der Natur, symbolisiert durch die Tierwelt, im Strahlenkranz der Sonne darstellte.[54]

Bei Ernst Barlach stoßen wir auf andere, im Grunde religiöse Motive, die ihn Anfang des Krieges zu ausgesprochener Kriegsbegeisterung führten. Barlach empfand »die Kriegsstimmung wie eine Erlösung«.[55] Er sah in der Flut der Freiwilligenmeldungen zum Kriegsdienst einen Opfergang, der gleichsam sakraler Natur war: »Opfern ist eine Lust, die größte sogar. [...] es ist Vergottung, Aufgehen im Ganzen, Erlösung. Und die Deutschen können es heute tun mit der inbrünstigen Seligkeit der Freiwilligkeit, die durch inneren Willen und Beschluß zur Notwendigkeit wird.«[56] Noch im Juli 1915 war Barlach begierig, ebenfalls eingezogen zu werden, statt die Geschehnisse von einem Büroschreibtisch aus verfolgen zu müssen. Im August 1915 kam dann die Ernüchterung: »[...] die Mühle hinterm Horizont im Osten und Westen mahlt Menschen, bricht Knochen, zapft Blut zu unerforschlichen Zwecken. Die Besten werden dezimiert.«[57] Erst jetzt wurde er zu einem entschiedenen Gegner des Ersten Weltkriegs und des unendlichen Leids, der davon ausging.

Ungeachtet der relativen Politikferne gerade der künstlerischen Avantgarde, in ihren verschiedenen Gruppierungen, waren die bildenden Künstler, von ganz wenigen Ausnahmen abgesehen, von dem Solidaritätsempfinden mit der eigenen Nation nicht unberührt geblieben, ja mehr noch, hatten diese, vielfach in einer quasi-religiösen Umdeutung, als Chance gesehen, ihren eigenen künstlerischen Bemühungen eine breitere Resonanz im Volk zu verschaffen. Es gab aber auch rein ästhetische Motive, die viele Künstler, gerade im avantgardistischen Lager, dazu veranlaßten, den Krieg zu bejahen. Dazu gehören insbesondere Max Beckmann und Otto Dix, denen wir die großartigsten künstlerischen Schilderungen der Erfahrungen des Ersten Weltkrieges verdanken. Das Erlebnis von Menschen in Grenzsituationen wie jenen des Krieges wirkte auf die Kreativität des Künstlers, ungeachtet der Schrecklichkeit des Geschehens, in außerordentlicher Weise beflügelnd. Die Frage, ob man den Krieg als extreme Lebensform des Menschen wegen seiner Brutalität grundsätzlich ablehnen und gegebenenfalls von einer künstlerischen Darstellung des Geschehens Abstand nehmen müsse, stellte sich für sie nicht. Otto Dix hat über seine Haltung zum Krieg im Rückblick geurteilt: »Der Krieg war eine scheußliche Sache, aber trotzdem etwas Gewaltiges. Das durfte ich auf keinen Fall versäumen. Man muß den Menschen in diesem entfesselten Zustand gesehen haben, um etwas über den Menschen zu wissen [...]. Alle Untiefen des Lebens muß ich selbst erleben, deswegen gehe ich in den Krieg, und deswegen habe ich mich auch freiwillig gemeldet.«[58] Ganz ebenso sah dies Max Beckmann: »Alles muß ich sehen. Alle Untiefen des Lebens muß ich selber erleben.«[59] In ganz dem gleichen Sinne schrieb er am 24. Mai 1915, kurz nachdem er zum Sanitätsdienst an die Westfront gesandt worden war: »Es handelt sich ja auch nicht darum, daß ich gewissermaßen als Historiker diese Angelegenheit mitmache, sondern, daß ich mich selbst in dieser Sache einlebe, die an sich eine Erscheinungsform des Lebens ist, wie Krankheit, Liebe oder Wollust. Und genau so, wie ich ungewollt und gewollt der Angst der Krankheit und der Wollust, Liebe und Haß bis zu ihren äußersten Grenzen nachgehe – nun, so versuche ich es eben jetzt mit dem Kriege. Alles ist Leben, wunderbar abwechslungsvoll und überreich an Einfällen. Überall finde ich tiefe Linien der Schönheit im Leiden und Ertragen dieses schaurigen Schicksals.«[60] Bei anderer Gelegenheit hatte sich Beckmann noch sehr viel drastischer ausgedrückt: »Für mich ist der Krieg ein Wunder, wenn auch ein ziemlich unbequemes. Meine Kunst kriegt hier zu fressen.«[61]

In der Tat wird man nicht übersehen dürfen, daß nach Kriegsausbruch die stilistische Kraft Beckmanns eine bemerkenswerte Wandlung erfuhr; die Intensität der Darstellung gewann, unter Verzicht auf impressionistische Stilelemente, eine enorme Steigerung.[62] Im übrigen wird man ohnehin davon Abstand nehmen müssen, bei Beckmann wie bei anderen Künstlern dieser Richtung allzu direkte Korrelationen zwischen Kunst und Politik voraussetzen zu wollen. 1938 hat Beckmann einmal selbst eingeräumt, er sei »vielleicht blind an vielen Dingen des realen und politischen Lebens vorbeigegangen«, und fügte hinzu: »Allerdings nehme ich an, daß es zwei Welten gibt! – Die Welt des Geistes und die der politischen Realität.«[63] Es macht dies Beckmanns seinerzeitige Äußerungen, die heute als befremdliche Identifikationen mit dem Kriegsgeschehen erscheinen mögen, wie die nachstehende, verständlicher: »Draußen das wunderbar großartige Geräusch der Schlacht. Ich ging hinaus durch Scharen verwundeter und maroder Soldaten, die vom Schlachtfeld kamen und hörte diese eigenartig schaurig großartige Musik [...] Ich möchte, ich könnte dieses Geräusch malen [...] Scharen von Menschen ›Soldaten‹ zogen fortwährend nach dem Zentrum dieser Melodie, der Entscheidung ihres Lebens entgegen.«[64] Ganz analoge Berichte sind uns auch sonst überliefert, so zum Beispiel von Franz Marc, der am 6. September 1914 schrieb: »Diese Artilleriekämpfe haben etwas unsagbar Imposantes und Mystisches.«[65] Am dichtesten aber findet sich die Darstellung des Kriegsgeschehens als einer in künstlerische Ausdrucksformen umgesetzten Grenzerfahrung in den zahlreichen Werken von Otto Dix, vielleicht am unmittelbarsten in seinen Kriegspostkarten, die er, mit Zeichnungen des Kriegsgeschehens versehen, in großer Zahl an Helene Jakob in die Heimat sandte.[66]

Bei Beckmann und Dix wird das Kriegsgeschehen als Wirklichkeit eigener Art unmittelbar, ohne jede vermittelnde Perspektive, in seiner ganzen Grausamkeit, aber auch seiner sublimen Schönheit geschildert, gleichsam aus der Perspektive des Unbeteiligten, ohne jeden Versuch einer interpretierenden Vermittlung. Und dennoch ist die Intensität, mit der sie das Außerordentliche, Unvorstellbare künstlerisch umzusetzen und für ihr Publikum transparent zu machen versuchen, gleichsam atemberaubend. Max Beckmanns »Granate« aus dem Jahre 1915, die den Schrecken des in eine Gruppe von Menschen – unter denen er sich selbst befindet – einschlagenden Feuerballs und die panische Furcht auf deren Gesichtern in eindrucksvoller Weise zur Darstellung gebracht hat, ist dafür nur ein Beispiel unter vielen. Es zeigt gleichsam objektiv die Hilflosigkeit des Menschen schlechthin.[67] Es ging für Beckmann wie für Dix nicht darum, das Kriegsgeschehen zu deuten oder gar zu bewerten; sie empfanden die Ereignisse des Krieges als Symbole einer über den Alltag hinausweisenden Wirklichkeit, die mit rein ästhetischen Ausdrucksmitteln zu erfassen ihr ganzer Ehrgeiz war. 1918 hat Dix einmal gesagt: »Künstler sollen nicht bessern und bekehren. Dazu sind sie viel zu gering. Nur bezeugen müssen sie. Ich male auch Träume und Gesichte, die Träume und Gesichte meiner Zeit, die Träume und Gesichte aller Menschen.«[68]

Von Dix wie von Beckmann ist bezeugt, daß sie aus innerem Antrieb heraus auch unter widrigsten Umständen beständig zeichneten oder malten, sofern dies nur irgend möglich war. Beckmann suchte die eigenen Kriegserlebnisse zu transzendieren: »Ich will dies alles innerlich verarbeiten, um dann nachher ganz frei die Dinge fast zeitlos machen zu können: diese aus dem Grabe blickende schwarze Menschenmiene und die schweigenden Toten, die mir entgegenkommen, sind düstere Grüße der Ewigkeit, und als solche will ich sie später malen.«[69] Späterhin wandte er sich dann auch einer ins Religiöse weisenden Deutung seiner fürchterlichen Kriegserfahrungen zu; er begann an einer großen »Auferstehung« zu arbeiten.[70] Dix ging an die Dinge aus einer anderen Sichtweise heran; für ihn verschmolz die Realität des Kriegsgeschehens mit der Realität der Natur, als eines übermenschlichen Zusammenhangs der Dinge.[71] Auf seinen Zeichnungen und Bildern flossen die kämpfenden Soldaten und die sie umgebende, so geschundene Natur ineinander, sie wurden zu einer neuen, bestürzenden Wirklichkeit. Granattrichter nahmen die Form von bizarren, tropischen Blumen an, und auf den Soldatengräbern wuchsen Blumen, als Zeichen dafür, daß die Natur auch hier schon bald gleichsam zur Tagesordnung überging.[72] Dix sprach denn auch vom Krieg als einem »Naturgesetz«, dem sich zu widersetzen widersinnig gewesen wäre. Analog verwahrte sich Franz Marc in den Briefen an seine Frau vor einer allzu eilfertigen Verurteilung des Krieges: »Auch der Krieg ist naturhaft; es ist nicht haltbar [...], den Krieg gänzlich außerhalb des natürlichen Geschehens zu stellen.«[73] Selbst inmitten des fürchterlichsten Schlachtgetümmels oder den schrecklichen Szenen der Kriegslazarette, ja gerade in deren Hervorbringungen, fanden sie »Schönheit« von einer besonderen, gleichsam jenseits des Alltagslebens liegenden Qualität.

Es wäre demnach verfehlt, die Werke dieser Künstler als Kritik am Krieg deuten zu wollen, obschon ihre Aussagen über die schreckliche Realität des Kriegsgeschehens zunehmend drastischere Formen annahmen. Es lag der großen Mehrzahl der Künstler einstweilen ganz fern, zu einer aktiven Kriegsgegnerschaft überzugehen, wenn auch in ihren persönlichen Äußerungen seit dem Frühjahr 1916 die Hoffnung auf einen baldigen Friedensschluß einen zunehmend größeren Raum einnahm.[74] Sie waren geneigt, den Krieg als etwas Unabänderliches hinzunehmen. Damit unterschieden sich die bildenden Künstler nicht von der großen Mehrheit der Führungsschichten der deutschen Gesellschaft.

Je mehr die Öffentlichkeit, und mit ihr die Intellektuellen und Künstler, die wahre Wirklichkeit des Kriegsgeschehens erkannten, desto mehr veränderte sich deren Einstellung zum Krieg. Auch die Zensur, die in ihrem Zugriff ohnedies unsicherer geworden war, konnte nicht verhindern, daß nun allerorten kritische Stimmen laut wurden, die Zweifel am Sinn des Krieges äußerten. Die anfänglich so verbreitete Meinung, daß der Krieg eine förderliche Wirkung auf die Entwicklung der Künste haben werde, wich nun der nüchternen Einsicht, daß dieser ganz im Gegenteil zu einer Lähmung des literarischen und künstlerischen Lebens führe. Der Kunsthistoriker Wilhelm Hausenstein sprach nun in »Kunst und Künstler«

unumwunden aus, daß der Krieg keineswegs Kunst und Literatur fördere, sondern ganz im Gegenteil der künstlerischen Produktion große Hindernisse in den Weg lege.[75] Es war nicht länger zu übersehen, daß die Zensur die freie Entfaltung der Künstler und Schriftsteller erheblich beschnitt und vielfach zu drastischen Maßnahmen gegen literarische Zeitschriften oder, wenn auch seltener, gegen selbständige Publikationen griff. So wurde unter anderem die Veröffentlichung eines Romans von Fritz von Unruh »Der Opfergang«, in welchem die Hölle von Verdun mit großer Eindringlichkeit beschrieben wurde, von der Zensur verhindert, vermutlich weil die Sinnlosigkeit der beständig erneuerten Angriffe der deutschen Armee unter unmenschlichen Bedingungen dabei zu deutlich thematisiert wurde. Dafür sei ein Beispiel gegeben. Der Soldat Fips richtet sich am Ende einer gescheiterten Angriffsaktion aus einem Granatloch auf und fragt: »Bei allem Respekt vor der Ehrfurcht frage ich: wozu? [...] Wofür fielt Ihr? Für Verdun? [...] Ich wünschte, Verdun wäre gefallen und nicht Ihr.«[76]

Im allgemeinen wurde die Zensur literarischer Werke durch die Stellvertretenden Generalkommandos allerdings eher lax und mit großen regionalen Unterschieden gehandhabt.[77] Überdies wurden von den Zensurstellen zumeist nur Belegexemplare nach dem Erscheinen eingefordert, während eine Zensur der Manuskripte unterblieb. Erst 1917 wurde dann eine Zentralregistratur zur Überwachung des deutschen Buchhandels und der Bücherausfuhr in Leipzig eingerichtet, die regelmäßig über die Verbote und Beschlagnahme von Druckschriften durch die Stellvertretenden Generalkommandos unterrichtet wurde.[78] Offene Konflikte hat es offenbar nur selten gegeben, zumal die Verleger in aller Regel bemüht waren, den Wünschen der Zensurbehörden im vorhinein zu willfahren. Dennoch kam es wiederholt zu Eingriffen. Gelegentlich gelang es den betreffenden Autoren, mit ihren Werken in die neutrale Schweiz auszuweichen.[79] Aber insgesamt dürfte das Spektrum der veröffentlichten Literatur und der künstlerischen Produktion durch die Zensur nur unwesentlich verändert worden sein; einstweilen waren ausgesprochene Pazifisten und Kriegsgegner noch eine kleine Minderheit und fanden überdies keinen nennenswerten Zuspruch beim allgemeinen Publikum.[80] Übrigens waren Ausstellungen und künstlerische Darstellungen, wie es in den Zensurrichtlinien hieß, »in weitestem Umfang« zur Veröffentlichung zugelassen, »selbst wenn sie den ganzen Ernst des Krieges [...] zeigen«.[81] Sie erfreuten sich in aller Regel erheblichen Zuspruchs des Publikums.[82]

Dennoch wich die bisher ganz überwiegend vorbehaltlose Identifikation der kulturellen Eliten mit der deutschen Kriegführung nun einer zunehmend kritischen Haltung. Zwar wurde der Krieg von der Mehrheit der Intellektuellen und Künstler auch jetzt nicht rundweg abgelehnt, aber die Zweifel an der Sinnhaftigkeit des Geschehens wuchsen beständig. In ihrer Einführung im ersten Heft begründeten Paul Cassirer und Leo Kestenberg die Herausgabe der neuen Zeitschrift »Der Bildermann« ausdrücklich mit der Veränderung der künstlerischen Erwartungen des Publikums, das nicht länger vornehmlich an Darstellungen des Kriegsgeschehens Interesse zeige: »Trotz des Schreckens unserer Zeit blieb unsere Seele den alten Göttern treu. [...] Die Not des Krieges hat uns gelehrt, dem Schrecken ruhig in die Augen zu sehen, aber sie hat auch unser Sehnen aus dem Schrecken heraus nach dem Reinen, Höheren wieder erweckt und innerlicher gemacht.«[83] Dies war ein Programm, das versprach, von der bevorzugten Berücksichtigung von Kriegssujets abzugehen und sich wieder stärker an rein ästhetischen Gesichtspunkten zu orientieren. Tatsächlich wurde der »Bildermann« das Sprachrohr eines breiten Spektrums von Künstlern vorwiegend der Avantgarde, die in innere Distanz zum Krieg gegangen waren, auch wenn sie diesen nicht direkt ablehnten. Cassirer war es gelungen, eine beachtliche Zahl von Künstlern für die Mitarbeit am »Bildermann« zu gewinnen, von Max Slevogt, Max Liebermann, Ernst Barlach und Käthe Kollwitz angefangen bis hin zu Oskar Kokoschka, Max Pechstein, Ernst Ludwig Kirchner, Erich Heckel, Otto Mueller, Heinrich Zille und Ludwig Meidner.

In den Präsentationen des »Bildermann« traten Kriegsthemen weitgehend zurück.[84] Soweit es solche gleichwohl gab, waren sie auf einen anderen Ton gestimmt als jene in der »Kriegszeit«. Soweit dies dennoch der Fall war, waren diese dezidiert kritisch gehalten, wie beispielsweise Max Slevogts Lithographie »Der Mars regiert die Stunde«, das einen Feldherrn zeigt, der ein Feldtelephon bedient, dessen Wählscheibe in das Gehirn des Kopfes eines ansonsten lebendigen Menschen implantiert ist, eine Anspielung auf die vom Telephon aus gelenkten sinnlosen Angriffsschlachten im Westen.[85] Patriotische Töne fehlten ganz. Hervorzuheben ist, daß namentlich die zahlreichen Beiträge Barlachs eine ganz andere Tendenz aufwiesen als jene in der »Kriegszeit«. An die Stelle der früheren kriegsbejahenden Sujets traten nun Themen wie »Demut« oder Christus, der vom Teufel auf einen Berg geführt wird, um ihm »die Reiche der Welt und ihre Herrlichkeit (lauter Kreuze, soweit das Auge blickt)« zu zeigen.[86] Eindrucksvoll war auch ein auf die Gegenwart bezogener Passionszyklus von Oskar Kokoschka. Neu war die Aufnahme sozialkritischer Themen, wie etwa ein tiefbewegendes Blatt von Heinrich Zille, welches eine Kriegerwitwe mit drei kleinen Kindern zeigt, die das Eiserne Kreuz für ihren gefallenen Mann entgegennimmt.

Das deutsche Friedensangebot vom 12. Dezember 1916 nahm der »Bildermann« zum Anlaß, um, gleichsam im Schatten der amtlichen Politik, seinerseits den Gedanken des Friedens demonstrativ herauszustellen. Die Ausgabe vom 20. Dezember 1916 trug auf dem Titelblatt eine Lithographie Ernst Barlachs, die eine einer Schutzmantelmadonna gleichende betende Frau zeigt, vor dem Hintergrund der aufgehenden, hell strahlenden Sonne, mit der Unterschrift »Dona nobis pacem«.[87] Dies sollte jedoch zugleich die letzte Ausgabe des »Bildermann« sein. Entscheidend dafür waren beständige Zensurschwierigkeiten, mangelnder Absatz und schließlich Cassirers erneute Einberufung zum Wehrdienst, ungeachtet einer ärztlich befürworteten erneuten Zurückstellung, die wohl nur als indirekte Sanktion der Militärbehörden wegen der Veröffentlichung des von diesen ungeliebten »Bildermann« verstanden werden kann.

Offene Kritik an der offiziellen Kriegspolitik war im Deutschen Reich auch unter den seit Herbst 1916 behutsam gelockerten Zensurbedingungen innerhalb Deutschlands weiterhin nicht möglich. Außerdem war die Zeit dafür noch nicht reif; selbst von den avantgardistischen Künstlern wurde der Krieg weiterhin ganz überwiegend als ein unabwendbares, übermenschliches Geschehen betrachtet, dem man sich gar nicht entgegenstemmen könne und das ungeachtet aller Grausamkeit seine eigene Schönheit besitze. Aber die Ernüchterung über den Charakter des Krieges, der zu einem sinnlosen Völkermorden degenerierte, dessen Ende nicht mehr absehbar zu sein schien, blieb nicht ohne Auswirkungen. Die Selbstbildnisse von Max Beckmann, Otto Dix und Ernst Ludwig Kirchner aus jener Zeit bezeugen anschaulich, wie tief die Desillusionierung über den Krieg und die Erfahrung unendlichen menschlichen Leidens diese Künstler auch persönlich getroffen und in ihrem Innersten verändert hatte. Härte und Bitterkeit als äußerer Schirm der Person, bei Beckmann fast schreckhaft weit geöffnete Augen, die durch die Dinge hindurchzusehen scheinen, bei Dix die gänzliche Abblendung des Blicks durch den Schirm der Uniformmütze und ein grenzenlos bitter zusammengezogener Mund.[88] Beckmann begann 1916 mit den Arbeiten an einer zweiten, großen »Auferstehung«, in die alle seine Kriegsarbeiten eingehen sollten und die apokalyptische Züge annahm; eine schwarze Sonne signalisierte die Verkehrung der Dinge und das Ende der Welt.[89] Die ambivalente Haltung der Künstler, wie der Intellektuellen überhaupt, in der gegebenen Situation brachte Max Beckmann auf den Begriff, wenn er am 9. Januar 1917 von »[...] diesem großartigen Wahnsinn« sprach, »in dem wir jetzt noch stärker als früher leben«. Aber noch hielten sich Faszination und Ablehnung die Waage: »Trotz allem und wenn ich auch caput [sic] gehen sollte. Die Zeit paßt mir.«[90]

Seit Herbst 1916 sammelten Paul Cassirer und Herwarth Walden einen Kreis von Künstlern um sich, der entschieden liberale und teilweise sogar radikale Ansichten vertrat und in politischer Hinsicht die Bestrebungen, einen Verständigungsfrieden herbeizuführen, zu unterstützen bemüht war. Dieser Kreis wurde zum Kern einer sich immer mehr verbreiternden Bewegung, die sich gegen eine Fortführung des sinnlos gewordenen Krieges wandte. Käthe Kollwitz berichtet in ihren Tagebüchern von einem der Leseabende bei Cassirer im Februar 1917, bei welchem eine Lesung eines Textes von Leonard Frank mit lauten Ausrufen »Frieden, Frieden, Frieden« endete.[91] In dem literarischen oder künstlerischen Werk dieser Gruppe wurde der Krieg, oder genauer die Menschenschlächterei, die damit verbunden war, nun immer offener kritisiert. Max Slevogts Zyklus »Gesichte« sprach eine eindeutige Sprache; er selbst schrieb in seinem Tagebuch, welches Cassirer 1917 veröffentlichte, die »letzte entscheidende Erinnerung« an den Krieg, die ihm geblieben sei, sei »eine Welt, die durch blinde Zerstörung geschändet erscheint«.[92] Kaum weniger eindeutig waren Oskar Kokoschkas Zeichnungen, etwa sein Blatt »Soldaten, einander mit Kruzifixen bekämpfend«, welches demonstrieren sollte, daß der Krieg widersinnig, ja im gewissem Sinne sogar grotesk geworden war.[93]

Ein weitaus radikalerer Kurs wurde freilich von jener Gruppe von avantgardistischen Künstlern und Schriftstellern gesteuert, die am 5. Februar 1916 in dem Künstlercafé »Voltaire« in Zürich die Künstlervereinigung »Dada« ins Leben gerufen hatten. Die Mehrzahl ihrer Mitglieder hatte schon von Kriegsbeginn an eine radikal pazifistische Position vertreten und diese an geeigneter Stelle, so in Pfemferts »Die Aktion« oder in den »Weißen Blättern« artikuliert. Andere, wie der Schriftsteller Hugo Ball, der sich anfänglich als Kriegsfreiwilliger gemeldet hatte, hatten schon bald eine radikale Wandlung vollzogen. Aber ihre Opposition war weitreichender, sie richtete sich nicht allein gegen den Krieg und gegen das offenbar sinnlose Blutvergießen, das damit verbunden war, sondern gegen die bestehende bürgerliche Gesellschaft als solche, die, wie sie annahmen, Krieg und Gewalt gleichsam naturwüchsig aus sich selbst hervorbringe, und zugleich gegen die gesamte bisherige Kunst, die, wie sie meinten, diese Wahrheit nur beschönigt habe.

Hugo Ball und Richard Huelsenbeck hatten bereits 1915 in einem »Literarischen Manifest«, das eine Handlungsanweisung für alle Künstler sein wollte, die sich gegen die bestehende Ordnung auflehnten, erklärt: »Wir wollen: Aufreizen, umwerfen, bluffen, trietzen, zu Tode kitzeln, wirr, ohne Zusammenhang, Draufgänger und Negationisten sein.«[94] Die Dadaisten – schon der Begriff »Dada« selbst sollte ein Non-Wort sein, dem keinerlei Sinn beigemessen werden könne – wollten nicht einfach nur eine neue künstlerische Gruppierung wie so viele vor ihnen sein, sondern die konsequente Negation der bisherigen Kunst betreiben und damit indirekt der bürgerlichen Gesellschaft, die die ungeheueren Blutopfer des Weltkrieges allererst möglich gemacht habe: »Wir gehen los gegen alle ›ismen‹, Parteien und ›anschauungen‹. Negationisten wollen wir sein.«[95] Hans Arp, einer der Gründer des Dadaismus, bekannte im Rückblick: »Angeekelt von den Schlächtereien des Weltkrieges 1914 gaben wir uns in Zürich den schönen Künsten hin [...] Wir suchten eine elementare Kunst, die den Menschen vom Wahnsinn der Zeit heilen, und eine neue Ordnung, die das Gleichgewicht zwischen Himmel und Hölle herstellen sollte.«[96]

In der Folge waren es insbesondere Hugo Ball und Richard Huelsenbeck, die die neue Botschaft des Dadaismus in breitere Kreise trugen. Ball, der nach anfänglichem Kriegsenthusiasmus schon Ende 1914 gründlich desillusioniert war, war Ende Mai 1915 in die Schweiz emigriert, weil er nur dort hoffen konnte, sich als avantgardistischer Autor einen Namen zu machen, nicht in dem von Kriegseuphorie geprägten Deutschland.[97] Insofern hatte seine Gegnerschaft gegen den Krieg nicht nur gesinnungsmäßige, sondern auch sehr persönliche Gründe. Zusammen mit der Schauspielerin Emmy Hennings wurde Ball in Zürich zum Mittelpunkt eines literarischen Zirkels, der in der Folge beträchtliche Ausstrahlung entfaltet hat. In diesem Zusammenhang entstand auch sein Gedicht »Der Totentanz«, welches ganz konsequent als Persiflage eines Soldatenliedes angelegt war und als solches auch immer wieder vorgetragen wurde. Es begann mit den fast blasphemischen Worten:

»So sterben wir, so sterben wir
Und sterben alle Tage«

und steigerte sich dann bis ins Karikaturhafte:

»Wir danken Dir. Wir danken Dir
Herr Kaiser für die Gnade,
Dass Du uns zum Sterben erkoren hast,
[...]«[98]

»Der Totentanz« verschaffte dem »Cabaret Voltaire« erheblichen Zulauf. Darüber hinaus wurde das Gedicht auf unterschiedlichen Wegen, insbesondere in Postkartenform, in das Deutsche Reich verschickt; es zeitigte unzweifelhaft Wirkungen. Die Anziehungskraft des »Cabaret Voltaire« auf avantgardistische Künstler war groß, und auf seinen literarischen Abenden traten bald auch bekannte Künstler und Musiker auf, so am 28. April 1917 neben Hugo Ball und Tristan Tzara der Komponist Arnold Schönberg, der möglicherweise hier die Anregung zu seinen späteren persiflierenden Umdeutungen bekannter Militärmärsche erhalten hat.[99]

Die Botschaft des Dadaismus schlug in der ganzen westlichen Welt wie eine Bombe ein; zahlreiche Künstler und Schriftsteller, die über die bedrängte Lage künstlerischer Produktion unter den Bedingungen des Krieges tief irritiert waren, stimmten den Ideen der Dadaisten begeistert zu, vielleicht gerade deshalb, weil sie ihr Heil in konsequenter Opposition suchten und auf jede eigenständige stilistische Form verzichteten, es sei denn, man betrachte als solche das Prinzip rigoroser Abstraktion von der gegebenen Wirklichkeit und der Abkehr von aller herkömmlichen Kunst. Das einigende Band war die entschiedene Gegnerschaft zu Krieg und militärischer Gewalt, gemäß der Devise: »Dada siegt: wir haben die Zeitrechnung abgeschafft und mit dem Jahr A = 1 die neue Zeitrechnung des wirklichen Weltfriedens begonnen.«[100] Die künstlerische Produktion der Dadaisten befaßte sich ganz überwiegend überhaupt nicht direkt mit dem Krieg. Doch fehlte es nicht an höchst wirksamen Attacken auf den militaristischen Geist der Zeit. Die Lithographien Hans Richters beispielsweise können gleichsam als visuelle Pendants von Hugo Balls »Totentanz« gelten, etwa das Blatt »Im Felde der Ehre«, das einen rücklings umfallenden Soldaten mit martialischer Pickelhaube in einem Stacheldrahtverhau darstellt, oder die noch eindeutigere Zeichnung »Kaiser Wilhelm II. als Befehlshaber des Todes«, welches den Kaiser in herrischer Pose über zwei toten, am Boden liegenden Soldaten stehend zeigt.[101]

Anfänglich war der Einfluß des Dadaismus auf die künstlerische Szene in Deutschland begrenzt. Nur sehr wenige Künstler waren bereit, den Dadaisten auf ihrem radikalen Weg zu folgen, der alle künstlerische Produktion für vollständig beliebig und insofern im wörtlichen Sinne für sinnlos erklärte, ebenso sinnlos, wie die gesellschaftliche Wirklichkeit überhaupt. Strenggenommen könnte man den Dadaismus als ästhetische Version des Anarchismus betrachten; jedenfalls hatte er mit diesem die radikale Ablehnung jeder Herrschaftsordnung und jeder zur Formierung einer Partei führenden Ideologie gemeinsam. Die Botschaft des Dadaismus ermutigte jedoch zahlreiche Künstler, wie George Grosz, Otto Dix und Oskar Kokoschka, ihre Ansichten von Kriegführung, Zerstörung, menschlichem Leiden und Sterben in weit radikalerer Weise vorzutragen, als dies bisher der Fall gewesen war.[102] In der Folge entwickelten sich dann enge, wenn auch informelle Verbindungen zwischen den Dadaisten und der expressionistischen Szene im Deutschen Reich, mit bedeutenden, wenn auch im Einzelfall nicht leicht bestimmbaren Auswirkungen. Dies galt nicht nur für die bildenden Künste, sondern auch für die Literatur. Unter den expressionistischen Schriftstellern der jüngeren Generation breitete sich zunehmend radikale Kriegsgegnerschaft aus, und mehr und mehr verband sich dies mit Sympathien für die sozialistische Linke.

Innerhalb Deutschlands waren es vor allem die seit Januar 1915 von René Schickele herausgegebenen »Weißen Blätter«, die zum Sprachrohr einer allerdings zunächst noch gedämpften literarischen Kriegskritik wurden. René Schickele, der in den ersten Kriegsmonaten von einer Glorifizierung des Krieges aus dem Geist des Vitalismus nicht frei gewesen war,[103] schwenkte im Frühjahr 1916 definitiv auf die Linie einer unbedingten Kriegsgegnerschaft ein; sein Beitrag »Der Mensch im Kampf« im Aprilheft der »Weißen Blätter« bekannte eindeutig Farbe und verband dies mit herber Kritik an dem eigenen bisherigen Kurs. In der Tat hatten die »Weißen Blätter« in den ersten Kriegsjahren zwar viel an nüchtern-realistischen literarischen Gestaltungen des Kriegsgeschehens oder den Krieg kritisch analysierenden Texten veröffentlicht, aber untermischt mit durchaus kriegsbejahenden Beiträgen, so etwa von Auszügen aus Max Schelers »Genius des Krieges« oder eines Beitrags von Georg Simmel über »Europa und der Krieg«. Ansonsten veröffentlichten die »Weißen Blätter« eine große Zahl von bedeutenden literarischen Abhandlungen zumeist expressionistischer Autoren, zum Beispiel von Max Brod, Franz Kafka und Leonard Frank.[104] Ausgesprochene Kriegskritik fand sich eigentlich nur in den vielfach von Schickele selbst verfaßten Glossen. Allerdings kamen hier auch die Anhänger der Friedensbewegung zu Wort, obwohl mit gleichsam verschlüsselten Beiträgen, die sich zumeist mit Themen der Völkerverständigung und der Schaffung einer künftigen europäischen Friedensordnung befaßten, ohne sich direkt gegen den Krieg als solchen zu wenden. Dies war gewiß teilweise auf das Bemühen der Redaktion zurückzuführen, durch die bunte Streuung von Beiträgen die Zensur zu unterlaufen, die angesichts des Ansehens der Zeitschrift im Ausland ohnehin eher milde gehandhabt wurde.

Seit dem Frühjahr 1916 änderte sich die Tonlage der Beiträge deutlich. Dies hatte lediglich mittelbar etwas mit dem Umstand zu tun, daß Schickele selbst bereits Ende 1915 in die Schweiz emigriert war und die »Weißen Blätter« seitdem in Zürich verlegt wurden.[105] Vielmehr hatte sich das geistige Klima gewandelt. Hinfort wurden die »Weißen Blätter« zu einem »Sammelbecken der geistigen Opposition gegen den Krieg«.[106] Hier veröffentlichte Heinrich Mann seinen Essay »Zola«, dem er, in unübersehbarer Anspielung auf die Zeitläufte, die Worte in den Mund legte: »Wo sind die Eroberungen des Schwertes? Welches Reich ist durch Blut fruchtbar geworden? Sie sind verdorrt. [...] Bestand hat einzig, was der Geist erobert.«[107] Doch einstweilen fand dies nur eine begrenzte Resonanz. Wenn die Auflagezahlen der »Weißen Blätter« ungeachtet ihres hohen literarischen Ranges immer geringer wurden, so lag das nicht bloß an der Zensur, die sich bis zum Sommer 1917 eher zurückhielt, sondern auch daran, daß direkte Kriegskritik, selbst wenn sie in literarischer Verbrämung vorgetragen wurde, nach wie vor wenig populär war. Im August 1917 mußten die »Weißen Blätter« wegen finanzieller Schwierigkeiten, die durch beständige Konflikte mit den Zensurbehörden verschärft worden waren, ihr Erscheinen einstellen; erst im Juli 1918 sollten sie dann wieder erscheinen, nun schon unter Bedingungen, unter denen die Ablehnung des Krieges bei der literarischen Avantgarde nahezu universal geworden war.

Die Auseinandersetzungen über die Idee der »deutschen« Freiheit

Bis zum Sommer 1916 bestand im Deutschen Reich ebenso wie in den anderen kriegführenden Staaten ein verhältnismäßig großes Maß an innerer Kohäsion und Geschlossenheit. Nunmehr aber wurde das Ausmaß des blutigen Kriegsgeschehens jedermann bewußt, und die Aussichten, daß es zu einer baldigen Kriegsentscheidung kommen werde, verringerten sich von Tag zu Tag. Es kam hinzu, daß seit geraumer Zeit eine erbitterte Auseinandersetzung über die deutschen Kriegsziele geführt wurde. Diese hatte sich zwar anfänglich verdeckter Methoden bedient, weil der »Burgfrieden« die öffentliche Erörterung dieser Fragen nicht zuließ, doch inzwischen war die Debatte längst in die breitere Öffentlichkeit hineingetragen worden. An diesen Auseinandersetzungen hatte insbesondere die akademische Elite aktiv teilgenommen. Schon 1915 hatte der Theologe Reinhold

Seeberg eine Adresse zugunsten weitreichender Annexionen in Ost und West organisiert; eine Gegenadresse der gemäßigten Richtung, die auf den Historiker Hans Delbrück zurückging, hatte hingegen in akademischen Kreisen nur vergleichsweise bescheidene Unterstützung gefunden. Seitdem tobte hinter den Kulissen ein erbitterter Denkschriftenkrieg, unter führender Beteiligung der Professorenschaft.

In politischer Hinsicht war die akademische Elite seit Ende 1916 endgültig in zwei Lager zerfallen: einen extrem rechtsgerichteten Flügel, der sich auf einen Siegfrieden festgelegt hatte, und eine gemäßigte Richtung, die sich mit der informellen Vorherrschaft des Deutschen Reiches auf dem europäischen Kontinent begnügen wollte und für den Verzicht auf erhebliche Annexionen allenfalls eine Kompensation in Form der Schaffung eines deutschbestimmten »Mitteleuropa« anstrebte. Letztere setzte auf einen Verständigungsfrieden, wobei auch sie sich nicht darüber klar war, daß ein solcher nicht ohne den vollständigen Verzicht auf Annexionen des Deutschen Reiches im Westen und im Osten zu haben gewesen wäre.

Die Annexionisten gingen davon aus, daß eine Erhaltung des bestehenden politischen und gesellschaftlichen Systems nach dem Krieg nur dann möglich sei, wenn dieser mit einem überzeugenden Sieg enden werde. Denn nur ein solcher würde es erlauben, die enormen Kriegskosten den Gegnern und nicht der eigenen Bevölkerung aufzubürden. Darum setzten sie darauf, den Durchhaltewillen der Bevölkerung mit allen Mitteln zu stärken und zu erhalten, und dies konnte aus ihrer Sicht nur durch die Propagierung weitreichender Kriegsziele und durch eine Informationspolitik erreicht werden, die keinerlei Zweifel am Sieg aufkommen ließ. Umgekehrt wurde die gemäßigte Richtung zunehmend von der Sorge erfaßt, daß die hemmungslose Progagierung weitreichender Kriegsziele das Mißtrauen der Bevölkerung hinsichtlich der Absichten der Regierung und der Obersten Heeresleitung ins Unangemessene zu steigern geeignet sei; überdies erkannte sie richtig, daß die Arbeiterschaft ohne ein gewisses Maß von inneren Reformen nicht länger bei der Stange gehalten werden könne. Ihr schwebte eine vorsichtige Öffnung des politischen Systems gegenüber den Unterschichten der Bevölkerung vor, allerdings ohne dieses grundlegend zu verändern. In diesen Auseinandersetzungen spielten die Intellektuellen, und namentlich die Akademiker, eine führende Rolle, nicht zuletzt deshalb, weil sie die Kriegszielfragen mit der Frage der Zukunft der deutschen Kultur verknüpften. Gerade jene Wissenschaftler, die sich für weitreichende Annexionsziele und den rücksichtslosen Einsatz der U-Boot-Waffe einsetzten, wurden in der Regel von der subjektiven Erwägung geleitet, daß in diesem Krieg auch die deutsche Kultur auf dem Spiel stehe und dieser mit einem »faulen Verzichtfrieden« nicht gedient sein könne. Umgekehrt gewann im gemäßigten Lager die Einsicht an Boden, daß man die Brücken zum Westen nicht vollständig abbrechen dürfe. Vielmehr müsse man die Gemeinsamkeiten der deutschen Kultur mit jener des Westens der Öffentlichkeit wieder stärker ins Bewußtsein rufen, damit die geistigen Voraussetzungen für einen Verständigungsfrieden nicht restlos verschüttet würden.

Im Vorfeld des deutschen Friedensangebots vom 12. Dezember 1916 ermahnte beispielsweise der Historiker Walter Goetz seine Leser, daß kein Volk hoffen könne, seine nationale Kultur anderen Völkern zu oktroyieren. Vielmehr sei es nur dann möglich, den Einflußbereich der eigenen Kultur auszuweiten, wenn dabei deren internationale Dimensionen nicht vernachlässigt würden. Das verbreitete Streben nach einer rein deutschen Kultur, die sich aller fremden Einflüsse zu entledigen habe, sei demnach auch im deutschen nationalen Interesse ganz verfehlt. Im Gegenteil, eben weil die deutsche Kultur so reich an internationalen Elementen sei, habe sie gute Aussichten, ihren Einfluß künftighin auch im Ausland noch stärker auszuweiten.[1] Goetz verkehrte die These von der Einzigartigkeit der deutschen Kultur in ihr Gegenteil, wenn er von den großen Kulturaufgaben sprach, die die Gebildeten nach dem Ende des Völkerringens erwarteten. Diese allein seien »imstande, friedliche Eroberungen in der Welt zu unternehmen, wenn die Arbeit der Waffen beendet ist«.[2] Allein, das Scheitern des deutschen Friedensangebots vom 12. Dezember 1916 und der wenig später erfolgende Übergang zum unbeschränkten U-Boot-Krieg, der dann den Kriegseintritt der Vereinigten Staaten auf seiten der Alliierten zur Folge hatte, entzogen solchen Überlegungen vorerst wieder die Grundlage. Der Kriegsverlauf ließ keinerlei Aussicht dafür erkennen, daß es in absehbarer Zeit zu erfolgversprechenden Friedensverhandlungen kommen werde, und noch weniger, daß mit militärischen Mitteln eine kriegsentscheidende Wende herbeigeführt werden könne. Dies erlaubte es einstweilen beiden Richtungen, auf ihren Positionen zu beharren, ohne daß sich daraus unmittelbare politische Konsequenzen ergaben.

Dennoch kam nun, unter dem Eindruck der bedrückenden verschärfenden Kriegslage und der steigenden Entbehrungen der breiten Massen in der Heimat, Bewegung in die Ansichten der Akademikerschaft und der breiteren Öffentlichkeit. Der Althistoriker Eduard Meyer, der bislang zu den entschiedenen Verteidigern der deutschen Kriegsanstrengungen gehört und diese in den universalhistorischen Zusammenhang des Kampfes gegen die Weltherrschaft Großbritanniens – dem Zweiten Punischen Krieg vergleichbar – gestellt hatte, bekannte am 10. April 1917 in einem privaten Brief: »Meine Überzeugung, dass 1914 den Wendepunkt der modernen Entwicklung bildet, und dass es von da aus bergab geht, festigt sich immer mehr.«[3]

Bei vielen Wissenschaftlern, die an dem öffentlichen Diskurs über die deutsche Kriegspolitik aktiv beteiligt waren, wie beispielsweise bei dem Historiker Dietrich Schäfer, führte die Verschlechterung der Lage eher zu einer Verhärtung ihrer Einstellung; sie entwickelten gleichsam auch auf dem Feld der Kultur eine Philosophie des Durchhaltens um jeden Preis. Zu diesem Zweck zogen sie, nicht selten unter dem Deckmantel objektiver Wissenschaftlichkeit, alle Register nationalistischer

Agitation, während sie gleichzeitig jeden Gedanken an Reformen im Innern ablehnten. Letzteres wäre dem Eingeständnis gleichgekommen, daß die deutsche Staatsordnung nicht die beste aller Möglichen sei, der die Zukunft gehöre.

Andere, die bisher die deutschen Kriegsanstrengungen uneingeschränkt unterstützt und zugleich auf eine Erneuerung der Kultur aus dem Geist des Krieges gehofft hatten, gelangten hingegen zu der Ansicht, daß es so nicht mehr weitergehen könne. Sie hielten dafür, daß nicht nur in der geistigen Einstellung der Nation in den großen Fragen der Gegenwart, sondern auch auf politischem Felde ein Umdenken unabweisbar geworden sei. Walther Rathenau schrieb damals in seinem ungemein erfolgreichen Buch »Von kommenden Dingen«: »An ehrenvolle, gottgesandte Rettung glaubte ich und glaube ich noch heute, doch ebenso wenig an volles Friedensglück wie in den gesteigerten Tagen unsrer nationalen Geschichte.«[4] Rathenau forderte eine Abwendung von dem bisher vorherrschenden Denken in machtpolitischen Kategorien und mahnte statt dessen eine geistige Neubesinnung an, die nicht nur die politischen und militärischen Fragen ins Auge zu fassen habe, sondern sich vor allem wieder den grundlegenden transzendenten Werten zuwenden müsse, die allem menschlichen Zusammenleben und einer geordneten Gesellschaft zugrunde liegen. Er gab der damals weit verbreiteten vitalistischen Lebensphilosophie eine eher pessimistische Ausrichtung voller Nachdenklichkeit. Für ihn war ausgemacht, daß der Krieg, wie immer er ausgehen werde, nicht mehr zu einer Restituierung der Vorkriegsverhältnisse führen könne. Im Gegenteil: Er meinte: »[...] dieser Krieg ist nicht ein Anfang, sondern ein Ende; was er hinterläßt, sind Trümmer.«[5] Ebendeshalb sei eine seelische Erneuerung der Nation notwendig. Demgemäß plädierte Rathenau für eine Neugestaltung der inneren Verhältnisse, welche sich in erster Linie auf neue beziehungsweise in Vergessenheit geratene transzendente Werte zu begründen habe. Die künftige Staats- und Gesellschaftsordnung, die aus der gegenwärtigen Kriegswirtschaft hervorgehe, werde an Stelle der überkommenen kapitalistischen Marktwirtschaft ein gemeinwirtschaftliches Produktionssystem setzen, in dem Autorität, Verantwortung, Gemeingefühl und Vertrauen nicht länger nur leere Worte sein würden. Dies könne freilich nur in einem »Volksstaat« verwirklicht werden, das heißt in einem Staat, an dem alle Volksschichten gleichermaßen am politischen Geschehen teilzuhaben das Recht und die Pflicht haben würden.

Die »Idee der deutschen Freiheit«, wie sie damals von der großen Mehrheit der Intellektuellen propagiert wurde, bezeichnete Rathenau als ein bloßes Phantasieprodukt akademisch bestallter Gelehrter.[6] Statt des Nachbetens der bisherigen machtpolitischen Postulate plädierte er für eine Neuorientierung im Innern. »Sind wir vor hundert Jahren zur Nation, vor fünfzig Jahren zur Staatsnation geworden, so müssen wir von jetzt an durch innere Neugeburt zur politischen Nation und zum Volksstaat erwachsen.«[7] Rathenau erkannte bemerkenswert klar, daß das bestehende politische System vor allem daran krankte, daß es ihm an führenden

Männern fehle. In diesem Zusammenhang griff er das Argument Max Webers auf, daß allein machtbewußte Parlamente die Schule des Politikers abgeben könnten. Das Literatengerede von einer besonderen deutschen Staatsform sei einigermaßen verfehlt. Aber im Grunde vermochte sich auch Rathenau noch nicht von dem überkommenen deutschen Staatsdenken zu lösen, welches an die Möglichkeit einer durch vernünftige Organisation zu erreichenden Harmonie der unterschiedlichen gesellschaftlichen Interessen glaubte. Er suchte daher die Lösung der Probleme vornehmlich in der Schaffung einer neuen, idealistischen Gesinnung, nicht in neuen politischen Institutionen. Er blieb damit, bei aller Bereitschaft zur Reform, dennoch im Bann einer spezifisch deutschen Staatsidee, die jener der westlichen Staatenwelt entgegengesetzt war.

In dieser Hinsicht schätzte Ernst Troeltsch die Lage vergleichsweise richtiger ein. Er hatte schon früher darauf hingewiesen, daß die deutsche und die westeuropäische Kultur einer gemeinsamen europäischen Kulturtradition angehörten, die durch den Krieg nicht aufgelöst, sondern nur unterbrochen und gestört worden sei, und daß es deshalb unangemessen sei, beide einander unversöhnlich gegenüberzustellen.[8] Jetzt machte er einmal mehr den Vorreiter. In seiner Schrift »Deutsche Zukunft« vom Jahr 1916 räumte Troeltsch ein, daß eine Reform des deutschen politischen Systems notwendig geworden sei, um den Entwicklungsvorsprung der westlichen Gesellschaften aufzuholen: »Die moderne Freiheit ist in ihren beiden Hauptrichtungen bei uns weit gebrochener entwickelt als im Westen. Sie ist als Sicherstellung des Individuums durch formale Rechtsgleichheit, als soziale Gegenseitigkeit der Anerkennung und Gleichberechtigung, als Freiheit des Zusammenschlusses und der Vereinsbildung, ja auch als Freiheit der kommunalen und ländlichen Selbstverwaltung bei uns überall durch ständisch-patriarchalische Überlieferungen und, was noch empfindlicher ist, durch die Überlieferungen des bürokratischen Polizeistaates, durch amtliches Mißtrauen gegen die Gefahren unzulässiger politischer Gesinnung, bald mehr bald weniger getrübt. Sie ist vollends in ihrer zweiten Hauptrichtung als mitgestaltende Kraft des Gesamtwillens, als Mitbeteiligung an der Ausübung des stattlichen Gesamtlebens, in großen Teilen Deutschlands sehr erheblich und empfindlich eingeschränkt [...] In all diesen Stücken sind wir gegenüber den westlichen Völkern das altertümlichere, noch weniger durchgebildete und ausgeglichene Staatswesen.«[9] Troeltsch vertrat nun die Ansicht, daß diese Mischung obrigkeitlicher und freiheitlicher Traditionen »im Gefolge des Krieges und mit dem immer volleren Eintreten in die moderne Weltpolitik bedeutend gemildert und ausgeglichen werden« müsse.[10] Dies lief auf eine zwar behutsame, aber unübersehbare Zurückweisung der »Ideen von 1914« hinaus, die aus den bürokratischen und autoritären Traditionen des deutschen politischen Systems eine Tugend hatten machen wollen. Aber auch Troeltsch war noch weit entfernt davon, die Besonderheiten der deutschen Staatsordnung, insbesondere den starken Einschlag bürokratischer Elemente, aufzugeben. »Freie

Bejahung eines vom Parlament nicht geschaffenen zentralen Regierungswillens und freie Verständigung des Parlamentes mit diesem Regierungswillen unter gleichzeitiger strenger Durchführung der Rechtsgleichheit und unter voller persönlicher Bewegungsfreiheit«, darin sah er, in einer die tatsächlichen Verfassungsverhältnisse idealisierenden Sichtweise, den Kern der »Idee der deutschen Freiheit«.[11] Seine Forderungen liefen auf eine Liberalisierung des Stils, nicht der Substanz des politischen Systems hinaus. Vor allem plädierte Troeltsch für eine stärkere Öffnung desselben gegenüber den unteren Bevölkerungsschichten, in Unterstützung des Kampfes um eine Reform des preußischen Dreiklassenwahlrechts.

Nur wenige seiner Kollegen waren damals bereit, Troeltsch in diesen eigentlich ziemlich bescheidenen politischen Forderungen Gefolgschaft zu leisten. Sie sahen das System der »deutschen Freiheit«, welches eine glückliche und historisch bewährte Kombination aufgeklärter Beamtenherrschaft und parlamentarischer Kontrolle darzustellen schien, nicht als revisionsbedürftig an. Denn im Unterschied zu den parlamentarischen Systemen des Westens garantiere dieses sowohl eine starke Führung als auch ein größeres Maß an Fachkompetenz und sozialer Gerechtigkeit. Die geläufige These von der bedrohten Mittellage des Deutschen Reiches, welche eine straffe Regierungsstruktur unabweisbar mache, wurde als Stütze für diese Auffassung herangezogen und in der Folge vielfach variiert. »[...] nur eine sehr starke und fest in sich beruhende Monarchie«, so meinte beispielsweise Friedrich Meinecke, obschon er ansonsten liberalen Auffassungen nahestand, »gibt uns die Bürgschaft straffer Zusammenfassung der Machtmittel, derer wir in unserer immer und ewig gefährdeten Lage bedürfen. [...] Parlamentarische Ministerien haben nun einmal nicht die Stabilität und Kontinuität, die den Regierungen des monarchischen Konstitutionalismus eigen ist. Und auf keinem Gebiete der Politik ist Stabilität und ruhige Festigkeit und Freiheit von störenden Nebeneinflüssen so dringend erforderlich wie auf dem der auswärtigen Politik [...].«[12] An den Vorzügen einer vorgeblich unparteiischen Beamtenregierung »oberhalb der Parteien« wollten die Vertreter der Idee einer »deutschen Freiheit« also weiterhin nicht rütteln, aber sie hielten immerhin eine Stärkung des populären Elements für wünschenswert.

Politisch rechts stehende Wissenschaftler wie Dietrich Schäfer und Georg von Below, die eine schweigende Mehrheit hinter sich wußten, wollten von derartigen zaghaften Reformideen nichts wissen. Schäfer bemühte die deutsche Nationalgeschichte, um den bestehenden halbautoritären nationalen Machtstaat gegenüber allen derartigen Aufweichungstendenzen zu verteidigen.[13] Und Georg von Below wies jedwede Wiederannäherung an die »welthistorische Auffassung« der Aufklärung zurück und empfahl statt dessen, an der Tradition Leopold von Rankes festzuhalten, die den Staat entschieden außerhalb des Treibens der Parteien und Faktionen gestellt habe. »Wir setzen dem Kosmopolitismus der Aufklärung das staatliche und nationale Bewußtsein, der Freihandelslehre des Manchestertums die wirtschaftliche Autarkie des Nationalstaats entgegen.«[14] In diesen Kreisen kam es unter dem Einfluß des Krieges zu einer Dogmatisierung ihrer traditionalistischen Auffassungen, die jenen der westlichen Welt unversöhnlicher denn je zuvor entgegengestellt wurden. Hier wurde weiterhin der Anspruch erhoben, daß die deutsche Kultur jener Westeuropas substantiell überlegen sei: »Wir fassen den Begriff der Kultur tiefer, als die Aufklärung tat.«[15] Statt dessen berief sich Below auf die Verwurzelung der Kultur in der jeweiligen Nationalgeschichte, unter Rückgriff auf die Idee des Volksgeistes, nicht ohne dieser eine völkische Wendung zu geben: »Wir vermögen uns Kultur ohne das Bekenntnis zum eigenen Volkstum nicht zu denken. Wir glauben nicht wie die Aufklärung an ein Naturrecht und an eine für alle Völker gültige Staatsverfassung [...].«[16]

Im Frühjahr 1917 setzte dann in der Öffentlichkeit und in den Kreisen der akademischen Intelligenz ein Prozeß des Umdenkens ein. Max Webers schneidende Kritik an den »Literatenideen von 1914« und die unzeitgemäße Stilisierung der bestehenden »kontrollfreien Beamtenherrschaft« in ein angeblich besonders leistungsfähiges Herrschaftssystem von welthistorischem Rang, die er in einer Artikelserie in der »Frankfurter Zeitung« vom Mai und Juni 1917 vortrug, verfehlte nicht eine gewisse Wirkung, zumal er darauf verweisen konnte, daß die vielbeschworenen Vorteile des bestehenden halbkonstitutionellen Systems, so namentlich eine starke politische Führung und Stetigkeit in den großen politischen Entscheidungen, im Deutschen Reich eben gerade nicht gegeben seien.[17] Max Weber forderte den Übergang zu einem parlamentarischen System unter anderem mit dem unter den gegebenen Verhältnissen äußerst wirkungsvollen Argument, daß nur auf diese Weise dem verhängnisvollen Mangel an politischen Führerpersönlichkeiten in der deutschen Politik abgeholfen werden könne. Das bestehende unverantwortliche Beamtenregiment habe bei aller Redlichkeit seiner führenden Repräsentanten Staatsmänner von Rang nicht hervorgebracht, und der Reichstag, weil er verfassungsmäßig zu »negativer Politik« verurteilt sei, ebenfalls nicht. Max Webers Ruf nach einer Neuordnung der politischen Verhältnisse, um politischen Persönlichkeiten den Weg zur Macht zu ebnen, erfolgte vor dem Hintergrund der Einsetzung eines Verfassungsausschusses des Reichstages, der sich erstmals ernstlich mit der Frage einer Reform der Reichsverfassung befassen und konkrete Vorschläge ausarbeiten sollte, sehr zum Verdruß der Reichsleitung und hauptsächlich Kaiser Wilhelms II.[18]

Max Webers Kritik am politischen System des deutschen Kaiserreiches fand jetzt in der Akademikerschaft und bei den Journalisten vielerseits Zustimmung. Walther Rathenau und Friedrich Meinecke sekundierten ihm vor allem in der Frage der »Führerauslese«, in welcher das bisherige System kläglich versagt habe. Dennoch schreckten beide, Rathenau wie Meinecke, und mit ihnen die Mehrheit der Akademikerschaft, weiterhin vor einem uneingeschränkten Übergang zum parlamentarischen Regierungssystem zurück; zu tief war deren Verwurzelung in der Tradition des herkömmlichen deutschen Staatsgedankens, mit seinem starken Einschlag obrigkeitlicher und bürokratischer Elemente. Aber die »Ideen von 1914« hatten nun ihre Überzeugungskraft weitgehend eingebüßt; pragmatische Denkweisen gewannen an Boden.

Namentlich die Historiker und die Staatsrechtler blieben von diesen Entwicklungen nicht unberührt. Friedrich Meinecke, Ernst Troeltsch und mehr noch jüngere Historiker wie Veit Valentin, der darob freilich in akademische Schwierigkeiten geriet, vollzogen eine behutsame Hinwendung zu liberaleren Positionen. Friedrich Meinecke und Ernst Troeltsch stellten sich nunmehr nachdrücklich hinter die Forderung nach inneren Reformen im Deutschen Reich, insbesondere der Beseitigung des preußischen Dreiklassenwahlrechts, und verlangten eine maßvolle Modifikation des politischen Systems, die es hinfort fähigen Parlamentariern ermöglichen sollte, in leitende politische Positionen aufzusteigen.[19] Überhaupt war der Gedanke, daß mit Hilfe einer Stärkung der Parlamente großen politischen Führerpersönlichkeiten der Weg zur Macht geebnet werden könne, das stärkste Argument, das damals zugunsten einer Reform der Reichsverfassung vorgetragen wurde, wie sie die liberalen Parteien und die Sozialdemokratie im Mai 1917 auf die parlamentarische Agenda gesetzt hatten. Aber von einem parlamentarischen System nach westlichem Muster wollten weder Troeltsch noch Meinecke damals etwas wissen; alles, was sie verlangten, war eine »starke und volkstümliche Monarchie«, welche sich in höherem Maße als bisher auf die breiten Schichten der Bevölkerung stütze.[20] Dabei spielte allerdings eine Rolle, daß die deutsche geistige Elite es für notwendig erachtete, das deutsche politische System gegenüber der scharfen Kritik aus dem westlichen Lager, die mit unverminderter Schärfe den preußischen Militarismus und die autokratische Struktur des deutschen politischen Systems als Ursache allen Übels ausmachte, zu verteidigen.

Vielmehr suchte die gemäßigt-liberale Richtung der deutschen Historikerschaft der westlichen Propaganda, die eine durchgreifende Demokratisierung Deutschlands und die Beseitigung der überkommenen Herrschaftseliten verlangte, einmal mehr den Gedanken einer »deutschen Freiheit«, die sich gleichermaßen von autoritären wie von westlichen parlamentarischen Regierungsmethoden frei hielt, entgegenzustellen. Dem Ziel, diese Ideen publikumswirksam in die Öffentlichkeit zu tragen, diente unter anderem eine großangelegte öffentliche Vortragsreihe »Die deutsche Freiheit« in der zweiten Maihälfte 1917 in Berlin.[21] Adolf von Harnack protestierte scharf gegen die Bestrebungen Woodrow Wilsons, der deutschen Nation einfach das System der westlichen parlamentarischen Demokratie oktroyieren zu wollen. Friedrich Meinecke wurde der Part übertragen, den »westeuropäischen Freiheitsideen von 1789« eine »deutsche Idee von politischer Freiheit« entgegenzustellen, die, getragen von der Grundidee der sittlichen Freiheit des Einzelnen, schrittweise den bestehenden Staat durchdrungen habe. Meinecke plädierte zwar energisch dafür, die Reste des alten Beamten- und Obrigkeitsstaates abzuräumen und »die Kruste« zu zerbrechen, »die den Aufstieg der Persönlichkeiten im Staate hemmt«.[22] Gleichwohl lehnte er einen Übergang zum parlamentarischen System einmal mehr entschieden ab. »Der Parlamentarismus ist die Verfassung des bürgerlich-kapitalistischen Klassenstaates, darauf angelegt, daß zwei Spielarten derselben bürgerlichen Gesellschaft sich gegenseitig das Leben versichern und den abwechselnden Genuß der Herrschaft verbürgen.«[23] Er sei aber nicht in der Lage, den unteren Schichten, insbesondere der Arbeiterschaft, Gerechtigkeit zu verschaffen, während die »soziale Monarchie«, wie sie im Deutschen Reich bestehe, eben dies zu verbürgen vermöge. Im Grundsatz hielt er an dem bestehenden dualistischen System, das den demokratisch gewählten gesetzgebenden Körperschaften eine unabhängige, von der hohen Beamtenschaft maßgeblich geprägte Exekutive entgegenstellte, unvermindert fest. Er faßte sein Programm in den folgenden Worten zusammen: »Ein soziales Königtum, befreit von den Resten des alten Stände- und Privilegienstaates, auf Fühlung und Harmonie mit der Volksvertretung angewiesen, aber zugleich frei und stark genug, um ausgleichend und vermittelnd zwischen Mehrheiten und Minderheiten einzugreifen und so die Synthese des tieferen Volkswillen zu finden [...].«[24] Max Sering hingegen trug einmal mehr das verbreitete Argument vor, daß das parlamentarische System in Großbritannien de facto die Herrschaft der höheren Gesellschaftsklassen, welche »den Staat in ihren Sonderbesitz gebracht« hätten, über die breiten Massen der Bevölkerung manifestiere und insbesondere »jene furchtbare Verelendung der britischen Industriearbeiterschaft« zu verantworten habe, aus der sich nur eine kleine Oberschicht der Arbeiter habe herausarbeiten können.[25] Die deutsche konstitutionelle Monarchie stehe an freiheitlichem Gehalt nicht hinter einem der großen demokratischen Staaten des Westens zurück. Im Gegenteil: Sie schütze die individuellen Freiheitsrechte besser und gebe dem Volk keineswegs einen geringeren Anteil an der Gesetzgebung als jene.[26]

Allenfalls Ernst Troeltsch war bereit, sich der Herausforderung des westlichen Demokratiemodells wirklich zu stellen und dessen sachliche Leistungen anzuerkennen. Er hob hervor, daß die demokratische Entwicklung in der westlichen Staatenwelt der deutschen Entwicklung »in mancher, keineswegs in jeder, Hinsicht voraus« sei. Jedoch stelle das deutsche politische System, das sich in Wahrheit ebenfalls längst auf dem Pfad der Demokratisierung befinde, nur eine Variante des Ideals der demokratischen Selbstbestimmung unter anderen dar, wie denn umgekehrt die westlichen demokratischen Systeme sich ihrerseits »ungewollt« dem deutschen »Staatstypus« anzunähern im Begriff seien.[27] »Wir haben nur eben die westliche Demokratie unseren Verhältnissen entsprechend abgewandelt. Die starke Stellung der Monarchie, die Notwendigkeit einer großen Armee in unserer bedrängten Lage, die Verwickeltheit einer bundesstaatlichen Verfassung, die Mischung städtischen, bäuerlichen und feudalen Geistes und Erwerbes, die Stärke des [...] Beamtentums und schließlich die Eigentümlichkeit unserer überindividualistischen Staatsphilosophie und Staatsempfindung: all dies schafft hier eine besondere Lage [...].«[28] Zwar trat Troeltsch entschieden dafür ein, »die Volksfreiheit weiter auszudehnen und reinlicher durchzuführen«, aber in der Substanz hielt er an der deutschen Form der konstitutionellen Monarchie fest, die insbesondere auf sozialem Gebiet den Erfordernissen des »modernen Großstaates« besser entspreche als die angelsächsische Demokratie.[29]

Vergebliche Versuche der Sammlung der kulturellen Eliten unter nationalem Vorzeichen: der Kult der »Gemeinschaft« und des »Erlebens«

Seit Anfang 1917 bemühte sich der Jenenser Verleger Eugen Diederichs, alle Kräfte der deutschen Kultur auf eine gemeinsame Linie zusammenzuführen, um dem deutschen Staat neue geistige Energien zuzuführen; er hoffte auf diese Weise, Argumente Walther Rathenaus aufgreifend, zur »Selbstbesinnung des deutschen Volkes im Innern« beizutragen. Sein Ziel war es, durch die Förderung von Diskursen unter den kulturellen Eliten die Grundlagen für ein erneuertes Nationalbewußtsein der Deutschen zu schaffen, das über den Krieg hinaus in die Zukunft gerichtet sei.[1] Diederichs stand der Jugendbewegung nahe und hatte sich durch ein Verlagsprogramm einen Namen gemacht, das sich vor allem durch die Förderung zeitgenössischer Autoren aus dem Umkreis der Lebensreformbewegung hervorgetan hatte.[2] Diederichs erwartete wie so viele andere vom Krieg die endgültige Überwindung der »materialistisch-mechanistischen Weltanschauung« des 19. Jahrhunderts und die Hinwendung der deutschen Kultur zu einer neuen romantisch-mystischen Weltanschauung, zugleich aber die Abwendung von einer einseitig machtpolitischen Denkweise in der Politik. Nicht die Macht, sondern die Gesinnung und der Glaube, so meinte er, seien auf die Dauer entscheidend.[3] In einer Programmschrift für die zahlreichen lebensreformerischen Kulturbünde mit dem Titel »Das kulturelle Deutschland«, die Diederichs 1917 als Beiheft der »Tat« herausgebracht hatte, bezeichnete er »die Erneuerung unseres volklichen Lebens« als die eigentliche Aufgabe der Gegenwart. Dazu gehörte für ihn die Förderung einer »undogmatischen« religiösen Gesinnung, die »soziale Umgestaltung des Lebens«, die Förderung von »Neugestaltungen in Literatur und Kunst«, die »Vertiefung des Volkstumsempfindens«, der »Aufbau eines Volksstaates« sowie die »Entwicklung des Nationalgefühls zum Menschheitsdienst«.[4] Dieses diffuse Gemisch von mystisch-religiösen, idealistischen, populistischen und volkspädagogischen sowie völkischen Auffassungen verband sich mit vagen Reformideen politischer Art, durch welche die Führungseliten und die »Volksgemeinschaft«, die sich, wie er richtig beobachtete, in den ersten Kriegsjahren immer weiter voneinander entfernt hatten, wieder zusammengeführt werden sollten.

Ursprünglich hatte Diederichs geplant, in der Pfingstwoche 1917 in Jena einen gesamtdeutschen Kulturkongreß durchzuführen, auf dem alle Richtungen und Gruppen der deutschen Kultur vertreten sein sollten. Es sollte dies »eine freie Kundgebung des deutschen Geistes« sein, »teils zur Stärkung unserer sittlichen Durchhaltekraft, teils zur Klärung über die neuen Aufgaben und Ziele des Deutschtums in der Welt und im Innern des eigenen Staates«.[5] Zwecks Vorbereitung dieses Unternehmens hatte Max Maurenbrecher im Auftrag der Thüringer Vaterländischen Gesellschaft 1914 eine große Vortragsreise durch zahlreiche mitteldeutsche Städte unternommen, in der er für eine Erneuerung der deutschen Kultur aus dem Geist des Krieges plädierte. Die deutsche Kultur müsse sich durch die Rückkehr zu den großen Idealen der Zeit von 1780 bis 1830 regenerieren und sich wieder von den schädlichen Auswirkungen des Liberalismus befreien: Dieser sei »der Sündenfall der deutschen Kultur« gewesen, »auf allen Gebieten: im Wirtschaftsleben wie in den Parteidoktrinen, wie in der französierenden Freidenkerei«.[6] Hingegen trat Maurenbrecher für die Rückkehr zum preußisch-deutschen Staatsgedanken ein, mit seiner Fähigkeit zum Ausgleich der Klassengegensätze und zur Überwindung der Einseitigkeiten der kapitalistischen Industriegesellschaft. Maurenbrechers Vorträge ebenso wie sein Artikel in der »Tat«, »Der Krieg als Ausgangspunkt einer deutschen Kultur«, fanden eine nicht unbeachtliche Resonanz, aber am Ende erwies sich dies als Mißerfolg. Für eine »Sammlung« der deutschen Intellektuellen und Künstler unter einem derartigen ideologischen Vorzeichen waren die Voraussetzungen, wenn überhaupt, dann jedenfalls im dritten Kriegsjahr schlechterdings nicht mehr gegeben. Die geistige Landschaft in Deutschland war bereits so zerklüftet, daß an eine »Sammlung« der Kultur unter nationalem Vorzeichen nicht mehr gedacht werden konnte. So kam es am Ende statt dessen nur zu einer vergleichsweise weit bescheideneren Serie von Kulturtagungen auf Burg Lauenstein, auf denen freilich sogleich sichtbar wurde, daß keinerlei Chancen dafür bestanden, die deutschen Intellektuellen, Schriftsteller und Künstler auf ein »tieferes, neues, einheitliches Nationalbewußtsein«[7] einzuschwören.

Die erste dieser Kulturtagungen wurde Pfingsten 1917 auf Burg Lauenstein in Thüringen gemeinsam vom Dürerbund, der Comeniusgesellschaft und der Vaterländischen Gesellschaft 1914 für Thüringen veranstaltet. Ihrer Einladung waren etwa siebzig Persönlichkeiten unterschiedlicher Provenienz gefolgt. Neben den stark vertretenen Wissenschaftlern, unter ihnen Friedrich Meinecke, Max Weber und Gerhard Seeger, gehörte dazu ein kleines Häuflein bekannter Künstler und Schriftsteller, namentlich Richard Dehmel, Paul Ernst und der Worpsweder Maler Carl Emil Uphoff. Die Zusammensetzung war deutlich rechtslastig; von den Sozialdemokraten war nur der dem rechten Flügel der Partei zuzuordnende Gewerkschaftler Paul Lensch vertreten, von den Nationalsozialen um Friedrich Naumann nur der junge Theodor Heuß. Darüber hinaus nahm eine größere Zahl von Studenten, insbesondere der Freistudentischen und der Freideutschen Bewegung, zum Beispiel der Münchener Freischaren, an der Tagung teil. Sie repräsentierten ein breites Spektrum von Positionen, die sich von den völkischen Ansichten Ernst Kriecks bis hin zu den linksliberalen Auffassungen einer Münchener Studentenvereinigung erstreckte, als deren Sprecher Knud Ahlborn und Werner Mahrholz figurierten. Gemeinsam war ihnen freilich die Hinwendung zu einer ganzheitlich-lebensphilosophischen Grundhaltung, die die bestehende bürokratisch-rationalistische Gesellschaftsordnung ablehnte und an deren Stelle eine auf persönliche Werte und Erlebnisse gestützte »Gemeinschaft« propagierte, in welcher geistige Führer-Gefolgschaftsbeziehungen wieder einen festen Platz haben sollten. Ein ausgesprochener Außenseiter war Ernst Toller, der sich unter dem Einfluß Gustav Landauers[8] einem anarchistischen Sozialismus verschrieben hatte und die Auffassungen der politischen Linken, allerdings in einer idealistisch überhöhten Form, in die Verhandlungen einbrachte.[9]

Eugen Diederichs hatte, wie bereits erwähnt wurde, mit der Tagung das Ziel verbunden, die Träger des deutschen Kulturlebens unter nationaler Flagge zu sammeln und auf eine neue kulturnationale Idee der Deutschheit einzuschwören, die das geistige Rückgrat für eine Erneuerung der deutschen Kultur, aber auch eine Stärkung des Kriegswillens der Deutschen abgeben sollte. Es zeigte sich jedoch im Laufe der Verhandlungen, daß die im Zeichen des »Geistes von 1914« mühsam gepflegte Einheit der kulturellen Eliten längst zerbrochen war.[10] Max Weber wies die These von einer besonderen deutschen Kulturidee, die es in diesem Krieg zu verwirklichen gelte, wie sie Maurenbrecher einmal mehr propagiert hatte, entschieden zurück. Er wandte sich mit großer Leidenschaft und Entschiedenheit gegen die Staatsromantik Maurenbrechers und dessen rückwärtsgewandte Kulturideale ebenso wie gegen die vagen Ideen eines neuartigen Staatssozialismus, der aus der Kriegswirtschaft hervorgehen werde, und unterzog den überkommenen Obrigkeitsstaat, wie er in Deutschland bestehe, einer vernichtenden Kritik. Nur die rückhaltlose Parlamentarisierung der Reichsverfassung könnte aus der gegenwärtig bestehenden Misere herausführen.[11] Gleichzeitig trat Max Weber entschieden für ein Durchstehen des Krieges ein, da nur dann die besondere Lebensart nicht nur der Deutschen, sondern insbesondere der kleineren europäischen Völker auf Dauer behauptet werden könne. Jedoch mußte Max Weber zu seiner Bestürzung feststellen, daß sein Appell zum Durchhalten, der davon bestimmt war, daß alle Kulturfragen davon abhingen, wie der Krieg zu Ende gehe,[12] nicht mehr die uneingeschränkte Zustimmung der jüngeren Teilnehmer fand. Es war Ernst Toller, der Weber herausforderte und als Alternative eine Politik der sozialistischen Solidarität propagierte, die eine revolutionäre Beendigung des sinnlos gewordenen Krieges herbeiführen sollte. Toller war in gewisser Weise repräsentativ für eine ganze Generation jüngerer Schriftsteller und Künstler, die jetzt in das Lager eines anarchistischen Sozialismus überwechselten.

Damit aber öffnete sich in Lauenstein gleichsam eine zweite Front, nämlich zwischen den etablierten Wissenschaftlern und Schriftstellern, die sich den Grundsätzen pragmatischer Politik und rationaler Wissenschaft verpflichtet fühlten, und der jüngeren Generation, die eine geistig-moralische Erneuerung der deutschen Nation einklagten und auf Emotion, Läuterung der Gesinnung und charismatische Führung setzten, nicht auf nüchternes Kalkül und machtpolitische Erwägungen. Knud Ahlborn, einer der Sprecher der Münchener Studentengruppe, die stark von den Vorlesungen des Münchener Pädagogen Friedrich Wilhelm Foersters, eines entschiedenen Pazifisten, beeinflußt war, warf den Vertretern der älteren Generation vor, daß diese versagt hätten, weil sie es an geistiger Führung der Nation hätten fehlen lassen; insofern hätte sie die gegenwärtige Misere zu verantworten. Diese Kritik traf ins Schwarze.[13] Insbesondere Max Weber fühlte sich dadurch herausgefordert, obschon er gewiß nicht zu jenen gehörte, die geschwiegen hatten. Er seinerseits mißbilligte mit großer Schärfe den Hang der jüngeren Generation, sich einem irrationalistischen Denken zu verschreiben, das auf Gefühle und Erlebnisse setze und darüber die Augen vor den Realitäten verschließe, unter Abkehr von den Grundsätzen rationaler Weltorientierung, die das Erbe eines Jahrtausends der okzidentalen Kulturentwicklung darstellten.

Von einer Wiederherstellung der Gemeinsamkeit der literarischen und künstlerischen Eliten unter dem Banner einer deutschbestimmten Kultur konnte, wie sich in Lauenstein deutlich gezeigt hatte, hinfort nicht mehr die Rede sein; eine zweite Lauensteiner Tagung im Herbst 1917, auf der Max Weber das Hauptreferat über »Die Persönlichkeit und die Lebensordnungen« hielt,[14] endete klanglos und hinterließ keinerlei tiefere Spuren in der geistigen Landschaft des Deutschen Reiches. Eine Ausnahme machte hierin nur Max Webers berühmte Rede »Wissenschaft als Beruf«, die am 7. November 1917 in München im Rahmen einer Vortragsreihe des Freistudentischen Bundes gehalten wurde und die in vieler Hinsicht eine direkte Antwort auf die Ansichten der Vertreter der freistudentischen Bewegung darstellte, die sich bereits seit geraumer Zeit gegen das bestehende akademische System gewandt hatten, welches nur engstirnige, an der pragmatischen Verwendbarkeit wissenschaftlicher Erkenntnis interessierte Fachmenschen, nicht aber umfassend gebildete Persönlichkeiten hervorbringe.[15] Unter dem Pseudonym Franz Xaver Schwab hatte Alexander Schwab in einem Artikel in der Monatsschrift »Die Weißen Blätter«, der Max Weber höchstwahrscheinlich zur Kenntnis gekommen ist, dies auf die Forderung zugespitzt, daß der »Beruf« als Ausbildungsziel in der akademischen Lehre keine Rolle spielen dürfe. Persönlichkeitsbildung habe mit fachmännischer Tätigkeit für die industriell-kommerzielle Welt nichts zu tun; allein auf das Erstere komme es jedoch an.[16] Vor diesem Hintergrund veranstaltete der Landesverband Bayern des Freistudentischen Bundes im Winter 1917/18 eine Vortragsreihe über den Begriff des Berufs in der modernen Gesellschaft, die am 7. November 1917 mit dem Vortrag Max Webers über »Wissenschaft als Beruf«[17] eröffnet wurde und in deren Rahmen nach Kriegsende auch der Vortrag »Politik als Beruf« stattfand.[18]

In »Wissenschaft als Beruf« führte Max Weber eine scharfe Attacke auf den Irrationalismus und die Sucht nach dem »Erleben« um des Erlebens selbst willen, welche namentlich in der jüngeren Generation der Intellektuellen immer stärker um sich gegriffen hatte. Er mißbilligte in aller Form den Götzenkult, der sich »heute an allen Straßenecken und in allen Zeitschriften« breit mache, nämlich »die ›Persönlichkeit‹ und das ›Erleben‹«. Dem stellte er eine nüchterne Bestimmung des Wesens von Wissenschaft gegenüber, die dem Einzelnen nicht sagen könne, was er tun solle, sondern ihm nur ermögliche, sich über den letzten Sinn des eigenen Tuns Rechenschaft zu geben. Deshalb habe Wissenschaft mit Führertum nichts gemein; letzteres gehöre in das Feld der Politik, nicht der kritischen, allein der Sache verpflichteten Forschung und noch weniger auf das Katheder. Der universalhistorische Prozeß der »Entzauberung der Welt« lasse sich nicht einfach beiseite schieben; wir leben, so meinte Weber, in einer Welt, in der es keine Propheten gebe, und dies bedeute, daß der Einzelne nüchtern an seine Arbeit gehen und »der Forderung des Tages« gerecht werden müsse, statt zu versuchen, im Jagen nach dem »Erlebnis« ein Surrogat der Sinnhaftigkeit seines Lebens zu finden, und sich dabei selbst zu verlieren.

Max Weber fand mit dieser nüchternen Ortsbestimmung in seiner Gegenwart bei der großen Mehrheit der jüngeren Generation keine Zustimmung. Sie erwartete von der Wissenschaft ganz im Gegenteil die Produktion von Weltanschauungen und zugleich intellektuelle Geborgenheit in einem geistigen Führer-Gefolgschaftsverhältnis. Erich von Kahler schrieb später, unter dem Eindruck von Max Webers »Wissenschaft als Beruf«, ein Buch mit dem signifikanten Titel »Der Beruf der Wissenschaft«, der eben das einforderte, was Max Weber als unvereinbar mit dem Prinzip der Wissenschaft aufgewiesen hatte, nämlich politische und moralische Führung.[19] Max Webers nüchterner Rationalismus, gepaart mit dem Gebot einer ethisch-methodischen Lebensführung, wurde von weiten Teilen der jüngeren Generation abgelehnt. Der Trend der Dinge wies in die umgekehrte Richtung, nämlich einer »panreligiös und lebensphilosophisch opponierenden Suchbewegung der Moderne in der Moderne«, die breite Kreise der jüngeren Generation der Intellektuellen und Schriftsteller in ihren Bann gezogen hatte.[20] Nicht Max Webers kritisch-rationale Sozialwissenschaft, die hermeneutische Methoden mit idealtypischen Verfahrensweisen kombinierte, sondern eine Kultursoziologie, die die Gemeinschaft der Gesellschaft voransetzte und die Entfremdung des Menschen unter den Bedingungen der industriellen Gesellschaft und der angeblich seelenlosen »Zivilisation« das Wort redete, beherrschte vorderhand das Feld.[21]

Wirklich bedeutende wissenschaftliche Leistungen entstanden meist fernab dieses tagespolitischen Diskurses, so Max Webers bedeutende Studien über die großen Weltreligionen, die ihn allerdings selbst dazu veranlaßten, seine Theorie eines fortschreitenden Rationalisierungsprozesses in den okzidentalen Kulturen schrittweise zu modifizieren und die Unterscheidung zwischen »formaler Rationalität« und »materialer Rationalität« einzubringen, welch letztere die Chance eröffne, auf wertrationaler Grundlage und gegebenenfalls mit Hilfe charismatischer Persönlichkeiten ganz neue, unvorhersehbare geschichtliche Entwicklungen zu initiieren. Zugleich schrieb er in der berühmten »Zwischenbetrachtung«, daß es neben der Sphäre der bürokratischen Rationalität, die den Alltag des modernen Menschen unabänderlich beherrsche, auch andere Lebenssphären gebe, namentlich jene der Kunst und der Erotik, in denen Freiheit und Spontaneität noch nicht zu leeren Worthülsen herabgesunken seien.[22]

Die Polarisierung der kulturellen Eliten in der Endphase des Krieges (1917/18)

In der akademischen Öffentlichkeit kam es seit dem Sommer 1917 zu erbitterten Auseinandersetzungen über die pazifistischen Thesen, die der Münchener Pädagoge Friedrich Wilhelm Foerster in seinen Lehrveranstaltungen vortrug und die sogleich in die breitere Öffentlichkeit drangen. Foersters Plädoyer für eine unverzügliche Beendigung des offenbar sinnlos gewordenen Weltkrieges und für die Schaffung einer europäischen Friedensordnung, die künftige Kriege ein für allemal ausschließen sollte, fand gerade bei jenen Teilen der Studentenschaft, die zuvor an den Fronten den Krieg in seiner ganzen Brutalität erfahren hatten, vielfache Zustimmung. An der Universität München kam es im Herbst 1917 zu Tumulten, als rechtsgerichtete Studenten versuchten, Foersters Vorlesungen zu stören.[1] Dies gab Ernst Toller Anlaß, gleichsam eine studentische Schutztruppe für die pazifistische Agitation Foersters ins Leben zu rufen, den »Kulturpolitischen Bund der Jugend in Deutschland«, der sich einem mit religiös-anarchistischen Ideen versetzten Pazifismus verschrieb.[2] Der Pazifismus, der lange eine Randexistenz im öffentlichen Diskurs gespielt hatte, wurde mit einem Mal wieder eine intellektuelle Kraft. Deshalb sei hier eine Rückspiegelung auf dessen bisherige Entwicklung gegeben.

Bei Kriegsbeginn erlebte die pazifistische Bewegung im Deutschen Reich eine Identitätskrise; in der Situation des Krieges war ihre unbezweifelbar nationale Gesinnung in Konflikt mit ihren entschieden pazifistischen Auffassungen geraten. Nur in indirekter Form hatte sie ihre Aktivität fortsetzen können, unter Intensivierung ihrer internationalen Kontakte.[3] Aber direkte, an die Massen der Bevölkerung gerichtete Propagandaaktionen waren unmöglich; es blieb allein die Arbeit in elitären Zirkeln, vorgeblich unter wissenschaftlichen Vorzeichen, verbunden mit Versuchen der Einwirkung auf Regierung und Parteien. Auch in den späteren Kriegsjahren gab es keine engere Verbindung zwischen den verschiedenen pazifistischen Gruppierungen. Gustav Landauer beispielsweise hatte es vorgezogen, jede Beziehung zu Politikern der Linken zu vermeiden; er hielt es für richtiger, sich »jetzt still zu halten und das, was [für die Friedensidee] getan werden kann, sehr individuell für« sich zu tun.[4] Bislang waren ausgesprochen pazifistische Stimmen in der deutschen Öffentlichkeit kaum wahrzunehmen, zumal eine wirksame Vertretung ihrer Ansichten durch die Zensur behindert wurde; nur in Franz Pfemferts Wochenschrift »Die Aktion« und späterhin vor allem in Schickeles »Weißen Blättern« hatten sie Gelegenheit, ihre Ansichten einem breiteren Publikum vorzustellen.[5]

Dies veränderte sich unter dem Eindruck der russischen Oktoberrevolution schlagartig. Die Ausstrahlung der russischen Friedenspropaganda des Petrograder Arbeiter- und Soldatenrats und dann der Bolschewiki unter Lenin und Trotzki auf die deutschen Verhältnisse war weitreichend, obschon die Zensur die Berichterstattung über die Oktoberrevolution massiv beschnitt und die deutsche Presse ein höchst verzerrtes Bild der Vorgänge in Rußland vermittelte. Käthe Kollwitz beispielsweise vermerkte in der Silvesternacht 1917 in einem Rückblick auf das zurückliegende Jahr, daß dieses nicht den Frieden gebracht, wohl aber immerfort »genommen und genommen« habe, »Menschen genommen und Glauben genommen[,] Hoffnung genommen[,] Kraft genommen«. Aber »durch Rußland« habe es »neue Ausblicke« gebracht: »Von da ist etwas neues in die Welt gekommen [...]. Eine neue Hoffnung, daß in der Entwicklung der Völker in der Politik nicht wie bis jetzt nur die Macht entscheidet, sondern daß von nun an auch die Gerechtigkeit mitwirken soll. Die Russen haben gezeigt, daß eine Möglichkeit dazu [da] ist und dies ist vielleicht das schönste geistige Erlebnis im letzten Jahr gewesen.«[6] Dies war gewiß eine reichlich idealistische Verzeichnung der revolutionären Vorgänge in Rußland und verkannte vollkommen den machtpolitischen Kern der politischen Strategie Lenins. Aber es ist dies ein eindrucksvolles Beispiel dafür, wie stark die russischen Friedensappelle auf die deutsche Kulturelite eingewirkt haben, ungeachtet der Verzerrungen, mit welchen diese welthistorischen Ereignisse damals der Öffentlichkeit im Deutschen Reich zur Kenntnis gebracht worden waren.

Der militärische Zusammenbruch Rußlands im Spätherbst 1917 und die Eröffnung der Friedensverhandlungen von Brest Litowsk hatte in den breiten Schichten der deutschen Bevölkerung die Hoffnung geweckt, daß nunmehr endlich eine baldige Beendigung des Krieges in Sicht sei. Die Veröffentlichung des Aufrufs des Petersburger Arbeiter- und Soldatenrats für einen »Frieden ohne Annexionen und Kontributionen« war zwar von den Zensurbehörden unterdrückt worden, aber dieser war in die Öffentlichkeit durchgesickert und hatte einen nachhaltigen Eindruck hinterlassen. Um so größer war die Enttäuschung, als die deutsche Verhandlungsführung in Brest Litowsk im Januar 1918 einmal mehr erkennen ließ, daß die Regierungen und mit ihnen die Führungseliten nach wie vor auf weitreichenden Annexionen bestanden und weiterhin einen Siegfrieden großen Ausmaßes anstrebten, statt sich zu einem Friedensschluß mit den neuen Machthabern in

Rußland auf der Grundlage von maßvollen Bedingungen herbeizulassen. Max Weber hat dies späterhin als eine Herausforderung des Schicksals gebrandmarkt.[7] Die Folge war der Ausbruch von politischen Massenstreiks in zahlreichen deutschen Städten, die nur mühsam und nur dank der Vermittlung der Freien Gewerkschaften wieder beigelegt werden konnten.

Vor diesem Hintergrund wurde der Graben zwischen den Befürwortern eines Siegfriedens, die in aller Regel zugleich an der Idee der »deutschen Freiheit« festhielten, und der Mehrheit der Künstler und Schriftsteller immer tiefer. Letztere standen zunehmend unter dem Eindruck, daß der Krieg sinnlos geworden sei und so schnell wie möglich zu Ende gebracht werden müsse. Selbst ein bislang so populärer Autor wie Walter Flex, dessen »Wanderer zwischen beiden Welten«, in dem er die Lebensverhältnisse der Soldaten an der Ostfront in höchst patriotischer Tonlage dargestellt hatte, ein riesiger Erfolg geworden war, befand im Frühjahr 1916, daß der Sinn des Krieges, der in der ersten Begeisterung so selbstverständlich erschien, »durch das Erleben all des Entsetzlichen in Frage gestellt« sei.[8] Im Lager der literarischen und künstlerischen Avantgarde gewann die Auffassung, daß der Krieg nur durch eine sozialistische Revolution beendet werden könne, immer stärker an Boden. Umgekehrt setzten die Anhänger des traditionellen Systems noch hartnäckig auf die Verteidigung der Besonderheiten der deutschen Kultur, in schroffer Entgegensetzung zu jener des Westens. Thomas Mann wetterte in seinen »Betrachtungen eines Unpolitischen«, die kapitelweise vorab veröffentlicht wurden, gegen den nihilistischen Charakter der »westeuropäischen Aufklärung« und der »Vernunft- und Fortschrittspolitik des Liberalismus«.[9] Er argumentierte, daß Künstlerschaft und Demokratie zwei einander völlig wesensfremde Dinge seien.[10] Thomas Mann beendete seine »Betrachtungen« in jenen Tagen mit einem Zitat aus Ludwig Wielands Aufsätzen über die Französische Revolution, das der Zurückweisung jedes Gedankens einer Übernahme westlicher Verfassungsmodelle eine literarische Legitimation zu geben bestimmt war: »Welcher Deutsche, in dessen Brust nur ein Funke von Nationalgefühl glimmt, kann den Gedanken ertragen, daß ein auswärtiges Volk sich anmaße, uns einen alle unsere häuslichen und bürgerlichen Verhältnisse zerstörenden Wahnglauben mit den Waffen in der Hand aufzudringen, und zu eben dieser Zeit, da sie nichts als Menschenrechte, Freiheit, Gleichheit, Weltbürgerschaft und allgemeine Verbrüderung im Munde führen, uns die abscheuliche Wahl vorlegen, ob wir endweder zu Verrätern an den Gesetzen unseres Vaterlandes, an unseren rechtmäßigen Regenten und an uns selbst und unsern Kindern werden, oder uns wie die verworfensten Sklaven behandeln lassen wollen?«[11]

Die große Mehrheit der Schriftsteller aber fand nun eine geistige Heimstatt im Lager der politischen Linken. Typisch für den geistigen Weg dieser Generation von Intellektuellen, Schriftstellern und Künstlern, der sie von leidenschaftlicher Befürwortung des Ersten Weltkrieges bis hin zu einem Gesinnungssozialismus revolutionären Zuschnitts führte, ist der Lebensweg Ernst Tollers, doch könnte man ebensogut auf jene Walter Hasenclevers oder Bertolt Brechts verweisen. Ernst Toller hatte sich zu Beginn des Krieges freiwillig zum Wehrdienst gemeldet; er fühlte sich seinen Landsleuten im gemeinsamen Dienst für das Vaterland, das nur zur Verteidigung zu den Waffen gegriffen habe, emotional tief verbunden. Als begeisterter und stets einsatzbereiter Soldat hatte er rasch Karriere gemacht und war zum Offizier aufgestiegen. 1916 war er dann, nach einer schweren Kriegsverwundung, aus dem Kriegsdienst entlassen worden. Zu diesem Zeitpunkt war er völlig desillusioniert, zumal die Lektüre der damals zirkulierenden Denkschrift des Fürsten Lichnowsky ihn an der Überzeugung, daß das Deutsche Reich einen Verteidigungskrieg führe, irre gemacht hatte. Toller suchte nun nach einer neuen Orientierung. Er fand sie, nach einigen Irrwegen, bei der sozialistischen Arbeiterschaft, oder glaubte, sie dort gefunden zu haben. Tatsächlich hatten seine eigenen gesinnungssozialistischen Auffassungen, mit einem starken anarchistischen Einschlag, mit der marxistischen Lehre wenig gemein; es war die emotionale Hinneigung zu den einfachen Leuten, die in sinnloser Aufopferung ihres Lebens in den Schützengräben ausharrten oder bis zu völliger Erschöpfung in den Rüstungsfabriken arbeiteten, die ihn dazu trieb. Schrittweise war er zu der Überzeugung gelangt, daß nur eine sozialistische Revolution diesem fürchterlichen Völkerringen ein Ende setzen könne.[12]

Ähnlich wie Ernst Toller optierte seit dem Herbst 1917 eine wachsende Zahl von jüngeren Schriftstellern, unter ihnen Walter Hasenclever, Georg Kaiser und Reinhard Goering, für die Idee des Sozialismus. Ihre sozialistischen Überzeugungen waren allerdings vorwiegend emotionaler Art und stark mit anarchistischen und pazifistischen Ideen durchsetzt; sie harmonisierten nur höchst oberflächlich mit den Zielen der sozialistischen Parteien, insbesondere der USPD, die sich 1917 von der Mehrheitssozialdemokratie – wie man sie nun nannte – abgespalten hatte. Die künstlerische Avantgarde hatte vor dem Krieg die bürgerliche Welt vorwiegend aus gesinnungsethischen Gründen als materialistisch und kapitalistisch abgelehnt, ohne doch daraus konkrete Folgerungen zu ziehen; nunmehr verfestigte sich diese Einstellung zu einer politischen Option für die sozialistische Arbeiterbewegung, ohne doch deren Zielsetzungen im einzelnen zu kennen oder gar zu teilen.

Dies zeigt sich auch in den expressionistischen Theaterstücken jener Jahre, die auf eine agitative Wirkung ausgelegt waren. In den frühen expressionistischen Dramen Georg Kaisers wird eine Grundthematik in immer neuen Varianten behandelt, die Geburt eines »neuen Menschen« inmitten des Leidens und der Misere des Krieges und die Sehnsucht nach Frieden, der erst auf diese Weise Wirklichkeit werden kann. Sein Drama »Die Bürger von Calais« zielte auf die Entzauberung des Mythos des Krieges ab; nicht zufällig wurde es Anfang 1917 in Frankfurt uraufgeführt. Darin hieß es, daß es nicht länger mutig sei, das Schwert zu führen und um sich zu hauen, wenn man nicht sehen könne, was dies zur Folge habe. Kaiser ließ Eustache de Saint-Pierre erregt ausrufen: »Was fordert dieser Streit morgen noch von dir? – Morgen faßt du das Schwert an – du schlägst viele um dich – viele überwältigen dich! – Ist dieser Streit vor seinem Anfang nicht schon entschieden? – Dämmert noch ein Zweifel – quillt eine Wahl? [...] – Du stürzt den Sturz deines Helmes vor dein Gesicht und bist blind und taub hinter dem Schild. [...] Ein Dunkel umgibt dich, mit dem du deine Tat bedeckest. Nun siehst du sie nicht an – nun schrumpft sie ein – nun ist sie klein – nun erschreckt sie nicht mehr, um sie zu wagen!«[13] Am Ende bekennen sich die »Bürger von Calais« zum Verzicht auf jedwede Anwendung von Gewalt und zu gemeinschaftlichem Handeln, aus der allein eine neue Ordnung hervorgehen kann. In dem nachfolgenden Drama »Gas« gab Kaiser dieser Thematik dann eine pessimistische Wendung: Zwar gelingen die Revolution und die Proklamation des Friedens, aber schließlich scheitert der Versuch, eine neue herrschaftsfreie und friedliche Ordnung zu begründen, am Einmarsch des Feindes und an dem Vernichtungswillen der Revolutionäre selbst; die gewaltfreie Gesellschaft der Zukunft erweist sich am Ende als Utopie. Ganz ähnlich zeigte Reinhard Goering in seinem damals stark beachteten, wenngleich von der Zensur sogleich verbotenen Stück »Seeschlacht«, daß das Streben nach Ausübung von Gewalt im Menschen unausrottbar ist; die sieben in einem Panzerturm eingeschlossenen Matrosen gestehen sich am Ende selbst ein, daß sie sich von der Sucht des Tötens und dem Tötungsrausch weder lösen können noch lösen wollen.

Die Ablehnung des Krieges und die Suche nach einer neuen, gewaltfreien Ordnung wurden zu einem Grundthema des frühen expressionistischen Theaters, wie es sich während der letzten Jahre des Ersten Weltkrieges entwickelte; doch damit verband sich eine pessimistische Weltsicht, die einen wirklichen Ausweg aus der Bedrängtheit menschlicher Existenz unter den Bedingungen von Krieg, Gewalt und Klassenherrschaft nirgends erkennen ließ. Auch der junge Bertolt Brecht war im Zweifel, ob die sozialistische Revolution denn nun wirklich eine Antwort auf die Probleme sei, die der Erste Weltkrieg mit sich gebracht hatte. In der ersten Fassung seines Theaterstücks »Trommeln in der Nacht« ließ Brecht den Haupthelden, den aus dem Krieg heimkehrenden Soldaten Kragler, den in der Hauptstadt tobenden revolutionären Kämpfen den Rücken zukehren und nach Hause gehen, obschon seine Verlobte Anna in den »vier Jahren«, die hinter beiden lagen, wie es diskret heißt, »nicht unbeschädigt« geblieben sei. Nicht die Revolution, sondern der Rückzug in die Privatheit menschlicher Beziehungen erschien ihm die richtige Antwort auf die Herausforderungen des Tages.[14]

Im Lager der bildenden Kunst war die Entwicklung etwas anders, wenn man von den Dadaisten einmal absieht; hier überwog seit 1917 die Tendenz zum Rückzug auf die Innerlichkeit rein künstlerischer Produktion, unter vollständiger Abwendung vom Kriegsgeschehen. Kokoschka erklärte unter dem Einfluß des Dadaismus: »Bitte mit dem Krieg aufzuhören, ich möchte arbeiten!«[15] Seine im Dresdener Milieu entstandenen Kriegszeichnungen brachten die Absurdität des Krieges in eindrucksvoller Weise zum Ausdruck. Aber insgesamt ist der Befund nicht eindeutig; weder die Sezessionisten noch Dix oder Beckmann wurden zu Kriegsgegnern, obschon sie das kriegerische Geschehen in immer düsteren Farben gestalteten. Nicht Widerstand gegen den Krieg und Bekämpfung der fürchterlichen »Menschenschlächtereien« durch politische Aktion, sondern fatalistische Hinnahme des Kriegsgeschehens, immer stärker bestimmt von Trauer, wurde nun zur dominanten Haltung der bildenden Künstler. Käthe Kollwitz wurde nun, unter dem Einfluß der Lektüre von Henri Barbusses »Le Feu«,[16] welches die »Weißen Blätter« in Auszügen veröffentlicht hatten, zu einer überzeugten Pazifistin. Aber Trauer, nicht Kritik am Kriege, blieb weiterhin das dominante Motiv ihres Werks, etwa in dem Denkmal für den Soldatenfriedhof von Roggevelde, das sie 1917 in Angriff nahm.[17]

Der sich seit September 1918 ankündigenden Niederlage sah man auch in den kulturellen Eliten allgemein mit Beklommenheit und Sorge entgegen. Selbst auf der äußersten Linken wurde keinerlei Genugtuung laut, obschon so gut wie niemand voraussah, wie hart die zu erwartenden Friedensbedingungen sein würden. Kurt Tucholsky meinte: »Das was man lieb gehabt hat, ist in Stücke geschlagen [...] Die Ahnungslosigkeit der im Felde Stehenden ist rührend, sie fühlen kaum – nur ganz wenige – was da eigentlich vor sich geht, und daß es mit der alten Herrlichkeit ganz und gar vorbei ist [...] Deutschland? Das war einmal.«[18] Max Weber schrieb nur wenige Tage nach dem Bekanntwerden des deutschen Friedensangebots: »Im nächsten Jahre wird ja nun Frieden sein und wird aller unser Leben neu orientieren. Ein Frieden, wie ihn keiner von uns gedacht hat [...]. Man muß mit dem Aufbau Deutschlands noch einmal von vorn anfangen, und das wollen wir tun. Es lohnt sich auch dann, ein Deutscher zu sein.«[19] Nirgends freilich war die Verwirrung größer als im konservativen Lager. Thomas Mann hatte sich noch Mitte September 1918 über die Tonart der westlichen Presseberichte anläßlich des Friedensersuchens Österreich-Ungarns vom 14. September 1918, welches den Anfang vom Ende einleitete, höchst irritiert geäußert: »Was will man? Uns das Erlebnis Goethes, Luthers, Friedrichs und Bismarcks austreiben, damit wir uns ›in die Demokratie einfügen‹. Ich bereue kein Wort der Betrachtungen.«[20] Nur wenige Wochen zuvor hatte Thomas Mann ernstlich erwogen, ob er angesichts der bevorstehenden politischen Wende die »Betrachtungen«, die sich damals im Satz befanden, wieder zurückziehen solle, hatte jedoch davon Abstand genommen. Es war dies ein entschiedenes Bekenntnis zu jener Position eines besonderen deutschen Weges und einer besonderen deutschbestimmten mitteleuropäischen Kultur, die er während des Krieges gegen die alliierte Propaganda ebenso wie gegen die »Zivilisationsliteraten« im Innern zu verteidigen nicht müde geworden war. Richard Dehmel suchte Ende Oktober 1918 in einem pathetischen Aufruf »Einzige Rettung« das geistige Deutschland für den Gedanken eines Verzweiflungskampfes zu gewinnen, um das Kriegsglück in letzter Minute zu wenden. Alle, die zu dieser letzten militärischen Kraftanstrengung der Nation bereit seien, sollten unverzüglich zu den Waffen gerufen werden, während diejenigen, die nicht mehr aus freiem Willen weiterkämpfen wollten, aus dem Heeresdienst entlassen werden sollten.[21] Es war dies ein Dokument eines einigermaßen wirklichkeitsfremden pathetischen Heldentums, welches in reichlich skurriler Weise die damals von Walther Rathenau in die Debatte geworfene Idee einer »Levée en masse« unter Aufbietung aller noch verfügbaren Kräfte variierte, noch dazu eine, wenn auch verschleierte Antizipation der Dolchstoßlegende. Dehmel mußte jedoch zu seiner Irritation feststellen, daß die große Mehrzahl seiner Schriftstellerkollegen nicht bereit war, dieses Manifest mitzutragen, und daß die Zeitungen den Abdruck verweigerten, ja mehr noch, daß das zuständige Stellvertretende Generalkommando die Weiterverbreitung des Aufrufs untersagte, wohl weil man fürchtete, daß dies die Auflösung des Heeres beschleunigen werde.[22] Überdies trat Käthe Kollwitz Dehmels Aufruf sogleich mit einer öffentlichen Erklärung entgegen: »Genug, genug! [...] Saatkorn darf nicht vermahlen werden.«[23]

Der Traum von der Wiedergeburt einer gemeinsamen nationalen Kultur im Schmelztiegel des Krieges, der die kulturtragenden Eliten bei Kriegsbeginn einander immerhin ein ganzes Stück des Weges nähergeführt hatte, war ausgeträumt, die Gegensätze unter den kulturellen Eliten waren unversöhnlich unüberbrückbar geworden. Avantgardistische Literatur und Kunst hatten sich durchgesetzt. Insbesondere die Expressionisten fühlten sich in der neu begründeten demokratischen Republik von Weimar zu Hause.[24] Nach einer kurzen Phase relativen Schweigens wandten sie sich mit vermehrter Energie dem Thema des Krieges und seinen unmenschlichen Auswirkungen zu; jetzt entstanden jene großartigen Werke pazifistischer Kritik am Krieg, mit denen Beckmann und Dix weltweit berühmt geworden sind. Auf der anderen Seite verloren die Vorbehalte der Repräsentanten der traditionalistischen Sektoren des deutschen Kulturlebens gegenüber der westlichen »Zivilisation« und der angeblich den Deutschen oktroyierten Demokratie nichts von ihrer Geltung. Oswald Spenglers Werk »Der Untergang des Abendlandes«, das ursprünglich im Augenblick des deutschen Sieges hatte erscheinen sollen, aber dann bei seinem Erscheinen 1919 vielfach als Allegorie des Niedergangs Deutschlands mißverstanden wurde, gab einen Vorgeschmack dessen, was kommen sollte. Die neue Ideologie der »konservativen Revolution« mit ihren organizistischen und völkischen Untertönen, die im Umkreis des Eugen Diederichs Verlages bereits vorgebildet worden war, kam nun den traditionellen Kultureliten zusätzlich zur Hilfe. Darob geriet die Avantgarde, die ihre Anerkennung innerhalb des deutschen Kulturbetriebs mit großen Konzessionen an den Zeitgeist bezahlt hatte, erneut unter den Druck des Vorwurfs, undeutsch, entartet und noch dazu mit dem verhaßten demokratischen System verbündet zu sein. Die tiefe Kluft, welche die deutschen Kultureliten weiterhin in zwei sich bitter befehdende Lager teilte, hat zum Niedergang des demokratischen Systems von Weimar in nicht unerheblichem Maße beigetragen.

Anmerkungen

Bürgerliche Kultur und deren Herausforderung (1870–1914)

Die verschiedenen Kulturmilieus im Kaiserreich

1 Brief an Friedländer vom 5. April 1897, in: Theodor Fontane, Briefe in zwei Bänden, Bd. 2, München 1981, S. 409. Vgl. Katharina Mommsen, Gesellschaftskritik bei Theodor Fontane und Thomas Mann, Heidelberg 1973, S. 19–38.

2 Zit. nach Winfried Nerdinger, Akademiebeschimpfung, Anti-Festrede zur 175-Jahr-Feier, in: Thomas Zacharias (Hg.), Tradition und Widerspruch, 175 Jahre Kunstakademie München, München 1985, S. 50.

3 Friedrich Christoph Dahlmann, Die Politik auf den Grund und das Maß der gegebenen Zustände zurückgeführt, Berlin 1924, § 237, S. 200.

4 Siehe dazu grundlegend Jürgen Kocka (Hg.), Bürgertum im 19. Jahrhundert, Deutschland im europäischen Vergleich, 3 Bde., München 1988; ferner Ulrich Engelhardt, »Bildungsbürgertum«, Begriffs- und Dogmengeschichte eines Etiketts, Stuttgart 1986, sowie Werner Conze und Jürgen Kocka (Hg.), Bildungsbürgertum im 19. Jahrhundert, Teil I, Bildungssystem und Professionalisierung in internationalen Vergleichen, Stuttgart 1985.

5 Lothar Gall, Bürgertum in Deutschland, Berlin 1989, S. 379.

6 Zit. nach Dieter Langewiesche, Bildungsbürgertum und Liberalismus im 19. Jahrhundert, in: Jürgen Kocka (Hg.), Bildungsbürgertum im 19. Jahrhundert, Teil IV, Politischer Einfluß und gesellschaftliche Formation, Stuttgart 1989, S. 101.

7 Vgl. Jürgen Reulecke, Bildungsbürgertum und Kommunalpolitik im 19. Jahrhundert, in: ebd., S. 122–145.

8 Vgl. Gerhard A. Ritter (Hg.), Arbeiterkultur, Königstein/Ts. 1979.

9 Vgl. Franz Mehring, Aufsätze zur deutschen Literatur von Hebbel bis Schweichel, hg. v. Hans Koch, Berlin 1961, S. 221.

10 Vgl. dazu Peter Sprengel, Gerhart Hauptmann, Epoche – Werk – Wirkung, München 1984, S. 52f.

11 Ebd., S. 46f.

12 Vgl. Peter H. Feist, Publikum und Ausstellungen in Deutschland um die Mitte des 19. Jahrhunderts, in: Der Zugang zum Kunstwerk, Schatzkammer, Salon, Ausstellung, »Museum«, Akten des XXV. Internationalen Kongresses für Kunstgeschichte, Sektion 4, Wien 1983, Wien/Köln 1986, S. 81.

Das kulturelle Leben im Zeichen der Idee der nationalen Emanzipation (1850–1871)

1 Vgl. Gangolf Hübinger, Georg Gottfried Gervinus, Historisches Urteil und politische Kritik, Göttingen 1984, S. 50f.

2 Ludwig August von Rochau, Grundsätze der Realpolitik, angewendet auf die staatlichen Zustände Deutschlands, 1. Teil, Stuttgart 1859^2, S. 3f.

3 Ebd., S. 2.

4 Ebd., S. 15.

5 Leopold von Ranke, Über die Epochen der Neueren Geschichte, Aus Werk und Nachlaß, Bd. II, hg. v. Theodor Schieder und Helmut Berding, München 1971, S. 444f.

6 Vgl. Valentin Scherer, Deutsche Museen, Entstehung und kulturgeschichtliche Bedeutung unserer öffentlichen Kunstsammlungen, Jena 1913, S. 192.

7 Heinrich Deiters, Geschichte der allgemeinen deutschen Kunstgenossenschaft von ihrer Entstehung im Jahre 1856 bis auf die Gegenwart, Düsseldorf o. J., S. 8.

8 Vgl. Karl Gustav Fellerer, Studien zur Musik des 19. Jahrhunderts, Bd. 1, Musik und Musik-

leben im 19. Jahrhundert, Regensburg 1984, S. 240f.
9 Vgl. ebd., S. 241.
10 Ebd.
11 Heinrich von Treitschke, Fichte und die nationale Idee, in: Ders., Historische und Politische Aufsätze, Bd. 1, Leipzig 1918^{8}, S. 114.
12 Gustav Freytag, Gesammelte Werke, Bd. 21, Leipzig 1898^{2}, S. 491 f.
13 Vgl. Rainer Noltenius, Dichterfeiern in Deutschland, München 1984, S. 113.
14 Rudolph Gottschall, Fest-Rede zur Freiligrath-Feier, Berlin 1867, S. 13.

Die Reichsgründung und die deutsche Kultur in der Ära der Vorherrschaft des Liberalismus

1 Zit. bei Adalbert Wahl, Deutsche Geschichte, Bd. 1, Von der Reichsgründung bis zum Ausbruch des Weltkriegs (1871–1914), Stuttgart 1926, S. 650.
2 Vgl. Birgit Kulhoff, Bürgerliche Selbstbehauptung im Spiegel der Kunst, Untersuchungen zur Kulturpublizistik der Rundschauzeitschriften im Kaiserreich (1871–1914), Bochum 1990, S. 22ff.
3 Bruno Meiner, Der künstlerische Teil der Berliner Siegesfeier, in: Beiblatt zur Zeitschrift für Bildende Kunst 20/21 (1871), S. 170.
4 Theodor Fontane an den Präsidenten der Königlichen Akademie der Künste Friedrich Hitzig, Ende Mai 1876, in: Theodor Fontane und die preußische Akademie der Künste, Ein Dossier aus Briefen und Dokumenten des Jahres 1876, Berliner Handpresse, Berlin 1971, S. 43.
5 Ekkehard Mai, Die Düsseldorfer Malerschule und die Malerei des 19. Jahrhunderts, in: Wend von Kalnein (Hg.), Die Düsseldorfer Malerschule, Düsseldorf 1979, S. 36; siehe auch ders., Die Berliner Kunstakademie im 19. Jahrhundert, Kunstpolitik und Kunstpraxis, in: Ders. und Stephan Waetzold, Kunstverwaltung, Bau- und Denkmal-Politik im Kaiserreich, Berlin 1981, S. 451–469.
6 Friedrich Nietzsche, Kritische Studienausgabe, hg. v. Giorgio Colli und Mazzino Montinari, München 1988^{2}, Bd. 1, S. 159f.
7 Ders., Götzen-Dämmerung, in: ebd., Bd. 6, S. 106.
8 Max Weber, Wirtschaft und Gesellschaft, Grundriß der Verstehenden Soziologie, hg. v. Johannes Winckelmann, Tübingen 1976^{5}, S. 530.
9 Paul Wentzcke und Julius Heyderhoff (Hg.), Die Sturmjahre der preußisch-deutschen Einigung 1859–1870, Politische Briefe aus den Nachlässen liberaler Parteiführer, Bd. 1, Deutscher Liberalismus im Zeitalter Bismarcks, Bonn 1925, S. 494.
10 Theodor Schieder, Hundert Jahre HZ: 1859–1959, Beiträge zur Geschichte der Historiographie in den deutschsprachigen Ländern, München 1959, S. 4.
11 Heinrich von Treitschke, Historische und Politische Aufsätze, Bd. 3, Leipzig 1915^{7}, S. 476.
12 Der Sozialismus und seine Gönner, 1874, in: Zehn Jahre deutscher Kämpfe, Schriften zur Tagespolitik, Bd. 2, Berlin 1897, S. 129.
13 Geleitwort des Verlegers S. Hirzel zu »Im neuen Reich«, 1. Jahrgang 1871.
14 Vorwort zum 1. Jahrgang 1871 S. 3 f.
15 Jacob Burckhardt, Weltgeschichtliche Betrachtungen, Stuttgart 1947^{7}, S. 97.
16 Vgl. Heide Barmeyer, Zum Wandel des Verhältnisses von Staat und Gesellschaft im 19. Jahrhundert, Die soziale Funktion von historischen Vereinen und Denkmalsbewegung in der Zeit liberaler bürgerlicher Öffentlichkeit, in: Westfälische Forschungen 29 (1978/79), S. 119ff., Zitat S. 143.
17 Zit. bei Mai, Die Düsseldorfer Malerschule, S. 35.
18 Vgl. Richard Hamann und Jost Hermand, Epochen deutscher Kultur von 1870 bis zur Gegenwart, Bd. 1, Gründerzeit, München 1971, S. 34.
19 Carl von Lützow, Hans Makart, ein Beitrag zu seiner Charakteristik, Zeitschrift für bildende Kunst 21 (1886), S. 192, zit. bei Wolfgang Freiherr von Löhneysen, Der Einfluß der Reichsgründung auf Kunst und Kunstgeschmack, in: Zeitschrift für Religions- und Geistesgeschichte 12 (1960), S. 35.

20 Gall, Bürgertum, S. 417 f., S. 449.
21 Julius Lessing, Die Renaissance im deutschen Kunstgewerbe, o. O. 1877, S. 22. Zit. bei Wolfgang Freiherr von Löhneysen, Der Einfluß der Reichsgründung, S. 39.
22 Vgl. Ernst Alker, Die deutsche Literatur im 19. Jahrhundert, Stuttgart 1969^3, S. 446.
23 Vgl. Hermann Lübbe, Fontane und die Gesellschaft, in: Wolfgang Preisendanz (Hg.), Theodor Fontane, Darmstadt 1973, S. 360.
24 Ebd., S. 366.
25 Brief an Georg Friedländer vom 1. Februar 1894 in: Fontane, Briefe in zwei Bänden, Bd. 2, S. 318.
26 Ebd., S. 120.
27 Brief an James Morris vom 22. Februar 1896, ebd., S. 386. Vgl. auch Brief an Emilie Fontane vom 5. Juni 1878, ebd., Bd. 1, S. 442 f., sowie ferner Katharina Mommsen, Gesellschaftskritik bei Fontane, S. 43 f.
28 Fellerer, Studien zur Musik des 19. Jahrhunderts, Bd. 4, S. 241.
29 Vgl. Veit Veltzke, Vom Patron zum Paladin, Wagnervereinigungen im Kaiserreich von der Reichsgründung bis zur Jahrhundertwende, Bochum 1987, S. 16.
30 Vgl. Friedrich Nietzsche, Der Fall Wagner, hg. v. Dieter Borchmeyer, Frankfurt/M. 1983, S. 467 f.
31 Vgl. Nietzsches fraglos bittere und überspitzte Bemerkungen in seinem Pamphlet »Der Fall Wagner«: »Die Deutschen, die Verzögerer par excellence in der Geschichte, sind heute das zurückgebliebenste Culturvolk Europas«, in: Ders., Kritische Studienausgabe, hg. v. Colli/Montinari, Bd. 6, S. 41.
32 Walther Schulte von Brühl, Reflexionen über die deutsche Malerei der Gegenwart, o. O. 1881, S. 4 und 8; zit. bei Löhneysen, Der Einfluß der Reichsgründung, S. 37.

Die Rebellion gegen die »Gründerkultur« und die offiziöse Kulturpolitik der Wilhelminischen Epoche (1890–1905)

1 Vgl. Peter Jelavich, Munich and Theatrical Modernism, Politics, Playwriting and Performance 1890–1914, Cambridge/Mass. 1985, S. 102.
2 Stenographische Berichte über die Verhandlungen der beiden Häuser des Landtages, Haus der Abgeordneten, Bd. 1, Berlin 1895, S. 790.
3 Vgl. Klaus D. Bertl und Ulrich Müller, Vom Naturalismus zum Expressionismus, Literatur des Kaiserreichs, Stuttgart 1984, S. 51.
4 Brief an Liebermann vom 10. März 1909, in: Alfred Lichtwark, Briefe an Max Liebermann, hg. v. Carl Schellenberg, Hamburg 1947, S. 205.
5 Vgl. Anton von Werner, Erlebnisse und Eindrücke 1870–1890, Berlin 1913, die ein eindrucksvolles Dokument wilhelminischer Selbstzufriedenheit darstellen.
6 Werner Doede, Die Berliner Secession, Berlin als Zentrum der deutschen Kunst von der Jahrhundertwende bis zum Ersten Weltkrieg, Frankfurt/M./Berlin/Wien 1977, S. 9 f.
7 Vgl. Peter Paret, Die Berliner Secession, Moderne Kunst und ihre Feinde im Kaiserlichen Deutschland, Berlin 1981, S. 79 ff.
8 Zit. bei Nicolaas Teeuwisse, Vom Salon zur Secession, Berliner Kunstleben zwischen Tradition und Aufbruch zur Moderne 1871–1900, Berlin 1986, S. 252.
9 Werner Haftmann, Malerei im 20. Jahrhundert, Eine Entwicklungsgeschichte, München 1962^3, S. 76.
10 Teeuwisse, Vom Salon zur Secession, S. 265.
11 Ernst Johann (Hg.), Reden des Kaisers, Ansprachen, Predigten und Trinksprüche Wilhelms II., München 1966, S. 102.
12 Johannes Penzler (Hg.), Die Reden Kaiser Wilhelms II., Bd. 3, Leipzig 1907, S. 61.
13 Stenographische Berichte über die Verhandlungen des Reichstags, XI. Legislaturperiode, I. Session, Berlin 1904, S. 1001.
14 Ebd., S. 1026. Er verbesserte sich daraufhin: »Ich wollte sagen: mit Anton v. Werner an der

Spitze«.

15 Erlaß vom 29. August 1899, zit. bei Dominik Bartmann, Anton von Werner, Zur Kunst und Kunstpolitik im Deutschen Reich, Berlin 1985, S. 218.

16 Die Grenzboten 61 (1902), S. 550ff. Zit. bei Kulhoff, Bürgerliche Selbstbehauptung im Spiegel der Kunst, S. 202.

17 Hofkunst und andere Kunst, in: Kunstwart 15/3 (1901/02), S. 87. Zit. bei Kulhoff, Bürgerliche Selbstbehauptung im Spiegel der Kunst, S. 203.

18 Paret, Die Berliner Secession, S. 253 f.

19 Stenographische Berichte des Hauses der Abgeordneten 1908, Bd. 2, Sitzung vom 22. Februar 1908, Sp. 2523–2526.

Bildung und Wissenschaft im »naturwissenschaftlichen Zeitalter«

1 Jetzt Gerhard A. Ritter, Großforschung und Staat in Deutschland, Ein historischer Überblick, München 1992.

2 Peter Lundgreen, Bildung und Wirtschaftswachstum im Industrialisierungsprozeß des 19. Jahrhunderts, Berlin 1973, S. 110 f.; nach Walter G. Hoffmann, Das Wachstum der deutschen Wirtschaft seit der Mitte des 19. Jahrhunderts, Berlin 1965.

3 Peter Lundgreen, Sozialgeschichte der deutschen Schule im Überblick, Teil I, 1779–1918, Göttingen 1980/81, S. 98.

4 Ebd., S. 90.

5 Ebd., S. 81.

6 Hans-Georg Herrlitz/Wulf Hopf/Hartmut Titze (Hg.), Deutsche Schulgeschichte von 1800 bis zur Gegenwart, Eine Einführung, Königstein 1981, S. 65.

7 Schmidt im Preußischen Abgeordnetenhaus am 17. März 1882, Sten. Ber. 1882, Bd. I, S. 924, zit. bei Herrlitz u. a. (Hg.), Schulgeschichte, S. 66.

8 Christoph Führ, Die Preußischen Schulkonferenzen von 1890 und 1900, Ihre bildungspolitische Rolle und bildungsgeschichtliche Bedeutung, in: Peter Baumgart (Hg.) Bildungspolitik in Preußen zur Zeit des Kaiserreichs, Stuttgart 1980, S. 189–223, hier S. 196.

9 Ebd.

10 Weber, Wirtschaft und Gesellschaft, S. 578.

11 Alois Riedler, Die Ziele der technischen Hochschulen, in: Zeitschrift des Verbandes der deutschen Industrie 40/13 (1896), S. 341.

12 Vgl. Karl Friedrich Nebenius, Über technische Lehranstalten in ihrem Zusammenhange mit dem gesamten Unterrichtswesen, Karlsruhe 1833, S. 34 und S. 38; vgl. auch Frank R. Pfetsch, Zur Entwicklung der Wissenschaftspolitik in Deutschland 1750–1914, Berlin 1974, S. 137.

13 Hermann von Helmholtz, Über das Ziel und die Fortschritte der Naturwissenschaft, in: Ders., Vorträge und Reden, Bd. 1, Braunschweig 1903^5, S. 374; vgl. auch Pfetsch, Entwicklung der Wissenschaftspolitik, S. 265.

14 Alois Riedler, Unsere Hochschulen und die Anforderungen des 20. Jahrhunderts, Berlin 1898, S. 54.

15 Ebd., S. 48.

16 Theodor Fontane, Romane und Erzählungen in acht Bänden, hg. v. Peter Goldhammer u. a., Bd. 6, Berlin 1973, S. 446.

17 Wolfgang J. Mommsen, Max Weber und die deutsche Politik, Tübingen 1974^2, S. 474.

18 Ebd., S. 120.

19 Peter Mast, Künstlerische und wissenschaftliche Freiheit im Deutschen Reich 1890–1901, Rheinfelden 1986^2, S. 196 f.

20 Lothar Burchardt, Wissenschaftspolitik im Wilhelminischen Deutschland, Vorgeschichte, Gründung und Aufbau der Kaiser-Wilhelm-Gesellschaft zur Förderung der Wissenschaften, Göttingen 1975, S. 12.

21 Denkschrift vom 21. November 1909, in: 50 Jahre Kaiser-Wilhelm-Gesellschaft und Max-Planck-Gesellschaft zur Förderung der Wissenschaften 1911–1961, Beiträge und Dokumen-

te, Göttingen 1961, S. 80–94. Hier zit. nach Armin Hermann, Wissenschaftspolitik und Entwicklung der Physik im Deutschen Kaiserreich, in: Gunter Mann/Rolf Winau (Hg.), Medizin, Naturwissenschaft, Technik und das Zweite Kaiserreich, Vorträge eines Kongresses vom 6. bis 11. September 1973 in Bad Nauheim, Göttingen 1977, S. 55.

22 Ebd.

23 Vgl. Alois Riedler, Unsere Hochschulen, S. 31.

Die »Entzauberung« der Welt durch Wissenschaft und die Entstehung von säkularisierten Pseudoreligionen

1 Vorträge und Reden, Bd. 1, S. 372.

2 Rudolf Haym, Hegel und seine Zeit, Berlin 1857, S. 5 ff.

3 Vgl. dazu Thomas Nipperdey, Religion im Umbruch, Deutschland 1870–1918, München 1988, S. 67–72.

4 Zit. bei Wilfried Loth, Katholiken im Kaiserreich, Der politische Katholizismus in der Krise des Wilhelminischen Deutschlands, Düsseldorf 1984, S. 20.

5 Max Lenz, Die großen Mächte, Ein Rückblick auf unser Jahrhundert, Leipzig 1900, S. 26.

6 Vgl. aber Karl Löwith, Von Hegel zu Nietzsche, Der revolutionäre Bruch im Denken des neunzehnten Jahrhunderts, Marx und Kierkegaard, Stuttgart 1964^5, S. 75, der diesen Ausspruch bereits Kuno Fischer zuschreibt.

7 Vgl. Theodor Schieder, Kultur, Wissenschaft und Wissenschaftspolitik im Deutschen Kaiserreich, in: Mann/Winau (Hg.), Medizin, Naturwissenschaft, Technik und das Zweite Kaiserreich, S. 28.

8 Ebd.

9 Vgl. Ferdinand Tönnies, Der Nietzsche-Kultus, Eine Kritik, Leipzig 1897.

10 Vgl. Alfred Kelly, The Descent of Darwin, The Popularization of Darwinism in Germany, 1860–1914, Chapel Hill 1981, S. 36–56.

11 Vgl. Fritz Bolle, Darwinismus und Zeitgeist, Zeitschrift für Religion und Geistesgeschichte 14 (1962), S. 148 ff.

12 Ernst Haeckel, Die Welträthsel, »Gemeinverständliche Studien über die Monistische Philosophie«, Stuttgart 1906, S. 10 f.

13 Friedrich von Bernhardi, Deutschland und der nächste Krieg, Stuttgart 1912^2.

14 Kelly, Descent of Darwin, S. 107 f.; Bolle, Darwinismus und Zeitgeist, S. 148 ff.

15 Paul de Lagarde, Deutscher Glaube, Deutsches Vaterland, Deutsche Bildung, Das Wesentliche aus seinen Schriften, ausgewählt und eingeleitet von Friedrich Daab, Jena 1919, S. 12.

16 Ebd., S. 76 f.

Der Aufstieg der künstlerischen und literarischen Avantgarde und die Sprengung des bürgerlichen Kulturbegriffs (1905–1914)

1 Paul Vogt, Einführung, in: Ders. (Hg.), Deutscher Expressionismus 1905–1920, Katalog der Ausstellung in New York und San Francisco 1980/81, München 1981, S. 14.

2 Ebd., S. 10.

3 Max Weber, Zwischenbetrachtung, in: Die Wirtschaftsethik der Weltreligionen, Konfuzianismus und Taoismus, Schriften 1915–1920, hg. v. Helwig Schmidt-Glintzer in Zusammenarbeit mit Petra Kolonka, MWG I/19, Tübingen 1989, S. 500.

4 Fritz Schumacher, Die Wiedereroberung harmonischer Kultur, in: Kunstwart 21 (2/1908), S. 135–138; hier S. 138.

5 Vgl. Wolf-Dieter Dube, Die Künstlergruppe »Brücke«, in: Deutscher Expressionismus, hg. v. Paul Vogt, S. 106.

6 Vgl. ebd., S. 100 f.

7 Ebd., S. 101.

8 Zit. bei Haftmann, Malerei im 20. Jahrhundert, S. 116.

9 Zit. bei Paul Vogt, Der blaue Reiter, in: Ders. (Hg.), Deutscher Expressionismus, S. 208.
10 Zit. in: Walter Ophey, 1882–1930, Gemälde, Zeichnungen, Druckgraphiken, Ausstellungskatalog Düsseldorf 1990, S. 29.
11 Zit. bei Günter Aust, Die Ausstellung des Sonderbundes 1912 in Köln, in: Europäische Kunst 1912, Zum 50. Jahrestag der Ausstellung des Sonderbundes Westdeutscher Kunstfreunde und Künstler in Köln, Wallraf-Richartz-Museum Köln 1962, S. 24.
12 Grenzboten 69 (1910), S. 221; zit. nach Kulhoff, Bürgerliche Selbstbehauptung im Spiegel der Kunst, S. 231 f.
13 Ebd., S. 226; Neue Rundschau 21 (1910), S. 1623; zit. nach Kulhoff, Bürgerliche Selbstbehauptung im Spiegel der Kunst, S. 232.
14 Kunstwart 23 (1909/10), S. 314; zit. nach Kulhoff, Bürgerliche Selbstbehauptung im Spiegel der Kunst, S. 233.
15 Vgl. Christopher With, The Emperor, The National Gallery in Berlin and Max Slevogt, in: Zeitschrift des deutschen Vereins für Kunstwissenschaft 30 (1976), S. 90 ff.
16 Vgl. Eric J. Hobsbawm, Das Imperiale Zeitalter, 1875–1914, Frankfurt 1989, S. 291.
17 Nietzsche, Der Fall Wagner, in: Ders., Studienausgabe, hg. v. Colli/Montinari, Bd. 6, S. 41.
18 Rilke, Sämtliche Werke, Bd. 6, S. 844.
19 Robert Musil, Gesammelte Werke, Bd. 6, Reinbek bei Hamburg 1978, S. 137.
20 Zit. in: Vom Naturalismus zum Expressionismus, hg. v. Bertl/Müller, S. 85.
21 Zit. bei Karl Riha, Deutsche Großstadtlyrik, München 1983, S. 62 f.
22 Max Weber, Gesammelte Aufsätze zur Soziologie und Sozialpolitik, Tübingen 1924, S. 453.
23 Vgl. Rilke, Über den jungen Dichter, in: Ders., Sämtliche Werke, Bd. 6, S. 1052.
24 Max Weber, Gesammelte Aufsätze zur Wissenschaftslehre, Tübingen 1968[3], S. 180.
25 Vgl. Simmel, Philosophie des Geldes.
26 Thomas Mann, Betrachtungen eines Unpolitischen in: Ders., Gesammelte Werke, Frankfurt/M. 1974[2], Bd. 12, S. 115 f.
27 Norbert Jarson, Renate Möhrmann und Hedwig Müller, Berlin – Theater der Jahrhundertwende, Bühnengeschichte der Reichshauptstadt im Spiegel der Kritik (1889–1914), Tübingen 1986, S. 66; vgl. auch Michael Patterson, The Revolution in German Theatre, 1900–1933, Boston 1981.
28 In dem Stück »Lila«; vgl. Jelavich, Munich and Theatrical Modernism, S. 226.
29 Thomas Nipperdey, Wie das Bürgertum die Moderne fand, Berlin 1988, S. 63.
30 Vgl. Hobsbawm, Das imperiale Zeitalter, S. 295.
31 Frage und Antwort, Interviews mit Thomas Mann 1909–1955, hg. v. Volkmar Hansen und Gert Heine, Hamburg 1983, S. 51.
32 Weber, Gesammelte Aufsätze zur Religionssoziologie, Bd. 1, Tübingen 1988[9], S. 203.
33 Werner Sombart, Der Bourgeois, Zur Geistesgeschichte des modernen Wirtschaftsmenschen, München 1913, S. 236–299.
34 Georg Simmel, Philosophie des Geldes, Gesamtausgabe Bd. 6, Frankfurt/M. 1989, S. 637.

Kultur und Wissenschaft im Ersten Weltkrieg

Das deutsche Kulturleben an der Schwelle des Ersten Weltkrieges

1 Werner Sombart, zit. bei Friedrich Lenger, Die Abkehr der Gebildeten von der Politik, Werner Sombart und der »Morgen«, in: Gangolf Hübinger und Wolfgang J. Mommsen (Hg.), Intellektuelle im Deutschen Kaiserreich, Frankfurt 1993, S. 71 f.
2 Vgl. Nipperdey, Religion im Umbruch. Siehe ferner Rüdiger vom Bruch, Friedrich Wilhelm Graf und Gangolf Hübinger (Hg.), Kultur und Kulturwissenschaften um 1900, Krise der Moderne und Glaube an die Wissenschaft, Stuttgart 1989.
3 Vgl. Edith Hanke, Prophet des Unmodernen, Leo N. Tolstoi als Kulturkritiker in der deutschen Diskussion der Jahrhundertwende, Tübingen 1993.

4 Simmel, Philosophie des Geldes, Gesamtausgabe, Bd. 6, S. 551 ff. u. S. 660 f.
5 Georg Simmel, Philosophische Kultur, Gesammelte Essais, Potsdam 1923, S. 218 ff.
6 Vgl. Wolfgang J. Mommsen, Die Herausforderung der bürgerlichen Kultur durch die künstlerische Avantgarde: Zum Verhältnis von Kultur und Politik im Wilhelminischen Deutschland, München 1994 (im Druck).
7 Vgl. Reinhard Alter, Gerhart Hauptmann, das Deutsche Kaiserreich und der Erste Weltkrieg, in: Bernd Hüppauf (Hg.), Ansichten vom Krieg, Vergleichende Studien zum Ersten Weltkrieg in Literatur und Gesellschaft, Königstein 1984, S. 189–191.
8 Vgl. Jeffrey Todd Verhey, The ›Spirit of 1914‹: The myth of enthusiasm and the rhetoric of unity in World War I Germany, Phil. Diss. Berkeley 1991.
9 Welt-Theater, Max Beckmann, Das graphische Werk 1901–1946, hg. v. Jo-Anne Birnie Danzker und Amélie Ziersch, München 1993, S. 55.
10 Am 28. 8. 1914, zit. bei Mommsen, Max Weber und die deutsche Politik, S. 206.
11 Vgl. Wolfgang J. Mommsen, Der Topos vom unvermeidlichen Krieg: Außenpolitik und öffentliche Meinung im Deutschen Reich im letzten Jahrzehnt vor 1914, in: Ders., Der autoritäre Nationalstaat, Verfassung, Gesellschaft und Kultur im deutschen Kaiserreich, Frankfurt/M. 1990, S. 401 ff.
12 Vgl. Wolfgang J. Mommsen, Großmachtstellung und Weltpolitik, Die Außenpolitik des Deutschen Reiches 1870–1914, Berlin 1993, S. 241 f.
13 Ernst Toller, Eine Jugend in Deutschland, Gesammelte Werke, Bd. 4, München 1978, S. 36.
14 Eine Sehnsucht aus der Zeit, ursprünglich erschienen in: Der Sturm, 2. November 1911, S. 677. Abgedruckt in: Die Dichter und der Krieg, Deutsche Lyrik 1914–1918, hg. v. Thomas Anz und Joseph Vogl, München 1982, S. 11.
15 Robert Musil in Selbstzeugnissen und Bilddokumenten, dargestellt von Wilfried Berghahn, Hamburg 1963, S. 71 f.
16 Der Krieg, in: Die Dichter und der Krieg, S. 9 f.
17 Vgl. Johanna Eltz, Der italienische Futurismus in Deutschland, 1912–1922, Ein Beitrag zur Analyse seiner Rezeptionsgeschichte, Bamberg 1986, S. 64 ff.
18 Jahrbuch für die geistige Bewegung 2 (1911), S. 25.
19 Stefan George, zit. bei Roland N. Stromberg, Redemption by War, Kansas 1982, S. 51; vgl. auch ders., The Intellectuals and the Coming of the War in 1914, in: Journal of European Studies 3 (1973), S. 109 ff.
20 Vgl. Sigmar Holsten, Allegorische Darstellungen des Krieges 1870–1918, München 1977, S. 109 ff., S. 118.
21 Vgl. die Eintragung Kurt Riezlers vom 15. 8. [dies ist bekanntlich eine nachträgliche Umdatierung; die ursprüngliche Datierung ist auf Anfang August 1914 anzusetzen]: »Der im Volke losbrechende Sturm unvergleichlich, hat alle zweifelnden, alle halben, ängstlichen mitgerissen. [...] Die Überraschung der zweifelnden Staatsmänner über das Volk.«, in: Kurt Riezler, Tagebücher, Aufsätze, Dokumente, hg. v. Karl Dietrich Erdmann, Göttingen 1972, S. 195.
22 Karl Alexander von Müller, Mars und Venus, Erinnerungen 1914–1919, Stuttgart 1954, S. 22.

Die geistige Mobilmachung der akademischen Eliten

1 Vgl. Klaus Schwabe, Wissenschaft und Kriegsmoral, Die deutschen Hochschullehrer und die Grundfragen des Ersten Weltkriegs, Göttingen 1969; Ders., Zur politischen Haltung der deutschen Professoren im Ersten Weltkrieg, in: HZ 193 (1961), S. 609–634; Hermann Lübbe, Politische Philosophie in Deutschland, Studien zu ihrer Geschichte, Stuttgart 1963; Jürgen von Ungern-Sternberg, Eduard Meyer und die deutsche Propaganda zu Beginn des Ersten Weltkrieges, in: Wissenschaftliche Zeitschrift der Humboldt-Universität zu Berlin, Reihe Geistes- und Sozialwissenschaften 40 (1991), S. 37 ff.
2 Gerhart von Schultze-Gävernitz, Zum Freiheitsfrieden, in: Deutsche Politik, Wochenschrift für deutsche Welt- und Kulturpolitik 3 (1918), S. 361.

3 Ebd.
4 Friedrich Meinecke, Politische Schriften und Reden, Werke, Bd. II, hg. v. Georg Kotowski, Darmstadt 1958, S. 77, 80.
5 Ebd., S. 81.
6 Friedrich Meinecke, Die deutsche Erhebung von 1914, Stuttgart/Berlin 1914, S. 29.
7 Ebd., S. 31.
8 Eine, wenn auch ziemlich unsystematische und unkritische Dokumentation bei Hermann Kellermann, Der Krieg der Geister 1914, Weimar 1915.
9 Ebd., S. 5 f.
10 Siehe Klaus Böhme (Hg.), Aufrufe und Reden deutscher Professoren im Ersten Weltkrieg, Stuttgart 1975, S. 47–49. Zur Entstehung und zum Hintergrund der Erklärung siehe Bernhard vom Brocke, Wissenschaft und Militarismus, Der Aufruf der 93 »An die Kulturwelt!« und der Zusammenbruch der internationalen Gelehrtenpolitik im Ersten Weltkrieg, in: William M. Calder III u. a. (Hg.), Wilamowitz nach 50 Jahren, Darmstadt 1985, S. 649 ff. Dort S. 718 auch der vollständige Text des Aufrufs; vgl. ferner von Ungern-Sternberg, Eduard Meyer, S. 38 f.
11 vom Brocke, Wissenschaft und Militarismus, in: Wilamowitz nach 50 Jahren, hg. v. Calder u. a., S. 718.
12 Vgl. dazu Alan Kramer, ›Greueltaten‹, Zum Problem der deutschen Kriegsverbrechen in Belgien und Frankreich 1914, in: Gerhard Hirschfeld und Gerd Krumeich (Hg.), Keiner fühlt sich hier mehr als Mensch..., Erlebnis und Wirkung des Ersten Weltkriegs, Essen 1993, S. 85–114; ferner speziell zur Zerstörung der Bibliothek von Löwen Wolfgang Schivelbusch, Die Bibliothek von Löwen, Eine Episode aus der Zeit der Weltkriege, München 1988, S. 14 ff.
13 Böhme, Aufrufe, S. 49; Kellermann, Krieg der Geister, S. 64–66.
14 Siehe vom Brocke, Wissenschaft und Militarismus, in: Wilamowitz nach 50 Jahren, hg. v. Calder u. a., S. 889.
15 Böhme, Aufrufe, S. 50.
16 Otto Hintze, Unser Militarismus, Ein Wort an Amerika, in: Internationale Monatsschrift für Wissenschaft, Kunst und Technik 9 (1914), Sp. 209 ff.
17 Ebd., Sp. 212 f.
18 Böhme, Aufrufe, S. 54–56.
19 Deutschland und der Weltkrieg, hg. v. Otto Hintze, Friedrich Meinecke, Hermann Oncken und Hermann Schumacher, Leipzig 1915. Dazu eingehend Christoph Cornelißen, Politische Historiker und deutsche Kultur: Die Schriften und Reden von Georg von Below, Hermann Oncken und Gerhard Ritter im Ersten Weltkrieg, in: Wolfgang J. Mommsen (Hg.), Kultur und Krieg, Schriftsteller, Künstler und Intellektuelle im Ersten Weltkrieg, München 1994 (im Druck).
20 Meinecke, Politische Schriften und Reden, Werke, Bd. 2, S. 163.
21 Erich Jung, Parlamentarismus und Königtum, in: Deutschlands Erneuerung, Monatsschrift für das deutsche Volk 1 (1917), S. 159.
22 Ebd.
23 Der Krieg und die Internationalität der geistigen Kultur, in: Internationale Monatsschrift für Wissenschaft, Kunst und Technik 9 (1914), Sp. 51 ff.
24 Deutschland und der Weltkrieg, S. 322.
25 Müller, Mars und Venus, S. 75.
26 Vgl. Wolfgang J. Mommsen, Der Geist von 1914: Das Programm eines politischen »Sonderwegs« der Deutschen, in: Ders., Der autoritäre Nationalstaat, S. 407 ff.; ferner Reinhard Rürup, Der »Geist von 1914« in Deutschland, Kriegsbegeisterung und Ideologisierung des Krieges im Ersten Weltkrieg, in: Ansichten vom Krieg, S. 1 ff.
27 Kriegsvorträge der Universität Münster i. W., Münster 1915; Johann Plenge, Eine Kriegsvorlesung über die Volkswirtschaft, Das Zeitalter der Volksgenossenschaft, Berlin 1915.
28 Ebd., S. 54.
29 Ebd., S. 97.

30 Ders., 1789 und 1914, Die symbolischen Jahre in der Geschichte des politischen Geistes, Berlin 1916, S. 95.
31 Ebd., S. 82.
32 Ebd., S. 191.
33 Vgl. Frankfurter Zeitung vom 24. Dezember 1914, abgedruckt bei Plenge, 1789 und 1914, S. 171–175.
34 Ebd., S. 15.
35 Ebd., S. 20.
36 Georg Simmel, Der Krieg und die geistigen Entscheidungen, München/Leipzig 1917, S. 22 ff.
37 Ebd., S. 14.
38 Ebd., S. 20.
39 Rudolf Kjellén, Die Ideen von 1914 – Eine Weltgeschichtliche Betrachtung, Leipzig 1916 (ursprünglich in schwedischer Sprache erschienen).
40 Ebd., S. 46.
41 Plenge, 1789, S. 19: »Das Fest des 2. August! Das Fest des inneren Sieges! – Da ist unser neuer Geist geboren: der Geist der stärksten Zusammenfassung aller wirtschaftlichen und staatlichen Kräfte zu einem neuen Ganzen, in dem alle mit gleichem Anteil leben. Der neue deutsche Staat! Die Ideen von 1914!«
42 Max Weber, Zur Politik im Weltkrieg, Schriften und Reden 1914–1918, hg. v. Wolfgang J. Mommsen in Zusammenarbeit mit Gangolf Hübinger, MWG I/15, Tübingen 1984, S. 462.
43 Vgl. Wolfgang J. Mommsen, »Die deutsche Idee der Freiheit«, Die deutsche Historikerschaft und das Modell des monarchischen Konstitutionalismus im Kaiserreich, in: Staatswissenschaften und Staatspraxis 3 (1992), S. 43–63.
44 Thomas Mann, Gedanken im Kriege, in: Ders., Gesammelte Werke, Bd. 13, Frankfurt/M. 1974[2], S. 537.
45 Werner Sombart, Händler und Helden, Patriotische Besinnungen, München 1915. Vgl. dazu jetzt Friedrich Lenger, Werner Sombart als Propagandist eines deutschen Krieges, in: Kultur und Krieg (im Druck).
46 Sombart, Händler und Helden, S. 64.
47 Ebd., S. 92; vgl. Wolfgang J. Mommsen, Der Erste Weltkrieg und die Krise Europas, in: Keiner fühlt sich hier mehr als Mensch, hg. v. Hirschfeld/Krumeich, S. 36 f.
48 Vgl. Lenger, Sombart, in: Kultur und Krieg (im Druck).
49 Max Scheler, Der Genius des Krieges und der Deutsche Krieg, Leipzig 1915, S. 65.
50 Vgl. Wolfgang J. Mommsen, Die Mitteleuropaidee und die Mitteleuropaplanungen im Deutschen Reich vor und während des Ersten Weltkrieges (im Druck).
51 Der Genius des Krieges, S. 353.
52 Für die Haltung der deutschen Philosophen zum Ersten Weltkrieg siehe allgemein Lübbe, Politische Philosophie, S. 173 ff.

Die Künstler und Schriftsteller in den ersten Kriegsjahren

1 Vgl. Julius Bab, Richard Dehmel, Die Geschichte eines Lebenswerkes, Leipzig 1926, S. 350 f. Das Kriegsministerium verfügte seine Einstellung in einer Anordnung vom 17. August 1914 mit dem Hinweis, daß man »von der moralischen Wirkung des freiwilligen Eintritts Dehmels in der Öffentlichkeit überzeugt sei«. Vgl. auch Richard Dehmel, Zwischen Volk und Menschheit, Kriegstagebuch, Berlin 1919, S. 16 f.
2 Ebd., S. 23 f.; ebenso Bab, Dehmel, S. 352 f.
3 Brief vom 13. 8. 1914; in: Max Beckmann, Briefe 1899–1925, Bd. 1, München 1993, S. 90.
4 Ebd., S. 91.
5 Ernst Ludwig Kirchner, Von Jena nach Davos, Eine Ausstellung zum 90. Gründungsjubiläum des Jenaer Kunstvereins, Leipzig 1993, S. 139 u. 225.
6 Zit. bei Thomas Grochowiak, Ludwig Meidner, Recklinghausen 1966, S. 99. Vgl. auch Hannelore Gärtner, Kunst gegen den imperialistischen Krieg, Der Beitrag Ludwig Meidners zur

Entwicklung der Antikriegskunst während des Ersten Weltkrieges, Bildende Kunst 23 (1975), S. 549.
7 Vgl. ebd., S. 551.
8 Michèle Vishny, Paul Klee and War: A Stance of Aloofness, in: Gazette des Beaux-Arts 92 (1977), S. 234.
9 Vgl. Gunter Martens, Die Kriegsmetaphorik und Schickeles Stellung zum Ersten Weltkrieg, in: Adrien Finck, Alexander Ritter und Marysc Staiber (Hg.), René Schickele aus neuer Sicht, Beiträge zur deutsch-französischen Kultur, Hildesheim 1991, S. 237f.
10 Mann, Gedanken im Kriege, in: Ders., Gesammelte Werke, Bd. 13, S. 533.
11 Vgl. Simmel, Der Krieg und die geistigen Entscheidungen, S. 60–62.
12 Zit. bei Eckart Koester, Literatur und Weltkriegsideologie, Positionen und Begründungszusammenhänge des publizistischen Engagements deutscher Schriftsteller im Ersten Weltkrieg, Kronberg/Ts. 1977, S. 198.
13 Vgl. Klaus-Peter Philippi, Volk des Zorns, Studien zur poetischen Mobilmachung in der deutschen Literatur am Beginn des Ersten Weltkriegs, ihren Voraussetzungen und Implikationen, München 1979; ferner Julius Bab, Die deutsche Kriegslyrik 1914–1918, Eine kritische Bibliographie, Stettin 1920.
14 Richard Dehmel, Lied an alle, in: Ders., Kriegs-Brevier, Leipzig 1917, S. 15.
15 Vom Oktober 1914. In: Die Dichter und der Krieg, S. 185.
16 Vgl. Alter, Gerhart Hauptmann, in: Ansichten vom Krieg, S. 192.
17 Vgl. Wolfgang Leppmann, Rilke, Sein Leben, seine Welt, sein Werk, Bern/München 1981, S. 350ff.
18 Rilke, Fünf Gesänge (August 1914), in: Ders., Sämtliche Werke, Bd. 2, S. 86.
19 Leppmann, Rilke, S. 352.
20 1915. Zit. bei Leppmann, Rilke, S. 353.
21 Koester, Literatur und Weltkriegsideologie, S. 238.
22 Ebd., S. 240.
23 Stefan George, Gesamtausgabe, Bd. IX, Berlin 1928, S. 28ff.
24 Friedrich Gundolf, Tat und Wort im Krieg, in: Frankfurter Zeitung vom 11. 10. 1914.
25 Ebd.
26 Zit. bei Koester, Literatur und Weltkriegsideologie, S. 243.
27 Ernst Bertram, Wie deuten wir uns, in: Dichtung als Zeugnis, Frühe Bonner Studien zur Literatur, hg. v. Ralph-Rainer Wuthenohr, Bonn 1967, S. 128.
28 Vgl. oben, S. 29.
29 Der Krieg und die deutsche Selbsteinkehr. Rede, öffentlich gehalten am 5. Dezember 1914 von Rudolf Borchardt, Heidelberg 1915, S. 10f.
30 Vgl. dazu Eckart Koester, ›Kultur‹ versus ›Zivilisation‹, Thomas Manns Kriegspublizistik als weltanschaulich-ästhetische Standortsuche, in: Kultur und Krieg (im Druck).
31 Mann, Betrachtungen eines Unpolitischen, in: Ders., Gesammelte Werke, Bd. 12.
32 Ebd., S. 48.
33 Ebd., S. 18.
34 Zit. in: Die Dichter und der Krieg, S. 113.
35 Vgl. Thomas Anz, Vitalismus und Kriegsdichtung im Ersten Weltkrieg, in: Kultur und Krieg (im Druck). Vgl. auch Patrick Bridgwater, German and English Poetry of the World War, A comparative view, in: Sprachkunst, Beiträge zur Literaturwissenschaft 18 (1987), S. 218f.
36 Vgl. Koester, Literatur und Weltkriegsideologie, S. 312f.
37 Zit. bei Andeheinz Mösser, Der Krieg als ›Wohltat‹, Kunstkritik im 1. Weltkrieg am Beispiel der Zeitschrift ›Kunst und Künstler‹, Jahrbuch der Hamburger Kunstsammlungen 24 (1979), S. 165.
38 Ebd.
39 Ebd., S. 164.
40 Vgl. Helmut Börsch-Supan, Die Reaktion der Zeitschriften »Kunst und Künstler« und »Die Kunst« auf den Ersten Weltkrieg, in: Kultur und Krieg (im Druck).

41 Ebd.
42 In dem Essay »Vae Victis«, in: Lovis Corinth, Selbstbiographie, Leipzig 1926, S. 129.
43 Vgl. dazu Victor H. Miesel, Paul Cassirer's Kriegszeit and Bildermann and some German Expressionist Reactions to World War I, in: Michigan Germanic Studies 2 (1976), S. 148 ff.; ferner Marion F. Deshmukh, German Impressionist Painters and World War I, Art History, Bd. 4, o. O. 1981, S. 66 ff.
44 Ebd., S. 68.
45 Kriegszeit, Heft 1, 31. August 1914, S. 4.
46 U. a. Portraits von Hindenburg, von Stein, Ludendorff, Falkenhayn, Mackensen, von Boehm-Ermolli, Bethmann Hollweg sowie des bayerischen Kronprinzen und Wilhelms II.
47 Zur Einführung, in: Der Bildermann, Heft 1, 5. April 1916; vgl. auch Georg Brühl, Die Cassirers, Streiter für den Impressionismus, Leipzig 1991, S. 196.
48 Für dies und die folgenden Ausführungen stütze ich mich auf Helmut Börsch-Supan, Die Reaktion der Zeitschriften »Kunst und Künstler« und »Die Kunst für alle« auf den Ersten Weltkrieg, in: Kultur und Krieg (im Druck).
49 Paul Westheim, in: Die Kunst, August 1914, nach Börsch-Supan, Die Reaktion der Zeitschriften, in: Kultur und Krieg (im Druck).
50 Vgl. Börsch-Supan, ebd.
51 Vgl. Ralf Knuth, Vorgeschichte, Gründung und Entwicklung der Universum-Film-Aktiengesellschaft (Ufa) im Ersten Weltkrieg, Magisterarbeit Düsseldorf 1993; Hans Barkhausen, Filmpropaganda für Deutschland im Ersten und Zweiten Weltkrieg, Hildesheim 1982, S. 132 ff.
52 Franz Marc, Das geheime Europa, Ende 1914, in: Ders., Schriften, hg. v. Klaus Lankheit, Köln 1978, S. 163.
53 Ebd., S. 165.
54 Vgl. auch das Blatt »Die Versöhnung« aus dem Jahre 1916, in: Klaus Lankheit, Franz Marc, Sein Leben und seine Kunst, Köln 1976, S. 108.
55 Ernst Barlach, Güstrower Tagebuch, Eintragung vom 3. 8. 1914, in: Ders., Das dichterische Leben, Bd. 3, München 1959, S. 12.
56 Ebd., Eintragung vom 21. 8. 1914, S. 21.
57 Ebd., Eintragung vom 19. 8. 1915, S. 279.
58 Matthias Eberle, Der Weltkrieg und die Künstler der Weimarer Republik: Dix, Grosz, Beckmann, Schlemmer, Stuttgart 1989, S. 31.
59 Vgl. Otto Conzelmann, Der andere Dix, Sein Bild vom Menschen und vom Krieg, Stuttgart 1983, S. 133; ferner Fritz Löffler, Otto Dix und der Krieg, Leipzig 1986.
60 Brief vom 24. 5. 1915, Max Beckmann, Briefe, Bd. 1, S. 136 f.
61 Brief vom 18. 4. 1915, ebd., S. 118.
62 Vgl. auch Welt-Theater, Max Beckmann, hg. v. Birnie Danzker/Ziersch.
63 Über meine Malerei, Rede vom 21. Juli 1938 in London, abgedruckt ebd., S. 29.
64 Brief vom 11. 10. 1914, in: Max Beckmann, Briefe, Bd. 1, S. 100.
65 Franz Marc, Briefe aus dem Feld, Berlin 1940, S. 6.
66 Vgl. Ulrike Rüdiger, Grüße aus dem Krieg, Feldpostkarten für eine Gleichgesinnte – Otto Dix an Helene Jakob 1915–1918, in: Otto Dix, Katalog der Ausstellung zum 100. Geburtstag, Stuttgart/Berlin 1991, S. 51 ff.
67 Abbildung in: Welt-Theater, Max Beckmann, hg. v. Birnie Danzker/Ziersch, S. 53.
68 Zit. bei Löffler, Otto Dix und der Krieg, S. 14.
69 Brief vom 28. 4. 1915, in: Max Beckmann, Briefe, Bd. 1, S. 124.
70 Vgl. Dietrich Schubert, Otto Dix zeichnet den Ersten Weltkrieg, in: Kultur und Krieg (im Druck).
71 Vgl. Conzelmann, Der andere Dix, S. 133, der unter Bezug auf Dix von der »Naturerscheinung Krieg« spricht.
72 Vgl. auch Dix' Aussage: »Voll elementarer Wucht sind die Granattrichter, halbe Dörfer [...]. Es sind die Augenhöhlen der Erde, was darum kräuselt, sind irre, schmerzliche, phantastische

(Nebensächlichkeiten!)...«, in: Conzelmann, Der andere Dix, S. 119.

73 Brief vom 22. 2. 1916, in: Marc, Briefe aus dem Feld, S. 144.

74 Franz Marc am 29. 2. 1916: »Dieser tief beschämende schmachvolle Krieg muß ja jetzt bald ein Ende nehmen.« Ernst Barlach am 15. 7. 1916: »Wir warten Alle [auf Frieden].«

75 Zit. bei Börsch-Supan, Die Reaktion der Zeitschriften, in: Kultur und Krieg (im Druck).

76 Fritz von Unruh, Der Opfergang, 4. und 5. Auflage, Berlin 1919, S. 168f. Das Buch lag laut Ausweis des Innentitels im Sommer 1916 vor. Sein Erscheinen wurde bis zum Winter 1918 durch die Zensur verhindert.

77 Am 6. Juni 1915 sah die Oberzensurstelle der OHL Anlaß, die Zensurstellen der Stellvertretenden Generalkommandos zur Überwachung der Druckschriftenliteratur aufzufordern.

78 Vgl. Wilhelm Deist, Militär und Innenpolitik im Weltkrieg 1914 bis 1918 (Quellen zur Geschichte des Parlamentarismus und der politischen Parteien, 2. Reihe, Bd. 1/1), Düsseldorf 1970, S. 102ff., ferner S. 104, Anm. 7.

79 Dies gilt beispielsweise für das den Krieg vor universalhistorischem Hintergrund bekämpfende Werk des Naturwissenschaftlers G. F. Nicolai, Die Biologie des Krieges, Betrachtungen eines Naturforschers den Deutschen zur Besinnung, das in erster Auflage im August 1919 in Zürich erschien, nachdem in Deutschland nur einige Ausschnitte in der »Aktion« hatten veröffentlicht werden können.

80 Vgl. dazu auch Martin Creutz, Presselenkung im Kaisserreich, Strukturen und Strategien, phil. Diss., Düsseldorf 1993.

81 Vgl. Heinz-Dietrich Fischer (Hg.), Pressekonzentration und Zensurpraxis im Ersten Weltkrieg, Texte und Quellen, Berlin 1973, S. 202.

82 Vgl. u. a. Günter Busch, Liebermann, Frankfurt 1986, S. 263, über dessen »bisher größte Ausstellung«; Brief vom 10. Mai 1919, Beckmann, Briefe, Bd. 1, S. 180, über August Pipers höchst erfolgreiche Bemühungen, diesen einem breiteren Publikum bekanntzumachen; Käthe Kollwitz äußerte Zufriedenheit über die Ausstellung ihrer Kriegswerke zu ihrem 50. Geburtstag bei Cassirer, in: Käthe Kollwitz in Selbstzeugnissen und Bilddokumenten, dargestellt von Catherine Kramer, Hamburg 1981, S. 74.

83 Zur Einführung, in: Der Bildermann, Bd. 1, Heft 1, 5. April 1916.

84 Vgl. Miesel, Paul Cassirer's Kriegszeit and Bildermann, in: Michigan Germanic Studies 2 (1976), S. 153f.

85 Der Bildermann, Bd. 1, Heft 2, 20. April 1916.

86 Vgl. Naomi Jackson Groves, Ernst Barlach, Leben im Werk, Plastiken, Zeichnungen und Graphiken, Dramen, Prosawerke und Briefe, Königstein/Ts. 1988[5], S. 68.

87 Der Bildermann, Bd. 1, Heft 18, 20. Dezember 1916.

88 Vgl. Beckmann, Selbstbildnis mit Griffel, in: Welt-Theater, S. 79; Dix, Selbstporträt als Soldat 1916, in: Ders., Katalog der Ausstellung zum 100. Geburtstag, S. 58f.

89 Vgl. Dietrich Schubert, Max Beckmann, Auferstehung und Erscheinung der Toten, Worms 1985, S. 76ff.

90 Beckmann, Briefe, Bd. 1, S. 153.

91 Vgl. Miesel, Cassirers Kriegszeit, S. 149.

92 Hans-Jürgen Imiela, Max Slevogt, Karlsruhe 1968, S. 196.

93 Abbildung bei Diether Schmidt, »Bitte mit dem Weltkrieg aufzuhören, ich möchte arbeiten!«, Oskar Kokoschka in Dresden 1916 bis 1923, in: Pantheon 44 (1986), S. 127 (Sammlung Willy Hahn, Tutzing).

94 Vgl. Hugo Ball, Richard Huelsenbeck, Ein literarisches Manifest, in: Dada, Eine internationale Bewegung 1916–1925, Katalog der Ausstellung, München 1993, S. 80.

95 Ebd.

96 Hans Richter, Dada, Köln 1964, S. 12.

97 Siehe Gerhard Schaub, ›Totentanz 1916‹, Hugo Balls literarische Opposition gegen den Krieg, Trierer Beiträge 15 (1985), S. 32.

98 Hugo Ball, Totentanz 1916, S. 34.

99 Vgl. Dada, Katalog der Ausstellung, S. 13f.

100 Ebd.
101 Ebd., S. 234.
102 Für die Einflüsse der Dadaisten auf Kokoschka vgl. Diether Schmidt, »Bitte mit dem Weltkrieg aufzuhören, ich möchte arbeiten!«, S. 127.
103 Martens, Kriegsmetaphorik, in: René Schickele aus neuer Sicht, hg. v. Finck/Ritter/Staiber, S. 238.
104 Für eine Übersicht über die Kriegshefte der »Weißen Blätter« siehe Helga Noe, Die literarische Kritik am Ersten Weltkrieg in der Zeitschrift »Die weißen Blätter«: René Schickele, Annette Kolb, Max Brod, Andreas Latzko, Leonard Frank, Konstanz 1986, S. 45 ff. Allerdings legt Noe ihrer Darstellung unkritisch einen pauschalen Antikriegsbegriff zugrunde, der alle Differenzierungen und Schattierungen weitgehend zudeckt, auch die verbreitete fatalistische Hinnahme des Krieges als eines schrecklichen Geschehens bereits als Kriegsgegnerschaft deutet und damit zu reichlich vorgefaßten Ergebnissen kommt.
105 Vgl. Maurice Godé, René Schickeles historische Bedeutung als Leiter der »Weißen Blätter«, in: René Schickele aus neuer Sicht, hg. v. Finck/Ritter/Staiber, S. 92 f.
106 Erst jetzt, nicht schon 1914, wie Noe, Die literarische Kritik, S. 44, ihren Lesern suggeriert.
107 Zit. bei Godé, René Schickeles historische Bedeutung, in: René Schickele aus neuer Sicht, S. 97.

Die Auseinandersetzungen über die Idee der »deutschen« Freiheit

1 Walter Goetz, Deutschlands geistiges Leben im Weltkrieg, Gotha 1916, S. 44.
2 Ebd., S. 49.
3 Zit. bei Jürgen von Ungern-Sternberg, Politik und Geschichte, Der Althistoriker Eduard Meyer im Ersten Weltkrieg, in: Eduard Meyer, Leben und Leistung eines Universalhistorikers, hg. v. William M. Calder III und Alexander Demandt, Leiden u. a. 1990, S. 495.
4 Walther Rathenau, Von kommenden Dingen, Berlin 1917, S. 221.
5 Ebd.
6 Ebd., S. 228.
7 Ebd., S. 270.
8 Vgl. Mommsen, Die »deutsche Idee der Freiheit«, S. 54.
9 Ernst Troeltsch, Deutsche Zukunft, Berlin 1916, S. 19 f.
10 Ebd., S. 20.
11 Ebd., S. 28.
12 Meinecke, Politische Schriften und Reden, Werke, Bd. 2, S. 163.
13 Vgl. Roger Chickering, Max Weber und Dietrich Schäfer, in: Max Weber und seine Zeitgenossen, hg. v. Wolfgang J. Mommsen und Wolfgang Schwentker, Göttingen 1988, S. 462–475.
14 Georg von Below, Die deutsche Geschichtsschreibung von den Befreiungskriegen bis zu unseren Tagen, Geschichte und Kulturgeschichte, Leipzig 1916, S. 121.
15 Ebd., S. 122.
16 Ebd.
17 Vgl. Weber, Zur Politik im Weltkrieg, MWG I/15, S. 421 ff.; ferner Mommsen, Max Weber und die deutsche Politik, S. 185 ff.
18 Vgl. Weber, Zur Politik im Weltkrieg, MWG I/15, S. 422 ff.
19 Vgl. Gustav Schmidt, Deutscher Historismus und der Übergang zur parlamentarischen Demokratie, Untersuchungen zu den politischen Gedanken von Meinecke, Troeltsch, Max Weber (Historische Studien, Heft 389), Lübeck/Hamburg 1964.
20 Für Friedrich Meinecke siehe dazu dessen Artikel »Grenzen der Neuorientierung« in der Vossischen Zeitung vom 17. Mai 1917, in: Ders., Politische Schriften und Reden, Werke, Bd. 2, S. 185.
21 Die deutsche Freiheit, Fünf Vorträge, Von Harnack/Meinecke/Sering/Troeltsch/Hintze, Gotha 1917.

22 Ebd., S. 33.
23 Ebd., S. 35.
24 Ebd., S. 36 f.
25 Ebd., S. 68.
26 Ebd., S. 73.
27 Ebd., S. 96, 105 f.
28 Ebd., S. 110.
29 Ebd., S. 110 f.

Vergebliche Versuche der Sammlung der kulturellen Eliten unter nationalem Vorzeichen: der Kult der »Gemeinschaft« und des »Erlebens«

1 Das Zitat in Anlehnung an Max Maurenbrecher, Der Krieg als Ausgangspunkt einer deutschen Kultur, in: Die Tat 9/2 (Mai 1917), S. 103.
2 Dazu Gangolf Hübinger, Eugen Diederichs' Bemühungen um die Grundlegung einer neuen Geisteskultur, in: Kultur und Krieg (im Druck).
3 Ebd.
4 Ebd.
5 Vgl. Maurenbrecher, Der Krieg als Ausgangspunkt, S. 100.
6 Ebd., S. 106.
7 Ebd., S. 103.
8 Zu Landauer vgl. Wolf Kalz, Gustav Landauer, Kultursozialist und Anarchist, Meisenheim am Glan 1967, S. 52 ff.
9 Siehe Tollers eigenen Bericht, in: Ders., Eine Jugend in Deutschland, in: Gesammelte Werke Bd. 4, S. 77–80; ferner Dittmar Dahlmann, Max Webers Verhältnis zum Anarchismus und zu den Anarchisten am Beispiel Ernst Tollers, in: Max Weber und seine Zeitgenossen, S. 506 ff.
10 Das Protokoll der Tagung ist abgedruckt bei Hübinger, Eugen Diederichs, in: Kultur und Krieg (im Druck).
11 Weber, Zur Politik im Weltkrieg, MWG I/15, S. 703 f.
12 Nach dem Bericht Tollers, ebd., S. 703, Anm. 9.
13 Vgl. Hübinger, Eugen Diederichs, in: Kultur und Krieg (im Druck).
14 Weber, Zur Politik im Weltkrieg, MWG I/15, S. 703 f.; zur Titelfrage vgl. auch die Studienausgabe der MWG, MWG I/15, Tübingen 1988, S. 402 f.
15 Max Weber, Wissenschaft als Beruf/Politik als Beruf, hg. v. Wolfgang J. Mommsen und Wolfgang Schluchter in Zusammenarbeit mit Birgitt Morgenbrod, MWG I/17, Tübingen 1992, S. 36 und 49 ff.
16 Vgl. ebd., S. 51 ff.
17 Vgl. ebd., S. 71 ff.
18 Ebd., S. 157 ff.
19 Erich von Kahler, Der Beruf der Wissenschaft, Berlin 1920.
20 Zit. bei Hübinger, Eugen Diederichs, in: Kultur und Krieg (im Druck); vgl. auch Stefan Breuer, Anatomie der Konservativen Revolution, Darmstadt 1993.
21 Über die Rezeption des soziologischen Werks Max Webers in der Weimarer Zeit siehe Wolfgang J. Mommsen, The Political and Social Theory of Max Weber, Oxford 1992, S. 169 ff.
22 Max Weber, Die Wirtschaftsethik der Weltreligionen, Konfuzianismus und Taoismus, hg. v. Helwig Schmidt-Glinzer in Zusammenarbeit mit Petra Kolonko, MWG I/19, Tübingen 1989, S. 500 ff.

Die Polarisierung der kulturellen Eliten in der Endphase des Krieges (1917/18)

1 Vgl. Weber, Politik als Beruf/Wissenschaft als Beruf, MWG I/17, S. 115 f.
2 Toller versuchte sogar, freilich vergeblich, Max Weber zur Mitarbeit an dieser Vereinigung zu bewegen. Vgl. Weber, Politik als Beruf/Wissenschaft als Beruf, MWG I/17, S. 116, und

Dahlmann, Max Webers Verhältnis zum Anarchismus, in: Max Weber und seine Zeitgenossen, hg. v. Mommsen/Schwentker, S. 506 ff.

3 Vgl. Wilfried Eisenbeiß, Die bürgerliche Friedensbewegung in Deutschland während des Ersten Weltkrieges, Organisation, Selbstverständnis und politische Praxis 1913/14–1919, Frankfurt/M. 1980, S. 98 ff. und passim.

4 Vgl. seinen Brief an Erich Mühsam vom 16. Juni 1916, in: Gustav Landauer, Sein Lebensgang in Briefen, hg. v. Martin Buber, Frankfurt/M. 1929, Bd. 2, S. 142 f.

5 Eisenbeiß, Friedensbewegung, S. 173 f.

6 Käthe Kollwitz in Selbstzeugnissen und Bilddokumenten, dargestellt von Kramer, S. 73 f.

7 Siehe Mommsen, Max Weber und die deutsche Politik, S. 307.

8 Vgl. Johannes Klein, Walter Flex, ein Deuter des Weltkrieges, Ein Beitrag zur literaturgeschichtlichen Wertung deutscher Kriegsdichtung, Marburg 1929, S. 37.

9 Mann, Betrachtungen eines Unpolitischen, in: Ders., Gesammelte Werke, Bd. 12, S. 579.

10 Ebd., S. 584 f.

11 Ebd., S. 588.

12 Vgl. Toller, Eine Jugend in Deutschland, in: Gesammelte Werke, Bd. 4, S. 97 ff.

13 Georg Kaiser, Die Bürger von Calais, in: Ders., Stücke, Erzählungen, Aufsätze, Gedichte, Köln 1966, S. 125.

14 Vgl. Bertolt Brecht, Bei Durchsicht meiner frühen Stücke, in: Ders., Stücke, Bd. 1, Frankfurt 1965, S. 5 f. Während seiner Tätigkeit in der DDR hat Brecht dieses Stück dann bekanntlich im Sinne der aktiven Parteinahme Kraglers für die sozialistische Revolution umgeschrieben.

15 Vgl. Schmidt, »Bitte mit dem Weltkrieg aufzuhören, ich möchte arbeiten!«, S. 125.

16 Le Feu. (Journal d'une Escouade), Paris 1918.

17 Käthe Kollwitz in Selbstzeugnissen und Bilddokumenten, dargestellt von Kramer, S. 76 f.

18 Am 19. Oktober 1918. Kurt Tucholsky, Ausgewählte Briefe 1913–1935, Hamburg 1962, S. 410 f.

19 Brief vom 10. Oktober 1918, zit. bei Mommsen, Max Weber und die deutsche Politik, S. 308.

20 Thomas Mann, Tagebücher 1918–1921, hg. v. Peter de Mendelsohn, Frankfurt 1979^2, S. 7; Eintragung vom 16. September 1918.

21 Vgl. Bab, Dehmel, S. 387.

22 Vgl. ebd.

23 Ebd.

24 Jost Hermand und Frank Trommler (Hg.), Die Kultur der Weimarer Republik, Frankfurt/M. 1988, S. 114 ff.

Bibliographie

Abkürzungen

GuG	=	Geschichte und Gesellschaft
HZ	=	Historische Zeitschrift
JCH	=	Journal of Contemporary History
JMH	=	Journal of Modern History
ND	=	Nachdruck
VSWG	=	Vierteljahresschrift für Sozial- und Wirtschaftsgeschichte
VfZg	=	Vierteljahreshefte für Zeitgeschichte

Memoiren, autobiographische Schriften und Biographien sowie personenbezogene Quellen und Studien

S. ACHENBACH und M. EBERLE (Hg.), Max Liebermann in seiner Zeit, Ausstellungskatalog, Berlin 1979/80;

J. BAB, Richard Dehmel, Die Geschichte eines Lebens-Werkes, Leipzig 1926;

MAX BECKMANN, Briefe 1899–1925, Bd. 1, München 1993;

P. BECKMANN und M. TUBE (Hg.), Max Beckmann, Briefe im Kriege, München 1984;

W. BERGHAHN (Hg.), Robert Musil in Selbstzeugnissen und Bilddokumenten, Hamburg 1963;

D. BORCHMEYER (Hg.), F. Nietzsche, Der Fall Wagner, Frankfurt/M. 1983;

P. BRIDGWATER, Poet of Expressionist Berlin: The Life and Work of Georg Heym, London 1991;

G. BRÜHL, Die Cassirers, Streiter für den Impressionismus, Leipzig 1991;

G. BUSCH, Liebermann, Frankfurt 1986;

L. CORINTH, Selbstbiographie, Leipzig 1926;

O. DIX, Katalog der Ausstellung zum 100. Geburtstag; Stuttgart/Berlin 1991;

H.-G. DRESCHER, Ernst Troeltsch, Leben und Werk, Göttingen 1991;

A. FINCK (Hg.), René Schickele aus neuer Sicht, Beiträge zur deutsch-französischen Kultur, Hildesheim 1991;

T. FONTANE, Briefe in zwei Bänden, Berlin 1980;

H. J. GOEBEL, Maximilian Harden als politischer Publizist im Ersten Weltkrieg, Frankfurt/M. 1977;

H. GOLDMAN, Max Weber and Thomas Mann, Calling and the shaping of the self, Berkeley, Los Angeles und London 1988;

D. E. GORDON, Ernst Ludwig Kirchner, Cambridge/Mass. 1968;

T. GROCHOWIAK, Ludwig Meidner, Recklinghausen 1966;

D. GROSS, The writer and society, Heinrich Mann and literary politics in Germany 1890–1940, New York 1980;

G. GROSZ, Ein kleines Ja und ein großes Nein, Sein Leben von ihm selbst erzählt, Reinbek bei Hamburg 1974;

E. HANKE, Prophet des Unmodernen, Leo N. Tolstoi als Kulturkritiker in der deutschen Diskussion der Jahrhundertwende, Tübingen 1993;

V. HANSEN, Thomas Mann, Stuttgart 1984;

DERS. und G. HEINE (Hg.), Frage und Antwort, Interviews mit Thomas Mann 1909–1955, Hamburg 1983;

G. HÜBINGER, Georg Gottfried Gervinus, Historisches Urteil und politische Kritik, Göttingen 1984;

H.-J. IMIELA, Max Slevogt, Karlsruhe 1968;

N. JACKSON GROVES, Ernst Barlach – Leben im Werk, Plastiken, Zeichnungen und Grafiken, Dramen, Prosawerke und Briefe, Königstein/Ts. ^{5}1988;

E. JOHANN (Hg.), Reden des Kaisers, Ansprachen, Predigten und Trinksprüche Wilhelms II., Stuttgart 1966;

W. KALZ, Gustav Landauer, Kultursozialist und Anarchist, Meisenheim am Glan 1967;

K. KLUNCKER, Das geheime Deutschland, Über Stefan George und seinen Kreis, Bonn 1985;

KÄTHE KOLLWITZ in Selbstzeugnissen und Bilddokumenten, dargestellt von Catherine Kramer, Hamburg 1981;

K. KOLLWITZ, Die Tagebücher, hg. v. J. Bohnke-Kollwitz, Berlin 1989;

H. KURZKE, Auf der Suche nach der verlorenen Identität, Thomas Mann und der Konservatismus, Würzburg 1980;

GUSTAV LANDAUER, Sein Lebensgang in Briefen, hg. v. M. Buber, Frankfurt/M. 1929;

W. LEPPMANN, Gerhart Hauptmann, Leben, Werk und Zeit, Bern 1986;

DERS., Rilke, Sein Leben, seine Welt, sein Werk, Bern ^{2}1881;

A. LICHTWARK, Briefe an Max Liebermann, hg. v. C. Schellenberg, Hamburg 1947;
T. MANN, Tagebücher 1918–1921, hg. v. Peter de Mendelsohn, Frankfurt/M. ²1979;
A. MOMMSEN, Mein Vater, Erinnerungen an Theodor Mommsen, München ²1992;
K. MOMMSEN, Gesellschaftskritik bei Theodor Fontane und Thomas Mann, Heidelberg 1973;
W. J. MOMMSEN, Max Weber, Gesellschaft, Politik und Geschichte, Frankfurt/M. 1974;
DERS., Max Weber on politics and social theory, Oxford 1988;
DERS., Max Weber und die deutsche Politik, 1890–1920, Tübingen ²1974;
DERS., The Political and Social Theory of Max Weber, Oxford 1992;
DERS. und W. SCHWENTKER (Hg.), Max Weber und seine Zeitgenossen, Göttingen 1988;
K. A. VON MÜLLER, Mars und Venus, Erinnerungen 1914–1919, Stuttgart 1954;
J. PENZLER (Hg.), Die Reden Kaiser Wilhelms II., Leipzig 1907;
W. PREISENDANZ (Hg.), Theodor Fontane, Darmstadt 1973;
KURT RIEZLER, Tagebücher, Aufsätze, Dokumente, hg. v. K. D. Erdmann, Göttingen 1972;
K. SCHREINERT (Hg.), Theodor Fontane, Briefe an Georg Friedländer, Heidelberg 1954;
D. SCHUBERT, Max Beckmann, Auferstehung und Erscheinung der Toten, Worms 1985;
B. SÖSEMANN (Hg.), Theodor Wolff, Die Wilhelminische Epoche, Fürst Bülow am Fenster und andere Begegnungen, Frankfurt/M. 1989.
K. SONTHEIMER, Thomas Mann und die Deutschen, München 1961;
P. SPRENGEL, Gerhart Hauptmann, Epoche – Werk – Wirkung, München 1984;
THEODOR FONTANE und die preußische Akademie der Künste, Ein Dossier aus Briefen und Dokumenten des Jahres 1876, Berliner Handpresse, Berlin 1971;
E. TOLLER, Eine Jugend in Deutschland, in: Gesammelte Werke, hg. v. W. Früwald u. J. M. Spalek, München 1978;
K. TUCHOLSKY, Ausgewählte Briefe 1913–1935, Hamburg 1962;
M. WEBER, Max Weber, Ein Lebensbild, München 1989;
P. WENTZKE und J. HEYDERHOFF (Hg.), Die Sturmjahre der preußisch-deutschen Einigung 1859–1870, Politische Briefe aus den Nachlässen liberaler Parteiführer, Bd. 1, Deutscher Liberalismus im Zeitalter Bismarcks, Bonn 1925;
A. VON WERNER, Erlebnisse und Eindrücke 1870–1890, Berlin 1913;
R.-R. WUTHENOR (Hg.), Stefan George und die Nachwelt, Stuttgart 1981;

Kultur, Literatur und Wissenschaft im Ersten Weltkrieg

T. ANZ und J. VOGL (Hg.), Die Dichter und der Krieg, München 1982;
J. BAB, Die deutsche Kriegslyrik 1914–1918, Eine kritische Bibliographie, Stettin 1920;
H. BARKHAUSEN, Filmpropaganda für Deutschland im Ersten und Zweiten Weltkrieg, Hildesheim u.a. 1982;
G. BESIER, Die protestantischen Kirchen Europas im Ersten Weltkrieg, Ein Quellen- und Arbeitsbuch, Göttingen 1984;
K. BÖHME, Aufrufe und Reden deutscher Professoren im Ersten Weltkrieg, Stuttgart 1975;
P. BRIDGWATER, German and English Poetry of the World War, A comparative view, in: Sprachkunst, Beiträge zur Literaturwissenschaft 18 (1987), S. 208–244;
DERS., The German poets of the First World War, New York 1985;
B. VOM BROCKE, ›Wissenschaft und Militarismus‹, Der Aufruf der 93 ›An die Kulturwelt!‹ und der Zusammenbruch der internationalen Gelehrtenrepublik im Ersten Weltkrieg, in: Calder III, W. M. u.a. (Hg.), Wilamowitz nach 50 Jahren, Darmstadt 1985, S. 649–719;
C. BUSSE (Hg.), Deutsche Kriegslieder 1914/16, Bielefeld und Leipzig ³1916;
O. CONZELMANN, Der andere Dix – Sein Bild vom Menschen und vom Krieg, Stuttgart 1983;
R. DEHMEL, Kriegs-Brevier, Leipzig 1917;
DERS., Zwischen Volk und Menschheit. Kriegstagebuch, Berlin 1919;
E. DEMM (Hg.), Der Erste Weltkrieg in der internationalen Karikatur, Hannover 1988;
DIE DEUTSCHE FREIHEIT, Fünf Vorträge, Von Harnack/Meinecke/Sering/Troeltsch/Hintze, Gotha 1917;
M. EBERLE, Der Weltkrieg und die Künstler der Weimarer Republik, Dix, Grosz, Beckmann, Schlemmer, Stuttgart 1989;
M. EKSTEINS, Tanz über den Gräben, Die Geburt der Moderne und der Erste Weltkrieg, Reinbek bei Hamburg 1990;
W. FALK, Der kollektive Traum vom Krieg, Epochale Strukturen der deutschen Literatur

zwischen »Naturalismus« und »Expressionismus«, Heidelberg 1977;
H.-D. FISCHER (Hg.), Pressekonzentration und Zensurpraxis im Ersten Weltkrieg, Texte und Quellen, Berlin 1973;
H. GÄRTNER, Kunst gegen den imperialistischen Krieg, Der Beitrag Ludwig Meidners zur Entwicklung der Antikriegskunst während des ersten Weltkrieges, in: Bildende Kunst 23 (1975), S. 548–551;
W. GOETZ, Deutschlands geistiges Leben im Weltkrieg, Gotha 1916;
J. D. HALLIDAY, Karl Kraus, Franz Pfemfert and the First World War, A comparative study of »Die Fackel« and »Die Aktion« between 1911 and 1928, Passau 1986;
K. HAMMER, Deutsche Kriegstheologie 1870–1918, München ²1974;
O. HINTZE u.a. (Hg.), Deutschland und der Weltkrieg, Leipzig 1915;
DERS., Unser Militarismus, Ein Wort aus Amerika, in: Internationale Monatsschrift für Wissenschaft, Kunst und Technik 9/4 (1914), Sp. 209–220;
S. HOLSTEN, Allegorische Darstellungen des Krieges 1870–1918, München 1977;
B. HÜPPAUF (Hg.), Ansichten vom Krieg, Vergleichende Studien zum Ersten Weltkrieg in Literatur und Gesellschaft, Königstein/Ts. 1984;
H. JOAS, Die Klassiker der Soziologie und der Erste Weltkrieg, in: Ders. und H. Steiner (Hg.), Machtpolitischer Realismus und pazifistische Utopie, Krieg und Frieden in der Geschichte der Sozialwissenschaften, Frankfurt/M. 1989, S. 179–210;
E. JUNG, Parlamentarismus und Königtum, in: Deutschlands Erneuerung, Monatsschrift für das deutsche Volk 1 (1917), S. 159–164;
H. KELLERMANN, Der Krieg der Geister 1914, Weimar 1915;
R. KJELLEN, Die Ideen von 1914 – Eine weltgeschichtliche Betrachtung, Leipzig 1916;
J. KLEIN, Walter Flex, ein Deuter des Weltkrieges, Ein Beitrag zur literaturgeschichtlichen Wertung deutscher Kriegsdichtung, Marburg 1929;
R. KNUTH, Vorgeschichte, Gründung und Entwicklung der Universum-Film-Aktiengesellschaft (Ufa) im Ersten Weltkrieg, Magisterarbeit Düsseldorf 1993;
E. KOESTER, Literatur und Weltkriegsideologie, Positionen und Begründungszusammenhänge des publizistischen Engagements deutscher Schriftsteller im Ersten Weltkrieg, Kronberg/Ts. 1977;
A. KRAMER, ›Greueltaten‹, Zum Problem der deutschen Kriegsverbrechen in Belgien und Frankreich 1914, in: G. Hirschfeld und G. Krumeich (Hg.), Keiner fühlt sich hier mehr als Mensch…, Erlebnis und Wirkung des Ersten Weltkriegs, Essen 1993;
DER KRIEG und die deutsche Selbsteinkehr, Rede, öffentlich gehalten am 5. Dezember 1914 von Rudolf Borchardt, Heidelberg 1915;
KRIEGSVORTRÄGE der Universität Münster i. W., Münster 1915;
E. J. LEED, No man's land, Combat and identity in World War I, Cambridge 1979;
F. LÖFFLER, Otto Dix und der Krieg, Leipzig 1986;
H. MAIER, Ideen von 1914 – Ideen von 1939? Zweierlei Kriegsanfänge, in: VfZg 38 (1990), S. 525–542;
H. MAIER-METZ, Expressionismus – Dada – Agitprop, Zur Entwicklung des Malik-Kreises in Berlin 1912–1924, Frankfurt/M. 1984;
T. MANN, Friedrich und die große Koalition, Berlin 1916;
F. MARC, Das geheime Europa, Ende 1914, in: Franz Marc, Schriften, hg. v. K. Lankheit, Köln 1978;
M. MAURENBRECHER, Der Krieg als Ausgangspunkt einer deutschen Kultur, in: Die Tat 9 (Mai 1917), S. 97–107;
R. MEYER u.a., DADA in Zürich und Berlin 1916–1920, Literatur zwischen Revolution und Reaktion, Kronberg/Ts. 1973;
F. MEINECKE, Die deutsche Erhebung von 1914, Stuttgart/Berlin 1915;
V. H. MIESEL, Paul Cassirers Kriegszeit and Bildermann and some German Expressionist Reactions to World War I, in: Michigan Germanic Studies 2 (1976), S. 149–168;
H. MISSALLA, »Gott mit uns«, Die deutsche katholische Kriegspredigt 1914–1918, München 1968;
A. MÖSSER, Der Krieg als »Wohltat«, Kunstkritik im 1. Weltkrieg am Beispiel der Zeitschrift »Kunst und Künstler«, in: Jahrbuch der Hamburger Kunstsammlungen 24 (1979), S. 159–174;
W. J. MOMMSEN, Der Geist von 1914, Das Programm eines politischen »Sonderwegs« der Deutschen, in: Ders., Nation und Geschichte, Über die Deutschen und die deutsche Frage, München 1990, S. 87–105;

DERS., Kultur und Krieg, Schriftsteller, Künstler und Intellektuelle im Ersten Weltkrieg, München 1994 (im Druck);
G. F. NICOLAI, Die Biologie des Krieges, Betrachtungen eines Naturforschers den Deutschen zur Besinnung, Zürich 1919;
H. NOE, Die literarische Kritik am 1. Weltkrieg in der Zeitschrift »Die weißen Blätter«, René Schickele, Annette Kolb, Max Brod, Andreas Latzko, Leonhard Frank, Phil. Diss. Zürich 1986;
R. OLT, Krieg und Sprache, Untersuchungen zu deutschen Soldatenliedern des Ersten Weltkriegs, 2 Bde., Gießen 1980/81;
K.-P. PHILIPPI, Volk des Zorns, Studien zur »poetischen Mobilmachung« in der deutschen Literatur am Beginn des 1. Weltkriegs, ihren Voraussetzungen und Implikationen, München 1979;
J. PLENGE, 1789 und 1914, Die symbolischen Jahre in der Geschichte des politischen Geistes, Berlin 1916;
DERS., Eine Kriegsvorlesung über die Volkswirtschaft, Das Zeitalter der Volksgenossenschaft, Berlin 1915;
W. PRESSEL, Die Kriegspredigt 1914–1918 in der evangelischen Kirche Deutschlands, Göttingen 1967;
P. RAABE (Hg.), Ich schneide die Zeit aus, Expressionismus und Politik in Franz Pfemferts »Aktion« 1911–1918, München 1964;
W. RATHENAU, Von kommenden Dingen, Berlin 1917;
G. RÜHLE (Hg.), Zeit und Theater, Bd. 1, Vom Kaiserreich zur Republik, 1913–1925, Berlin 1973;
M. SCHELER, Der Genius des Krieges und der Deutsche Krieg, Leipzig 1915;
W. SCHIEVELBUSCH, Die Bibliothek von Löwen, Eine Episode aus der Zeit der Weltkriege, München 1988;
D. SCHMIDT, »Bitte mit dem Weltkrieg aufzuhören, ich möchte arbeiten!«, Oskar Kokoschka in Dresden 1916 bis 1923, in: Pantheon 44 (1986), S. 125–134;
G. VON SCHULTZE-GÄVERNITZ, Zum Freiheitsfrieden, in: Deutsche Politik, Wochenschrift für deutsche Welt- und Kulturpolitik 3 (1918), S. 358–365;
K. SCHWABE, Zur politischen Haltung der deutschen Professoren im Ersten Weltkrieg, HZ 193 (1961), S. 609–634;
DERS., Wissenschaft und Kriegsmoral, Die deutschen Hochschullehrer und die politischen Grundfragen des Ersten Weltkrieges, Göttingen 1969;
G. SIMMEL, Der Krieg und die geistigen Entscheidungen, München, Leipzig 1917;
W. SOMBART, Händler und Helden, Patriotische Besinnungen, München und Leipzig 1915;
G. SCHAUB, ›Totentanz 1916‹. Hugo Balls literarische Opposition gegen den Krieg, Trierer Beiträge 15/1985;
R. N. STROMBERG, Intellectuals and the Coming of War in 1914, in: Journal of European Studies, 3 (1973), S. 109–122;
R. N. STROMBERG, Redemption by War, Regent Press of Kansas 1982;
E. TROELTSCH, Deutsche Zukunft, Berlin 1916;
J. VON UNGERN-STERNBERG, Eduard Meyer und die deutsche Propaganda zu Beginn des Ersten Weltkrieges, in: Wissenschaftliche Zeitschrift der Humboldt-Universität zu Berlin, Reihe Geistes- und Sozialwissenschaften 40 (1991), S. 37–43;
DERS., Politik und Geschichte, Der Althistoriker Eduard Meyer im Ersten Weltkrieg, in: Eduard Meyer, Leben und Leistung eines Universalhistorikers, hg. v. W. M. Calder III und A. Demandt, Leiden u. a. 1990, S. 484–504;
J. T. VERHEY, The ›spirit of 1914‹, The myth of enthusiasm and the rhetoric of unity in world war I Germany, Diss. Berkeley 1991;
M. VISHNY, Paul Klee and War, A Stance of Aloofness, in: Gazette des Beaux-Arts 92 (1977), S. 233–243;
K. VONDUNG (Hg.), Kriegserlebnisse, Der Erste Weltkrieg in der literarischen Gestaltung und symbolischen Deutung der Nationen, Göttingen 1980;
DERS., Die Apokalypse in Deutschland, München 1988;
U. WANDREY, Das Motiv des Krieges in der expressionistischen Lyrik, Hamburg 1972;
H. WEIGEL, W. LUKAN und M. D. PEYFUSS, Jeder Schuß ein Russ, jeder Stoß ein Franzos, Literarische und graphische Kriegspropaganda in Deutschland und Österreich 1914–1918, Wien 1983.

Allgemeine Darstellungen

C. APPLEGATE, A nation of provincials, The German idea of Heimat, Berkeley 1990;

G. von Below, Die deutsche Geschichtsschreibung von den Befreiungskriegen bis zu unseren Tagen, Geschichte und Kulturgeschichte, Leipzig 1916;
L. Benevolo, Geschichte der Architektur im 19. und 20. Jahrhundert, 3 Bde., München [4]1988;
K. Bergmann, Agrarromantik und Großstadtfeindschaft, Meisenheim am Glan 1970;
S. Breuer, Anatomie der Konservativen Revolution, Darmstadt 1993.
C. Dahlmann, Die Politik auf den Grund und das Maß der gegebenen Zustände zurückgeführt, Berlin 1924;
M. Doerry, Übergangsmenschen, Die Mentalität der Wilhelminer und die Krise des Kaiserreichs, 2 Bde., Weinheim 1986;
W. Eisenbeiss, Die bürgerliche Friedensbewegung in Deutschland während des Ersten Weltkrieges, Organisation, Selbstverständnis und politische Praxis 1913/14–1919, Frankfurt 1980;
U. Engelhardt, »Bildungsbürgertum«, Begriffs- und Dogmengeschichte eines Etiketts, Stuttgart 1986;
U. Frevert, »Ehrenmänner«, Das Duell in der bürgerlichen Gesellschaft, München 1991;
L. Gall, Bürgertum in Deutschland, Berlin 1989;
H. Glaser, Bildungsbürgertum und Nationalismus, Politik und Kultur im wilhelminischen Deutschland, München 1993;
Ders., Die Kultur der Wilhelminischen Zeit, Topographie einer Epoche, Frankfurt/M. 1984;
Ders., Spießer-Ideologie, Von der Zerstörung des deutschen Geistes im 19. und 20. Jahrhundert und der Aufstieg des Nationalsozialismus, Frankfurt/M. 1985;
R. Hamann und J. Hermand, Epochen deutscher Kultur von 1870 bis zur Gegenwart, 5 Bde.: Bd. 1, Gründerzeit, München 1971; Bd. 2, Naturalismus, München 1972; Bd. 3, Impressionismus, München 1972; Bd. 4, Stilkunst um 1900, München 1973; Bd. 5, Expressionismus, München 1976;
C. Hepp, Avantgarde, Moderne Kunst, Kulturkritik und Reformbewegungen nach der Jahrhundertwende, München 1987;
E. J. Hobsbawm, Das Imperiale Zeitalter 1875–1914, Frankfurt/M. 1989;
W. G. Hoffmann, Das Wachstum der deutschen Wirtschaft seit der Mitte des 19. Jahrhunderts, Berlin 1965;
G. Hübinger und W. J. Mommsen (Hg.), Intellektuelle im Kaiserreich, Frankfurt 1993;
J. Kocka (Hg.), Bildungsbürgertum im 19. Jahrhundert, Teil I, Bildungssystem und Professionalisierung in internationalen Vergleichen, Stuttgart 1985;
Ders. (Hg.), Bürgertum im 19. Jahrhundert, Deutschland im europäischen Vergleich, 4 Bde., München 1989;
Ders. (Hg.), Bürger und Bürgerlichkeit im 19. Jahrhundert, Göttingen 1987;
R. Koselleck (Hg.), Bildungsbürgertum im 19. Jahrhundert, 4 Bde., Stuttgart 1985–92;
H. Kramer, Deutsche Kultur zwischen 1871 und 1918 (Handbuch der Kulturgeschichte, 1. Abt., Bd. 10/1, Zeitalter Deutscher Kultur), Frankfurt/M. 1971;
M. Lenz, Die großen Mächte, Ein Rückblick auf unser Jahrhundert, Leipzig 1900;
W. Lepenies, Die drei Kulturen, Soziologie zwischen Literatur und Wissenschaft, Reinbek bei Hamburg 1988;
J. Link und W. Wülfing (Hg.), Nationale Mythen und Symbole in der zweiten Hälfte des 19. Jahrhunderts, Strukturen und Funktionen von Konzepten nationaler Identität, Stuttgart 1991;
F. Meinecke, Politische Schriften und Reden, hg. v. G. Kotowski, Darmstadt 1958;
W. J. Mommsen, Der autoritäre Nationalstaat, Verfassung, Gesellschaft und Kultur im deutschen Kaiserreich, Frankfurt/M. 1990;
Ders., Die Herausforderung der bürgerlichen Kultur durch die künstlerische Avantgarde, Zum Verhältnis von Kultur und Politik im Wilhelminischen Deutschland, München 1994 (im Druck);
Ders., Die Mitteleuropaidee (im Druck);
Ders., Großmachtstellung und Weltpolitik, Die Außenpolitik des Deutschen Reiches 1870–1914, Berlin 1994;
Ders.: Stadt und Kultur im deutschen Kaiserreich, in: Die Welt der Stadt, hg. v. T. Schabert, München 1991, S. 69–116;
G. L. Mosse, Ein Volk, ein Reich, ein Führer, Die völkischen Ursprünge des Nationalsozialismus, Königstein/Ts. 1979;
Ders., The nationalization of the masses, Political symbolism and mass movements in Germany from the Napoleonic wars through the Third Reich, Ithaca 1991;
T. Nipperdey, Deutsche Geschichte 1866–1918, Bd. 1, Arbeitswelt und Bürgergeist, München 1990;

Ders., Wie das Bürgertum die Moderne fand, Berlin 1988;
H. Plessner, Die verspätete Nation, Über die politische Verführbarkeit bürgerlichen Geistes, ND Frankfurt/M. 1974;
L. von Ranke, Über die Epochen der Neueren Geschichte, Aus Werk und Nachlaß, Bd. 2, hg. v. T. Schieder und H. Berding, München 1971;
G. A. Ritter (Hg.), Arbeiterkultur, Königstein/Ts. 1979;
Ders., Großforschung und Staat in Deutschland, Ein historischer Überblick, München 1992;
L. A. von Rochau, Grundsätze der Realpolitik, angewendet auf die staatlichen Zustände Deutschlands, 1. Teil, Stuttgart 1859²;
G. Schmidt, Deutscher Historismus und der Übergang zur parlamentarischen Demokratie, Untersuchungen zu den politischen Gedanken von Meinecke, Troeltsch, Max Weber (Historische Studien, Heft 389), Lübeck/Hamburg 1964;
W. D. Smith, Politics and the sciences of culture in Germany, 1840–1920, New York 1991;
Stenographische Berichte über die Verhandlungen der beiden Häuser des Landtages, Berlin 1895;
Stenographische Berichte über die Verhandlungen des Reichstags, XI. Legislaturperiode, I. Session, Berlin 1904;
H. von Treitschke, Historische und Politische Aufsätze, Leipzig 1915–1918;
Ders., Der Sozialismus und seine Gönner, in: Ders., Zehn Jahre deutscher Kämpfe, Schriften zur Tagespolitik, Bd. 2, Berlin 1897;
A. Wahl, Deutsche Geschichte, Bd. 1, Von der Reichsgründung bis zum Ausbruch des Weltkriegs (1871–1914), Stuttgart 1926;
G. Wiegelmann (Hg.), Kultureller Wandel im 19. Jahrhundert, Göttingen 1972.

Geistige Bewegungen und Kulturkritik

F. Bolle, Darwinismus und Zeitgeist, in: Zeitschrift für Religion und Geistesgeschichte 14 (1962), S. 143–178;
R. v. Bruch, F. W. Graf und G. Hübinger (Hg.), Kultur und Kulturwissenschaften um 1900, Krise der Moderne und Glaube an die Wissenschaft, Stuttgart 1989;
J. Burckhardt, Weltgeschichtliche Betrachtungen, Stuttgart 1947⁷;
E. Haeckel, Die Welträthsel, »Gemeinverständliche Studien über die Monistische Philosophie«, Stuttgart 1906;
L. Hölscher, Weltgericht oder Revolution, Protestantische und sozialistische Zukunftsvorstellungen im deutschen Kaiserreich, Stuttgart 1989;
G. Hübinger, Kulturprotestantismus und Politik, Zum Verhältnis von Liberalismus und Protestantismus im wilhelminischen Deutschland, Tübingen 1994;
A. Kelly, The descent of Darwin, The popularization of Darwinism in Germany, 1860–1914, Chapel Hill 1981;
T. Kuchenbuch, Die Welt um 1900, Unterhaltungs- und Technikkultur, Stuttgart 1992;
P. de Lagarde, Deutscher Glaube, Deutsches Vaterland, Deutsche Bildung, Das Wesentliche aus seinen Schriften, ausgewählt von F. Daab, Jena 1919;
K. Löwith, Von Hegel zu Nietzsche, Der revolutionäre Bruch im Denken des neunzehnten Jahrhunderts, Marx und Kierkegaard, Stuttgart 1950²;
H. Lübbe, Politische Philosophie in Deutschland, Studien zu ihrer Geschichte, Stuttgart 1963;
G. Lukacs, Die Zerstörung der Vernunft, Der Weg des Irrationalismus von Schelling zu Hitler, Berlin 1955;
F. Nietzsche, Kritische Studienausgabe, hg. v. Giorgio Colli und Mazzino Montinari, München 1988²;
E. Nolte, Nietzsche und der Nietzscheanismus, Frankfurt/M. und Berlin 1990;
G. Simmel, Philosophie des Geldes, hg. v. D. P. Frisby und K. C. Köhnke, Frankfurt/M. 1984;
Ders., Philosophische Kultur, Gesammelte Essais, Potsdam 1923;
W. Sombart, Der Bourgeois, Zur Geistesgeschichte des modernen Wirtschaftsmenschen, München 1913;
F. Stern, Kulturpessimismus als politische Gefahr, Eine Analyse nationaler Ideologie in Deutschland, Bern 1963;
F. Tönnies, Der Nietzsche-Kultus, Eine Kritik, Leipzig 1897;
Max Weber Gesamtausgabe:
Bd. 15, Max Weber, Zur Politik im Weltkrieg, Schriften und Reden 1914–1918, hg. v. W. J. Mommsen in Zusammenarbeit mit G. Hübinger, Tübingen 1984;
Bd. 16, Max Weber, Zur Neuordnung

Deutschlands, Schriften und Reden 1918–1920, hg. v. W. J. Mommsen in Zusammenarbeit mit W. Schwentker, Tübingen 1988;
Bd. 17, Max Weber, Politik als Beruf/Wissenschaft als Beruf, Schriften und Reden 1919, hg. v. W. J. Mommsen und W. Schluchter in Zusammenarbeit mit B. Morgenbrod, Tübingen 1992;
Bd. 19, Max Weber, Gesammelte Aufsätze zur Ethik der Weltreligionen, Konfuzianismus und Taoismus, hg. v. H. Schmidt-Glinzer in Zusammenarbeit mit P. Kolonko, Tübingen 1989;
M. WEBER, Wirtschaft und Gesellschaft, Grundriß der Verstehenden Soziologie, hg. v. J. Winckelmann, Tübingen 1956[5];
M. WEBER, Gesammelte Aufsätze zur Religionssoziologie, Tübingen 1988[8];
M. WEBER, Gesammelte Aufsätze zur Wissenschaftslehre, Tübingen 1968[3];

Kirchen und religiöse Bewegungen

M. BAUMEISTER, »Parität« und »katholische Inferiorität«, Untersuchungen zur Stellung des Katholizismus im Deutschen Kaiserreich, Paderborn 1987;
G. BRAKELMANN, Kirche, soziale Frage und Sozialismus, Bd. 1, Kirchenleitungen und Synoden über soziale Frage und Sozialismus 1871–1914, Gütersloh 1977;
W. FRANK, Hofprediger Adolf Stoecker und die christlichsoziale Bewegung, Berlin 1928;
J. HORSTMANN, Katholizismus und moderne Welt, Katholikentage, Wirtschaft, Wissenschaft 1848 bis 1914, München 1976;
G. HÜBINGER, Protestantische Kultur im Wilhelminischen Deutschland, in: Internationales Archiv für Sozialgeschichte der deutschen Literatur 16 (1991), S. 174–199;
F. W. KANTZENBACH, Der Weg der evangelischen Kirche vom 19. zum 20. Jahrhundert, Gütersloh 1968;
K. KUPISCH, Die deutschen Landeskirchen im 19. und 20. Jahrhundert, Göttingen [2]1975;
W. LOTH (Hg.), Deutscher Katholizismus im Umbruch zur Moderne, Stuttgart 1991;
DERS., Katholiken im Kaiserreich, Der politische Katholizismus in der Krise des Wilhelminischen Deutschlands, Düsseldorf 1984;
T. NIPPERDEY, Religion im Umbruch, Deutschland 1870–1918, München 1988;
H. TIMM, Theorie und Praxis in der Theologie Albrecht Ritschls und Wilhelm Herrmanns, ein Beitrag zur Entwicklungsgeschichte des Kulturprotestantismus, Gütersloh 1967;
F. VIGENER, Drei Gestalten aus dem modernen Katholizismus, Möhler – Diepenbrock – Döllinger, München 1926.

Wissenschaft, Bildung und Ausbildung

J. C. ALBISETTI, Secondary school reform in Imperial Germany, Princeton 1983;
P. BAUMGART (Hg.), Bildungspolitik in Preußen zur Zeit des Kaiserreichs, Stuttgart 1980;
R. VOM BRUCH, Wissenschaft, Politik und öffentliche Meinung, Gelehrtenpolitik im Wilhelminischen Deutschland (1890–1914), Husum 1980;
L. BURCHARDT, Wissenschaftspolitik im Wilhelminischen Deutschland, Vorgeschichte, Gründung und Aufbau der Kaiser-Wilhelm-Gesellschaft zur Förderung der Wissenschaften, Göttingen 1975;
DATENHANDBUCH ZUR DEUTSCHEN BILDUNGSGESCHICHTE, 2 Bde.; Bd. 1, Hochschulen, Teil 1, H. Titze (Hg.), Das Hochschulstudium in Preussen und Deutschland 1820–1944, Göttingen 1987; Bd. 2, Höhere und mittlere Schulen, Teil 1, D. K. Müller und B. Zymek (Hg.), Sozialgeschichte und Statistik des Schulsystems in den Staaten des Deutschen Reiches, 1800–1945, Göttingen 1988;
50 [FÜNFZIG] Jahre Kaiser-Wilhelm-Gesellschaft und Max-Planck-Gesellschaft zur Förderung der Wissenschaften 1911–1961, Beiträge und Dokumente, Göttingen 1961;
K. H. JARAUSCH, Students, society and politics in imperial Germany, The rise of acadamic illiberalism, Princeton 1982;
DERS., Deutsche Studenten 1880–1970, Frankfurt/M. 1984;
HANDBUCH DER DEUTSCHEN BILDUNGSGESCHICHTE, hg. v. C. Berg u.a., Bd. 3, 1800–1870, Von der Neuordnung Deutschlands bis zur Gründung des Deutschen Reiches, hg. v. K. E. Jeismann und P. Lundgreen, München 1987; Bd. 4, 1870–1918, Von der Reichsgründung bis zum Ende des Ersten Weltkriegs, München 1991;
H. VON HELMHOLTZ, Über das Ziel und die Fortschritte der Naturwissenschaft, in: Ders., Vorträge und Reden, Bd. 1, Braunschweig 1884;

H.-G. HERRLITZ, W. HOPF und H. TITZE, Deutsche Schulgeschichte von 1800 bis zur Gegenwart, Eine Einführung, Königstein 1981;
K. H. JARAUSCH, Students, society and politics in imperial Germany, The rise of academic illiberalism, Princeton 1982;
J. A. JOHNSON, The Kaiser's chemists, Science and modernization in imperial Germany, Chapel Hill und London 1990;
E. VON KAHLER, Der Beruf der Wissenschaft, Berlin 1920;
M. LAMBERTI, State, society and the elementary school in imperial Germany, New York und Oxford 1989;
P. LUNDGREEN, Bildung und Wirtschaftswachstum im Industrialisierungsprozeß des 19. Jahrhunderts, Berlin 1973;
DERS., Sozialgeschichte der deutschen Schule im Überblick, Teil I, 1779–1918, Göttingen 1980/81;
G. MANN und R. WINAU (Hg.), Medizin, Naturwissenschaft, Technik und das Zweite Kaiserreich, Göttingen 1977;
C. E. MCCLELLAND, State, society and university in Germany, 1700–1914, Cambridge 1980;
W. J. MOMMSEN, Die ›deutsche Idee der Freiheit‹, Die deutsche Historikerschaft und das Modell des monarchischen Konstitutionalismus im Kaiserreich, in: Staatswissenschaften und Staatspraxis 3 (1992), S. 30–45;
K. F. NEBENIUS, Über technische Lehranstalten in ihrem Zusammenhange mit dem gesamten Unterrichtswesen, Karlsruhe 1833;
F. R. PFETSCH, Zur Entwicklung der Wissenschaftspolitik in Deutschland 1750–1914, Berlin 1974;
A. RIEDLER, Unsere Hochschulen und die Anforderungen des 20. Jahrhunderts, Berlin 1898;
R. RIESE, Die Hochschule auf dem Weg zum wissenschaftlichen Großbetrieb, Die Universität Heidelberg und das badische Hochschulwesen 1860–1914, Stuttgart 1977;
F. K. RINGER, Education and society in modern Europe, Bloomington und London 1979;
DERS., Die Gelehrten, Der Niedergang der deutschen Mandarine 1890–1933, Stuttgart 1983;
T. SCHIEDER, Hundert Jahre HZ, 1859–1959, Beiträge zur Geschichte der Historiographie in den deutschsprachigen Ländern, München 1959;
P. SCHIERA, Laboratorium der bürgerlichen Welt, Deutsche Wissenschaft im 19. Jahrhundert, Frankfurt/M. 1992;
G. SCHMIDT (Hg.), Gelehrtenpolitik und politische Kultur in Deutschland 1830–1930, Bochum 1986;
K. SCHWABE (Hg.), Deutsche Hochschullehrer als Elite 1815–1945, Boppard am Rhein 1988;
C. WEBER, Der »Fall Spahn«, Ein Beitrag zur Wissenschafts- und Kulturdiskussion im ausgehenden 19. Jahrhundert, Rom 1980;

Kunst, Literatur, Theater und Musik

E. ALKER, Die deutsche Literatur im 19. Jahrhundert, 1832–1914, Stuttgart [3]1981;
T. ANZ und M. STARK (Hg.), Expressionismus (Manifeste und Dokumente zur deutschen Literatur 1910–1920), Stuttgart 1982;
G. AUST, Die Ausstellung des Sonderbundes 1912 in Köln, in: Europäische Kunst 1912, Wallraf-Richartz-Museum Köln 1962;
E. BARLACH, Das dichterische Leben, 3 Bde., München 1959;
H. BARMEYER, Zum Wandel des Verhältnisses von Staat und Gesellschaft im 19. Jahrhundert, Die soziale Funktion von historischen Vereinen und Denkmalsbewegung in der Zeit liberaler bürgerlicher Öffentlichkeit, in: Westfälische Forschungen 29 (1978/79), S. 119–145;
D. BARTMANN, Anton von Werner, Zur Kunst und Kunstpolitik im Deutschen Reich, Berlin 1985;
H.-P. BAYERDÖRFER, K. O. CONRADY und H. SCHANZE (Hg.), Literatur und Theater im Wilhelminischen Zeitalter, Tübingen 1978;
D. BERTL und U. MÜLLER, Vom Naturalismus zum Expressionismus, Literatur des Kaiserreichs, Stuttgart 1984;
B. BRECHT, Stücke, Bd. 1, Frankfurt 1965;
J.-A. BIRNIE DANZKER und A. ZIERSCH (Hg.), Welt-Theater: Max Beckmann, Das graphische Werk 1901–1946, München 1993;
G. BOTT, Jugendstil, Vom Beitrag Darmstadts zur internationalen Kunstbewegung um 1900, Darmstadt 1969;
J. CAMPBELL, Der deutsche Werkbund 1907–1934, Stuttgart 1981;
H. DEITERS, Geschichte der allgemeinen deutschen Kunstgenossenschaft, Von ihrer Entstehung im Jahre 1856 bis auf die Gegenwart,

Nach den offiziellen Berichten, eigenen Erinnerungen und Erlebnissen aufgezeichnet von Heinrich Deiters, Düsseldorf o. J. [1905];
M. F. DESHMUKH, German Impressionist Painters and World War I, in: Art History 4/1 (1981), S. 66–79;
DEUTSCHE KUNST IM 20. JAHRHUNDERT, Malerei und Skulptur 1905–1985, Ausstellungskatalog, Stuttgart und München 1986;
DEUTSCHER EXPRESSIONISMUS 1905–1920, Katalog der Ausstellung in New York und San Francisco 1980/81, hg. v. P. Vogt, München 1981;
W. DOEDE, Berlin, Kunst und Künstler seit 1870, Anfänge und Entwicklungen, Recklinghausen 1961;
DERS., Die Berliner Secession, Berlin als Zentrum der deutschen Kunst von der Jahrhundertwende bis zum Ersten Weltkrieg, Frankfurt/M. 1977;
K. EDSCHMID, Über den Expressionismus in der Literatur und die neue Dichtung, Berlin 1919;
J. ELTZ, Der italienische Futurismus in Deutschland 1912–1922, Ein Beitrag zur Analyse seiner Rezeptionsgeschichte, Diss. München 1989;
EUROPÄISCHE KUNST 1912, Ausstellungskatalog Köln 1962;
P. H. FEIST, Publikum und Ausstellungen in Deutschland um die Mitte des 19. Jahrhunderts, in: Der Zugang zum Kunstwerk, Schatzkammer, Salon, Ausstellung, »Museum«, Akten des XXV. Internationalen Kongresses für Kunstgeschichte, Sektion 4, Wien 1983, Wien/Köln 1986;
K. G. FELLERER, Studien zur Musik des 19. Jahrhunderts, 4 Bde., Regensburg 1984–89;
H. FLADT, M. GECK und S. SCHUTTE, Musik im 19. Jahrhundert, Aspekte bürgerlicher Musikkultur, Stuttgart 1981;
T. FONTANE, Romane und Erzählungen in acht Bänden, hg. v. Peter Goldammer, Berlin 1973;
G. FREYTAG, Gesammelte Werke, Bd. 21, Leipzig 1898²;
S. GEORGE, Gesamtausgabe, Bd. IX, Berlin 1928;
R. GOTTSCHALL, Fest-Rede zur Freiligrath-Feier, Berlin 1867;
W. GRASSKAMP, Museumsgründer und Museumsstürmer, Zur Sozialgeschichte des Kunstmuseums, München 1981;
W. HAFTMANN, Malerei im 20. Jahrhundert, Eine Entwicklungsgeschichte, 2 Bde., München ³1962;
V. W. HAMMERSCHMIDT, Anspruch und Ausdruck in der Architektur des späten Historismus in Deutschland (1860–1914), Frankfurt/M. 1985;
R. HAYM, Hegel und seine Zeit, Berlin 1857;
C. B. HELLER, Jugendstil, Kunst um 1900, Darmstadt 1982;
G. HIRTH, Das deutsche Zimmer der Renaissance, Anregungen zu häuslicher Kunstpflege, o. O. 1888;
B. HÜPPAUF (Hg.), Expressionismus und Kulturkrise, Heidelberg 1983;
N. JASON, R. MÖHRMANN und H. MÜLLER, Berlin – Theater der Jahrhundertwende, Bühnengeschichte der Reichshauptstadt im Spiegel der Kritik (1889–1914), Tübingen 1986;
P. JELAVICH, Munich and theatrical modernism, Politics, playwriting and performance 1890–1914, Cambridge/Mass. 1985;
K. JUNGHANS, Der Deutsche Werkbund, Sein erstes Jahrzehnt, Berlin 1982;
G. KAISER, Stücke, Erzählungen, Aufsätze, Gedichte, Köln 1966;
W. VON KALNEIN (Hg.), Die Düsseldorfer Malerschule, Ausstellungskatalog Düsseldorf 1979;
E. L. KIRCHNER, Von Jena nach Davos, Eine Ausstellung zum 90. Gründungsjubiläum des Jenaer Kunstvereins, Leipzig 1993;
G. KRATZSCH, Kunstwart und Dürerbund, Ein Beitrag zur Geschichte der Gebildeten im Zeitalter des Imperialismus, Göttingen 1969;
B. KULHOFF, Bürgerliche Selbstbehauptung im Spiegel der Kunst, Untersuchungen zur Kulturpublizistik der Rundschauzeitschriften im Kaiserreich (1871–1914), Bochum 1991;
KUNST, KULTUR UND POLITIK IM DEUTSCHEN KAISERREICH, Schriften eines Projekt-Kreises der Fritz-Thyssen-Stiftung unter der Leitung von S. Waetzold, 9 Bde.; Bd. 1, Kunstverwaltung, Bau- und Denkmal-Politik im Kaiserreich, hg. v. E. Mai und S. Waetzold, Berlin 1981; Bd. 2, Kunstpolitik und Kunstförderung im Kaiserreich, Kunst im Wandel der Sozial- und Wirtschaftsgeschichte, hg. v. E. Mai, H. Pohl und S. Waetzold, Berlin 1982; Bd. 3, Ideengeschichte und Kunstwissenschaft, Philosophie und bildende Kunst im Kaiserreich, hg. v. E. Mai, S. Waetzold und G. Woland, Berlin 1983; Bd. 4, Das Rathaus im Kaiserreich, Kunstpolitische Aspekte einer Bauaufgabe des

19. Jahrhunderts, hg. v. E. Mai, J. Paul und S. Waetzold, Berlin 1982; Bd. 5, K. Nohlen, Baupolitik im Reichsland Elsaß-Lothringen 1871–1918, Die repräsentativen Staatsbauten um den ehemaligen Kaiserplatz in Straßburg, Berlin 1982; Bd. 6, C. With, The Prussian Landeskunstkommission, A study in state subvention of the arts, Berlin 1986; Bd. 7, S. Nachtsheim, Kunstphilosophie und empirische Kunstforschung 1870–1920, Berlin 1984; Bd. 8, H. Ludwig, Kunst, Geld und Politik um 1900 in München, Formen und Ziele der Kunstfinanzierung und Kunstpolitik während der Prinzregenten-Ära (1886 bis 1912), Berlin 1986; Bd. 9, K. U. Syndram, Kulturpublizistik und nationales Selbstverständnis, Untersuchungen zur Kunst- und Kulturpublizistik in den Rundschauzeitschriften des Deutschen Kaiserreiches (1871–1914), Berlin 1989;

K. Lankheit, Franz Marc, Sein Leben und seine Kunst, Köln 1976;

H. Lehnert, Geschichte der deutschen Literatur vom Jugendstil zum Expressionismus, Stuttgart 1978;

W. Freiherr von Löhneysen, Der Einfluß der Reichsgründung auf Kunst und Kunstgeschmack, in: Zeitschrift für Religions- und Geistesgeschichte 12 (1960), S. 17–44;

H. Ludwig, Malerei der Gründerzeit, München 1977;

G. Lukacs, ›Bürgerlichkeit und l'art pour l'art: Theodor Storm‹, in: Ders., Die Seele und die Formen, Essays, Berlin 1911, S. 119–194;

T. Mann, Gesammelte Werke in dreizehn Bänden, Oldenburg und Frankfurt/M. 1960–74;

P. Mast, Künstlerische und wissenschaftliche Freiheit im Deutschen Reich 1890–1901, Rheinfelden 1986;

B. Meiner, Der künstlerische Teil der Berliner Siegesfeier, in: Beiblatt zur Zeitschrift für Bildende Kunst 20/21 (1871);

F. Mehring, Aufsätze zur deutschen Literatur von Hebbel bis Schweichel, hg. v. H. Koch, Berlin 1961;

M. M. Moeller, Der Sonderbund, Seine Voraussetzungen und Anfänge in Düsseldorf, Köln 1984;

T. Nipperdey, The rise of the arts in modern society, German Historical Institute London, The 1989 Annual Lecture, London 1989;

R. Noltenius, Dichterfeiern in Deutschland, Rezeptionsgeschichte als Sozialgeschichte am Beispiel der Schiller- und Freiligrath-Feiern, München 1984;

W. Ophey, 1882–1930, Gemälde, Zeichnungen, Druckgraphiken, Ausstellungskatalog Düsseldorf 1990;

P. Paret, Art, Society and Politics in Wilhelmine Germany, in: JMH 57 (1985), S. 696–710;

Ders., Die Berliner Secession, Moderne Kunst und ihre Feinde im kaiserlichen Deutschland, Berlin 1981;

Ders., Kunst als Geschichte, Kultur und Politik von Menzel bis Fontane, München 1990;

Ders., The artist as ›Staatsbürger‹: Aspects of the fine arts and the Prussian state before and during the first world war, in: German Studies Review 6 (1983), S. 421–437;

M. Patterson, The revolution in German theatre, 1900–1933, Boston 1981;

J. Posener, Anfänge des Funktionalismus, Von Arts und Crafts zum Deutschen Werkbund, Berlin 1964;

Propyläen Geschichte der Literatur, Bd. 5, Das bürgerliche Zeitalter 1830–1914, Berlin 1984;

K. Riha, Deutsche Großstadtlyrik, München 1983;

V. Scherer, Deutsche Museen, Entstehung und kulturgeschichtliche Bedeutung unserer öffentlichen Kunstsammlungen, Jena 1913;

F. Schumacher, Die Wiedereroberung harmonischer Kultur, in: Der Kunstwart 21 (1/1908), S. 135–138;

P. Sprengel, Die inszenierte Nation, Deutsche Festspiele 1813–1913, Mit ausgewählten Texten, Tübingen 1991;

N. Teeuwisse, Vom Salon zur Secession, Berliner Kunstleben zwischen Tradition und Aufbruch zur Moderne 1871–1900, Berlin 1986;

F. von Unruh, Der Opfergang, Berlin 1941[5];

V. Veltzke, Vom Patron zum Paladin, Wagnervereinigungen im Kaiserreich von der Reichsgründung bis zur Jahrhundertwende, Bochum 1987;

P. Vogt, Geschichte der deutschen Malerei im 20. Jahrhundert, Köln 1972;

D. M. Weber, Der Städtische Musikverein zu Düsseldorf und die Düsseldorfer Oper in der Zeit von 1890 bis 1923, Ein Beitrag zur Musikgeschichte der Stadt Düsseldorf, Kassel 1990;

C. With, The Emperor, The National Gallery in Berlin and Max Slevogt, in: Zeitschrift des deutschen Vereins für Kunstwissenschaft 30 (1976), S. 86–94;

R. R. WUTHENOR (Hg.), Dichtung als Zeugnis, Frühe Bonner Studien zur Literatur, Bonn 1967.
T. ZACHARIAS (Hg.), Tradition und Widerspruch, 175 Jahre Kunstakademie München, München 1985;
DER ZUGANG ZUM KUNSTWERK, Schatzkammer, Salon, Ausstellung, »Museum«, Akten des XXV. Internationalen Kongresses für Kunstgeschichte, Sektion 4, Wien 1983, Wien/Köln 1986.

Personen- und Ortsregister

Aus der Reihe
»Propyläen
Geschichte Deutschlands«
liegen als Paperbacks vor:

Rudolf Vierhaus
Staaten und Stände
Vom Westfälischen bis zum
Hubertusburger Frieden
1648 bis 1763

Wolfgang J. Mommsen
Großmachtstellung und
Weltpolitik
Die Außenpolitik
des Deutschen Reiches
1870 bis 1914

Hans Mommsen
Die verspielte Freiheit
Der Weg der Republik von Weimar
in den Untergang
1918 bis 1933